最強の海軍戦闘機搭乗員

杉田庄一の太平洋戦争

石野 正彦

【カバー写真】　海兵団入団時の杉田庄一、父秋作との記念写真（写真提供・石塚廣邦氏）

まえがき

日本海軍戦闘機搭乗員杉田庄一は、十五歳で海軍に志願し、二十歳で戦死した。雪深い山奥で育った杉田にとって、憧れの飛行機のパイロットになるのは、人一倍の苦労と努力が求められた。ようやく手にした空の世界、しかし、それは戦場の空だった。

杉田が初めて戦場の空を飛んだのは、ミッドウェイ海戦で日本が大敗北を喫したあとのラバウルだった。ミッドウェイ海戦後、日本は態勢挽回に努めようとして戦うが、講和の機会を得ることなく敗北を重ねることになる。杉田はその最前線の空で戦い続けた。ラバウル航空戦、マリアナ沖航空戦、比島沖航空戦、神風特攻隊直掩《ちょくえん》、そして沖縄戦まで杉田は戦場の空を飛び続けた。多くの先輩や仲間や後輩が倒れて行く中で、杉田は卓越した空戦技術を身に付ける。誰しもが認める空戦のうまさがあったが、逃げようのない離陸時に撃たれ墜落炎上した。四カ月後に終戦となった。

戦後八十年近く経て、もはや地元の者でも杉田を知る人は少なくなった。杉田の生涯をできるだけ正確に残しておきたいというのが書籍化の目的である。そして、その時代がどのような時代であったのかを杉田の生涯を通して考えるきっかけにしたいというのが願いである。

練習生時代と思われる杉田庄一
（写真提供：石塚廣邦氏）

杉田家の子供たち。左から次男庄一、三男正昭、五男謙吉、
長男守家（写真提供：石塚廣邦氏）

浦川原区小蒲生田にあった生家
（写真提供：杉田欣一氏）

鹿屋基地の墜落場所を訪れた母イヨ
（写真提供：杉田欣一氏）

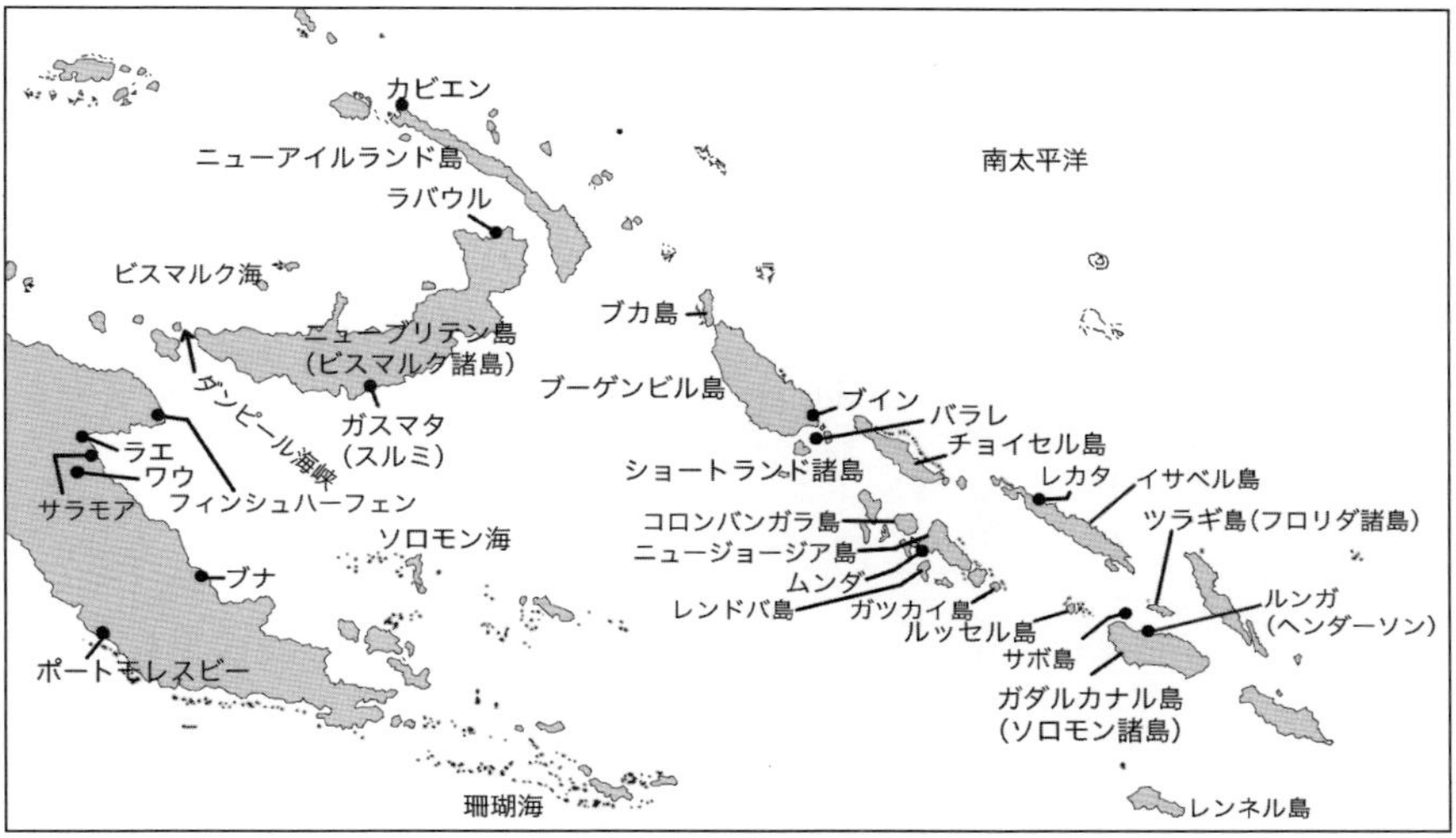

昭和 17 年～ 18 年　杉田の戦った主な戦場

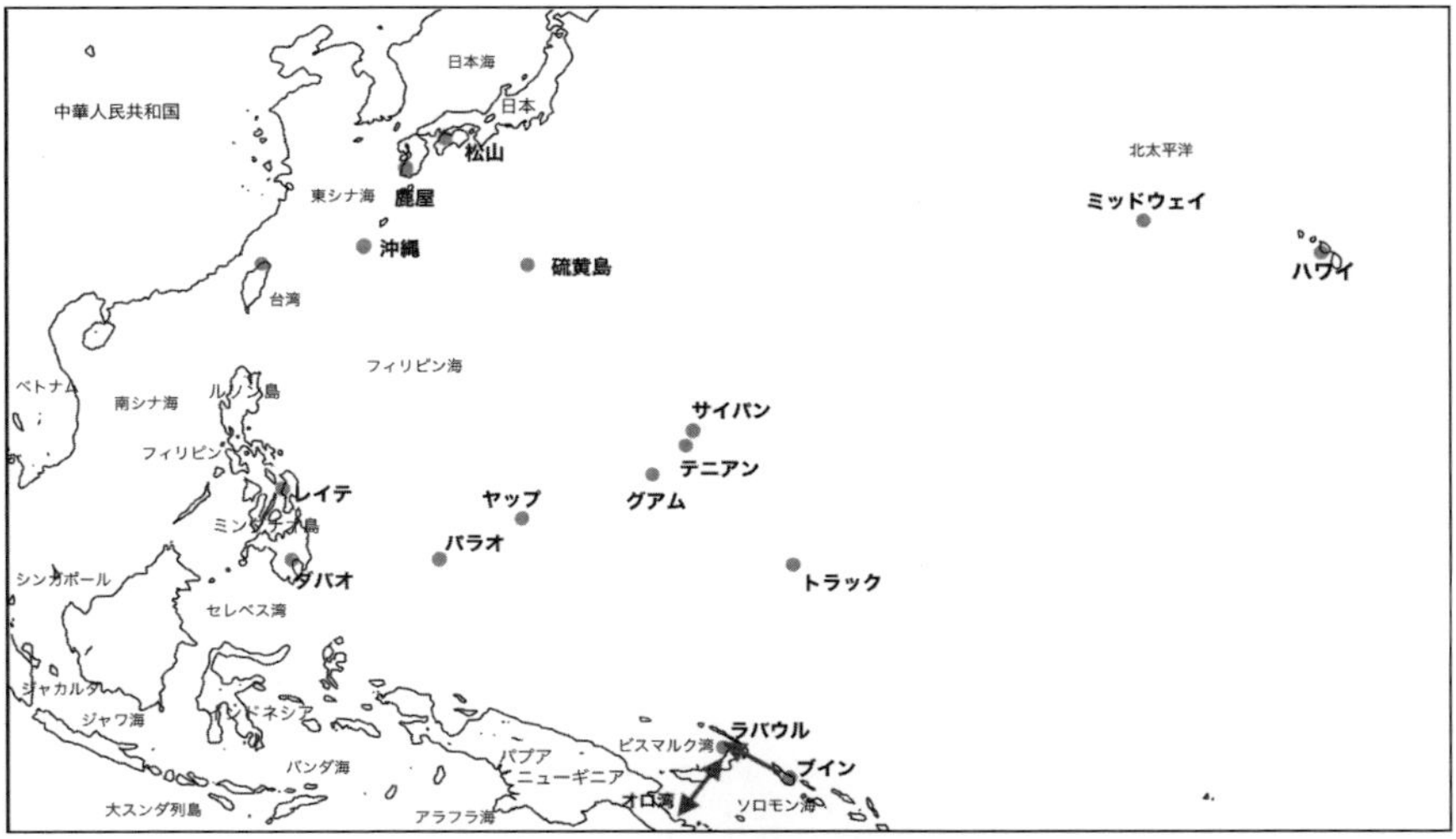

昭和 19 年～ 20 年　杉田の戦った主な戦場

目次

※本文中の〈引〉は引用参考文献を表し、巻末の「引用参考文献」一覧に対応しています。

杉田庄一の太平洋戦争

第一部　小蒲生田

杉田、生まれる

大正十三年（1924）七月一日、新潟県東頸城郡《ひがしくびき》の旧安塚村中保倉地区小蒲生田《こかもだ》（現上越市浦川原区）で杉田庄一は生まれた。父秋作《あきさく》、母イヨ、六男三女の次男である。このほかに三人の子があったが幼くして亡くなっている。

イヨが二家峠《にいや》を越えたところにある吉川村大賀（現上越市吉川区）の実家に向かう途中で産気付き、戸板で運んでもらっての出産となった。ちょうど、産気付いたときに「米山《よねやま》さん」が目に入った。米山は、日本三薬師とも言われる九九三メートルの霊峰で二家峠からもよく見える。この日は「米山さん」の山開きの日で、イネは「庄一は米山さんからの授かりもの」と周りの者に言っていた。

小蒲生田は標高三〇〇メートルの磯部山の南側中腹にある二十戸ほどの集落で、杉田の生家は集落の中ほどにある典型的な農家であった。南側の縁側に座ると目の前には妙高山に連なる山々があり、空につながる四季の風景を一日中ながめることができた。小蒲生田という地名は、集落の近くにある蒲生城から名前をとっている。城といっても戦国時代の砦のことで、いまは林の中にその痕跡を残すだけである。

杉田の生家はこの地方の農家の典型的な中門造りで、建物の中に生活のすべての機能を取り込んだ雪国特有の茅葺《かやぶ》き民家である。東側に玄関と厩《うまや》や家畜部屋があり、土間を挟んで西側に母屋がある。このような造りは、囲炉裏を囲んで家全体が温まるようになっていて、豪雪に耐える太い柱が用いられ、特に通しの梁は極めて太く、天然の曲がりを利用して何十トンもの雪の重さを支えられるようになっていた。

東頸城は豪雪地帯として知られている。平年でも二メートル以上の雪が積もり、多いときには五メートルを超える。ひと冬に何度も屋根の除雪を行わねばならず、コシキを使って重い雪の中から掘り出さないと家は潰れてしまう。「屋根の雪おろし」とは言わず、「屋根の雪掘り」という言葉がこの地の雪のすさまじさを語る。

小蒲生田では、四月中旬までは家の北側に雪が残っている。この雪の作り出す水が棚田を潤し、美味い米をつくる。しかし、棚田の作業はつらく、苦しく、過酷である。田仕事の手伝いは子供といえども貴重な労働力で、のちに海兵団の同期に「海軍は厳しいというけど、俺の子供の時の方がもっと厳しかった」〈引1〉と杉田は語っている。

当時のことが１９９６年発行『歴史群像　太平洋戦史シリーズＶｏｌ.12　零式艦上戦闘機』の特別企画「３人の異色零戦搭乗員」の中で記されている。これは上原光晴による取材記事だが、インタビューは杉田のすぐ下の弟、井部《いべ》正昭《せいしょう》氏に行われた。

「子供たちは冬、藁履をはいてスキー通学する。杉田はスキー姿で大回転をやってのけた。鋭敏な運動神経に合わせ、悪戯も顕著であった。雪の山林に入り、桐の大木に登って草刈り鎌で、てっぺんから皮をむいていく。柔らかく、きれいにむけるのが面白いらしい。イヨは持ち主に抗議されて謝りながらも、『米山さんの山開きに生まれた子だから、山の神様の申し子。大目に見よう』と、大して意に介さなかった」〈引2〉

昭和の大恐慌が起きた頃が杉田家の子育て時期と重なっている。次男である庄一は、できるだけ早く自立し、家に現金収入をもたらす必要を感じていたであろう。この時代の多くの次男、三男と同様に、杉田も当然のように軍隊での出世を目指したと思う。海軍志願兵、それも航空兵。それは全国の少年たちの憧れでもあった。

昭和三年（１９２８）、杉田四歳の年、中国で張作霖爆殺事件が起きている。太平洋戦争までの時代の源流をたどるとき、起点ともいうべき事件である。翌年には、ニューヨークのウォール街で株式大暴落が起き、世界恐慌に発展する。日本でも約三百万人の失業者が生まれ、米、野菜、繭などの農業価格が暴落、農村は急激に窮乏し、女子の身売りが続出する。官費で学べる学校の人気が高くなり、徴兵をまたず志願兵を募る海軍に進む少年たちも多くいた。

中保倉尋常小学校

昭和五年（1930）、杉田は六歳になり東頸城郡中保倉尋常小学校に通うことになる。小学校は磯部山を降りて二〜三キロメートル歩いた所にあり、歩くのが当たり前の時代としてはそれほど遠くはないが、険しい山道を抜けねばならなかった。冬になると風景は激変する。目を開けられないような吹雪の日もあったが、杉田は一度も休むことなく学校に通った。

学業成績は抜群、運動もよくできた。相撲や短距離走など東頸城郡大会で活躍し、一〇〇メートル十一秒四の成績で県大会優勝をしている。担任はのちに村長になった竹内友幸《ともゆき》教諭で、「他校との弁論対抗大会でいつも入賞していた。論理的に意見を述べる才能があり、学校の成績は一番だった」〈引2〉と、杉田のことを語っている。他にも次のような話が紹介されている。

「中保倉小の前を流れる保倉川の水を堰《せ》き止め、家から蚊帳を持ち出して網の代わりに張り、ハヤやドジョウなどを捕まえた。蚊帳はぼろぼろに破れたが大漁であった。秋口になると、どう考え出したのか、鮭の頭をいくつにも切って針金を通し、針金の先を縄で結えて川中に入れ、それにつられてくる沢蟹を捕って家族を喜ばせた」〈引2〉

下級生を引き連れて畑のスイカを盗み食いするようなガキ大将でもあった。

この年の一月二十一日から四月二十二日までの間、ロンドンで海軍軍縮会議が開かれた。世界恐慌の影響によって各国の経済は疲弊しており、大規模な軍縮は各国とも必然となっていた。山本五十六少将が次席随員として参加している。日本の補助艦全体の保有数は対英米比、一〇対六・九七五となった。以後、日本は米海軍の動静を常に注目し、対米戦を念頭に戦争計画を立てていくようになる。

山本は、新潟県長岡の出身で、海軍兵学校三十二期。日本海海戦で重傷を負い、左手の人差し指と中指を欠損している。米国での駐在武官の経験やロンドン軍縮会議などを経て国際的視野を持っており、今後は航空機が戦争の主力になると見通していた。米国駐在時にはハーバード大学で学んだが、食事を削るまでして倹約し、米国内の視察を熱心に行っていた。

「デトロイトの自動車工業と、テキサスの油田を見ただけでも、アメリカを相手に、無制限の建艦競争など始めて、日本の国力で到底やり抜けるものではない」〈引3〉

阿川弘之の『山本五十六』によると、留学後の山本が口にしていた言葉だ。

昭和六年(1931)、杉田が七歳の秋、満州事変が勃発する。関東軍参謀が暴走して起こした偽旗作戦であった。関東軍は政府の不拡大方針を無視し、戦線を拡大していく。米国は「武力による現状変更を認めない」という方針を世界に訴え、日本の行動を強く牽制するようになる。

この年の夏も冷害により大凶作にみまわれ、青田売りが横行する。欠食児童や女子の身売りが深刻な社会問題となり、満州へ進出する軍事的野望と不況、不作で苦しむ国内事情がマッチしていくことになる。

昭和七年(1932)一月二十八日、蔣介石率いる国民党と日本軍が上海で偶発的衝突(上海事変)を起こす。日本から艦隊が派遣され、第一航空戦隊の航空母艦(空母)加賀と鳳翔の艦載機と国民党軍の戦闘機とによる空中戦も行われた。日本海軍航空隊の初の活躍であり、大々的に新聞報道で取り上げられた。このニュースは、全国の少年たちを興奮させ、戦争ごっこに飛行兵が取り入れられた。杉田も大きく影響を受けたことが想像される。

三月一日、満州国の建国宣言がなされた。昭和恐慌に苦しんでいた日本の農村から農民開拓団が組織され、大量の農民の移住が行われることになっていく。杉田の住む東頸城郡でも満州への開拓団移住が積極的に呼びかけられ、新天地を求めて多くの若者が移住していった。長男以外はいずれこの地を出ていく覚悟を幼い頃からしなければならなかった。日本海軍航空隊の活躍と満蒙開拓団の募集、小学生の杉田は自分の将来と重ねていたはずだ。
　五月十五日、ロンドン海軍軍縮条約を締結した内閣に不満を抱いた陸・海軍士官たちが五・一五事件を起こす。海軍部内では犯人たちに同情的な艦隊派と批判的な条約派の対立が激しくなる。このあと、軍縮を覆しドイツと同盟を結ぼうと考える艦隊派が勢力を伸ばしていくことになる。

　昭和八年（1933）一月、ドイツではヒトラー率いるナチス党が政権を獲得する。同年二月二十四日、国際連盟総会において松岡洋右《ようすけ》外務大臣が脱退宣言書を朗読し、総会会場から退場する。これにより日本は国際的に孤立していくが、逆に米国は英・豪と連携を深くし、日本に対して圧力を増していく。翌年、日本では昭和六年に次ぐ大凶作となった。国民生活全体が逼迫《ひっぱく》し非常事態体制が敷かれた。

　昭和十一年（1936）二月二十六日、東京では珍しい大雪の中、皇道派陸軍青年将校らが蜂起し昭和天皇に「昭和維新」の実現を求めた（二・二六事件）。斎藤実宮内大臣、渡辺錠太郎教育総監、高橋是清大蔵大臣が殺害され、鈴木貫太郎侍従長が重傷、岡田啓介首相と重臣牧野伸顕《のぶあき》が襲撃された。このとき、鈴木侍従長は妻たかの発した「とどめはお止めて下さい。どうしても必要というなら私が致します」という一言で命をとどめた。四発の銃弾を受けていた。天皇が毅然《きぜん》とした態度をとったため、蜂起軍は投降する（一部自殺）。処分は厳しく十五名が死刑、二十二名が無期及び禁錮刑となった。このあと陸軍皇道派は一掃され、統制派が主流となって深く政治と関わっていく。

　この年の七月、杉田は十二歳になり進路を決めねばならない年齢になっていた。次男の身で中学校へ進むのはなかなかに難しい相談である。農業をするなら満州へ行って広大な土地を自分の手で開拓したい。それなら高等科を出て、安塚にある農学校に行くのがいい。だが、海軍少年航空兵とりわけ戦闘機搭乗員への憧れもある。海軍への志願は高等小学校卒でも応募できる。この当時の全国の男子の多くが同じ思いを持ったように杉田も志願したいと思ったであろう。いずれにしろ勉学に励まねばとの志を持って杉田は高等科に進むことになる。

十二月、横須賀鎮守府司令長官の米内《よない》光政が連合艦隊司令長官に、そして、航空本部長の山本五十六が海軍次官に任ぜられている。そこには、政治の中枢に海軍穏健派が入ることで軍国化へブレーキをかけようとする政治的な意志が動いていた。

下保倉高等小学校

昭和十二年（1937）三月、杉田は中保倉尋常小学校を卒業し、同地区の顕聖寺《けんしょうじ》地内にある下保倉高等小学校に進む。その頃、日中戦争で活躍した南郷茂章《なんごうもちふみ》の記事を読んで戦闘機の模型を作っていたという証言が、前述の「3人の異色零戦搭乗員」の取材記事にある。

「桐の木材にナイフを当て、二枚翼の当時の戦闘機のモデルをよくつくった。長さ一〇センチほどの桐の戦闘機が神棚に飾ってあったのを八歳下の弟建吉は覚えている」〈引2〉

杉田の子供時代に南郷少佐の活躍が『少年倶楽部』で熱狂的に伝えられていたので、少年庄一も南郷に憧れて、少年時代から戦闘機パイロットを志したのではないか──。すぐ下の弟、井部正昭氏による証言だ。

「元気のよさでは天下一品でしょう。『虎は死して皮を残し、人は死して名を残す』と、兄はどなってました。よくしゃべる人でもありました」〈引2〉

南郷茂章少佐は、『日本海軍戦闘機隊2』〈引4〉によると、海軍一家に生まれ、海兵五十五期を卒業後に昭和七年に戦闘機操縦員になる。昭和十二年の南京侵攻の際に九六艦戦六機で敵戦闘機三十機と空戦になり、大戦果を上げ支那方面艦隊長官から感状が出された。この活躍は、当時新聞や少年誌などで大々的に報道され、全国に名前が知れ渡った。しかし、翌十三年七月の南昌上空の空戦で敵機と衝突し墜落戦死している。戦死後は、「軍神」として伝説的な存在となっている。

ひと月前の二月、山本次官の強い要望で米内連合艦隊司令長官が海軍大臣に起用された。米内は政治に関わることが嫌いで拒んでいたが、山本の熱意に負けた形になった。自身が全身全霊で取り組んだロンドン海軍軍備制限条約が前月廃棄されてしまい、山本としては軍国化に向かう日本にブレーキをかけるのに米内にすべてをかける思いであった。

米内と山本は、砲術学校教官時代に同じ部屋で生活を共にし、気心が知れた間柄だった。陸軍による軍事拡大を防ぐことが二人の共通した気持ちでもあった。しかし、日本の軍国化はすさまじい勢いで進んでいた。七月七日、北京郊外の盧溝橋事件が第二次上海事変を呼び、とうとう日中間の本格的な衝突にまで発展していく。

またこの年、軍令部の働きにより宮中に大本営が設置され、統帥権をもたない軍政側は意見を挟めなくなる。このような時勢の中、陸軍の横暴に対して最も過激な意見を持つ井上成美《しげよし》少将も海軍軍務局長として呼び寄せられ、日本の軍国化推進を食い止める米内、山本、井上の海軍穏健派トリオがここに出来上がった。

のちの零戦となる十二試艦上戦闘機（十二試艦戦）の試作計画要求書が提示されたのも昭和十二年である。三菱航空機が試作を受けることになり設計主務者として堀越二郎技師が指名された。

第二次上海事変では、九六式陸上攻撃機（九六陸攻）が悪天候の中、長距離爆撃を行い「世界初の渡洋爆撃」と報道された。これは山本が航空本部長のときに手がけた海軍航空隊による戦略構想の実現であった。

ところで、軍縮の縛りが解けたことにより、山本が強く反対していた大和級第一号艦の起工もこの年の十一月に行われている。巨大戦艦は無用だという意見は少数だった。主力艦による艦隊決戦が勝敗を決めるのであり、潜水艦や飛行機はそのための補助戦力にすぎないという思想を多くの海軍首脳部が抱いていた。

昭和十三年（１９３８）七月、杉田は十四歳になる。高等科は二年しかない。あっという間に過ぎてしまい、中学校並みの学力を身に付けるのは高等科だけでは難しい。安塚農学校に進み勉学に励むことにした。この当時、高等科を出たあとには仕事に出るか、学校に進むか以外の選択は許されなかった。

この年の四月一日、国家総動員法が制定されている。日中戦争は三カ月で片付くとしていた陸軍の言葉とは裏腹に長期化の様相を帯びてくる。各地の工場は兵器の増産に努め、生活物資が不足し、自由販売から配給制になる。さらに物価統制令によって、日曜雑貨の価格まで統制されるようになっていく。

日本の軍事費は国家予算の七五パーセントにもなっていた。近衛文麿首相が「爾後《じご》、国民政府は相手とせず」と声明を出すが、もはやどうにもならない状態に陥っていた。日中戦争の早期解決と対ソ、対英への牽制のために、日独伊の軍事同盟を結ぶ必要があるという意見が強くなってくる。

安塚農学校

昭和十四年（1939）四月、杉田は高等小学校を卒業し、安塚農学校（現新潟県立高田高等学校安塚分校）に入学する。自宅から一〇キロメートルほど離れた農学校まで毎日歩いて通った。杉田は、安塚農学校在学中に海軍を、それも戦闘機搭乗員を目指し願書を出している。航空兵として搭乗員になるには、中学校卒業程度で受験できる甲種予科練と高等小学校卒で受験できる乙種予科練があった。さらに少年志願兵になってからでも内部受験で航空兵になる道があった。下に多くの弟妹がいる。なんとしてでも自立したかった杉田は海軍志願兵に応募した。

同年五月、ノモンハン事件が起きる。戦死者が日本側で八千人強、ソ連とモンゴル側で一万人弱と、事件とはいいながらも実際は本格的な戦争だった。欧州では戦争の機運が高まっており、軍事的緊張はすぐに世界中に広まった。日本海軍では航空隊増強が急務となり、航空下士官や航空兵の採用増加が図られることになる。

同年八月、ドイツとソ連がポーランド問題悪化を理由として不可侵条約を結ぶ。ソ連を敵国としてドイツと防共協定で手を結んでいた日本にとって、青天の霹靂《へきれき》であった。平沼首相は、「欧州の天地は複雑怪奇なる新情勢を生じた」と声明を発表し総辞職する。

九月一日、ドイツ軍がポーランド領内に侵攻した。

英国とフランスが相互援助条約に基づいて九月三日にドイツに宣戦布告し、第二次世界大戦が始まった。続いて、九月十七日、ソ連軍がポーランドに侵攻する。米国では空母の大量建艦と海軍機一万五千機の生産案が成立した。

世界の緊張は一気に高まる。米国議会は、「国防強化促進法」を成立させ、あらゆる兵器・軍需品・部品・機械・原料などの輸出を制限する貿易統制を決定する。日本のこれ以上の南進を食い止める意図だった。

日本の石油備蓄量は昭和十四年当時で六七二万キロリットル。全需要量の七割前後を米国からの輸入に頼っていた。これは平時で二年弱、戦時では一年半分と見込まれていた。米国が石油の輸出を止めれば、海軍は船も航空機も動かすことができなくなる。米国は、輸出制限で日本を封じ込める作戦に出た。

しかし、この輸出制限は逆向きに作用する。海軍部内の艦隊派は、まだ石油備蓄があるうちに米国を叩いて輸出禁止を緩和させせねばと考えるようになっていく。石油がなくて困るのは軍隊だけではない。燃料の高騰は国民生活を圧迫した。米国憎しという心情が国民全体に広まっていく。

また、ヨーロッパでのドイツ軍の動きは日本国民にも強く影響を与えることになった。ドイツの勢いを借りるべしという世論が次第に強くなり、その声を味方につけて陸軍は「日独伊防共協定」を推し進めようとする。海軍部内でも艦隊派は同調し、これを押しとどめようとする米内、山本、井上の海軍穏健派トリオは右翼の壮士たちから命を狙われる危険を感じながら過ごすことになる。日独伊の軍事同盟を求める輩が連日海軍省に押しかけて、米内や山本、井上に対して「国賊！　腰抜け！　イヌ！」と暴言を浴びせた。とりわけ山本は始終刺客に狙われるようになっていた。

少し前の八月下旬、阿部信行陸軍大将が首班として信任された。阿部は首相になるに当たって、「英米と協調する外交方針をとること」という天皇からの直接の指示を受けている。阿部は欧州大戦不介入、中立維持を明らかにする。英米友好の方に舵をとろうとしたのだ。この動きを見て米内は軍事参議官に退き、山本を連合艦隊司令長官に転出させた。これ以上山本を中央に置くと生命の危機となることを案じての米内人事であった。井上は、支那方面艦隊参謀長兼第三艦隊参謀長に転出した。

その頃、杉田は海軍志願兵の願書を出し、受験勉強に励んでいた。海軍志願兵の試験は十月に行われる。高等小学校卒だけで受けられるため志願者は多い。まだ、戦時のような切迫した状況ではなく、優秀な人材を採るため、倍率はかなり高かった。同郷から数十名受けて最後まで残るのはほんの数名であった。杉田は合格する。

合格していても採用通知が来るまでは安心していられなかった。身辺調査などを経て採用証書が渡されるのはさらに絞られる。翌年三月初旬、舞鶴海兵団に入隊するよう採用通知が来た。そして、出頭は三カ月後の指定日と通知される。

第二部　開戦

バスに乗り遅れるな

昭和十五年（１９４０）五月、ドイツの電撃作戦によりフランスが降伏する。英国本土も爆撃を受けるようになり、ドイツ軍は、飛ぶ鳥を落とす勢いであった。日本では「バスに乗り遅れるな」とドイツとの同盟を求める世論が沸騰していた。九月に入ると日本軍が仏領インドシナ半島北部に進駐する。米国は屑鉄の対日輸出を禁止して対抗した。

九月二十七日、日独伊三国同盟がベルリンにて締結されることになる。これを受けて及川古志郎海軍大臣が海軍首脳を招集する。阿川弘之の『山本五十六』によると、山本は、自分は大臣に対して絶対服従するものではあるが心配な点があるのでお尋ねしたいと、次のように及川大臣に質問している。

「昨年八月まで、私が次官を勤めておった当時の、企画院の物動計画によれば、その八割は、英米勢力圏の資材でまかなわれることになっておりました。今回三国同盟を結ぶとすれば、必然的にこれを失う筈であるが、其の不足を補うために、どういう物動計画の切り替えをやられたか此の点を明確に聞かせていただき、連合艦隊の長官として安心して任務の遂行をいたしたいと存ずる次第であります」〈引3〉

このときの及川の答えは、「いろいろ御意見もありましょうが、先に申し上げた通りの次第ですから、此の際は三国同盟に御賛同願いたい」〈引3〉ということだった。山本は、「いろいろ御意見も…」〈引3〉という及川の言葉に憤慨する。

山本の気持ちとは裏腹に国民はドイツ崇拝、ヒトラー礼賛に沸いた。「ドイツは強い、ドイツと手を組めば米英恐るるに足らず」という世論が一気に形成されていった。

十月十二日、米国大統領ルーズベルトが経済的圧力をかけるという極東政策を発表した。同時に米国政府は、極東からの米国人即時引き揚げを勧告する。対米関係の悪化は明らかだった。

舞鶴海兵団

　少し戻って同年六月一日、杉田は舞鶴海兵団に海軍志願兵として入団した。舞鶴海兵団は、舞鶴鎮守府におかれた新兵教育を行う教育機関である。履歴書には「海軍四等航空兵ヲ命ズ」「舞志飛第一四九一号」（操練）「丙種予科練　整備兵ヲ命ズ」と書かれている。

　昭和十五年は予科練制度が大きく変わった年で、杉田はおそらく海兵団にいる四カ月の在団中に丙種予科練に応募したものと思われる。履歴書をみると杉田は、二等兵になるまで所属は整備兵となっている。もし操縦員不適格となったときの原隊として整備兵に属していたのであろう。

　鎮守府は拠点となる大きな海軍基地で、幕僚、各種部隊、工廠《こうしょう》や病院などを含む官営工作庁、そして各種技術学校で構成されていた。横須賀、呉、佐世保に置かれていたが、昭和十四年に京都の舞鶴にも置かれた。舞鶴にはもともと鎮守府が置かれていたのだが、軍縮条約のために要港部にされていたのを復活したという経緯がある。舞鶴海兵団は主に北陸方面出身者を対象とした。杉田は十月十五日までの約四カ月を舞鶴海兵団で過ごしている。

　海兵団では海軍水兵としての基礎訓練を受ける。入団するとまず、姓名申告から始まり、カッター訓練や軍歌行進などの新兵教育が行われ、軍隊での集団生活を徹底的に叩き込まれる。

　起床ラッパで五時に起き、六時に朝食、八時から午前中の課業、十二時昼食休憩、十三時から十六時まで午後の課業、十六時四十五分から夕食、十九時から温習（自習）、二十一時三十分消灯。その間、分刻みで細かな日課があり、班長が細かく指導する。全ての作業は他の班と競争であり、負けると連対責任となり全員が罰直《ばっちょく》をくらうことになる。

　多くの海兵団経験者がつらい思い出として挙げるのがカッター訓練と罰直である。カッターは軍艦に装備される木製の短艇で、長さ九メートル、中央部の幅二・四五メートル、排水量一・五トンで十二人が堅い板の上に座って太いオールで水をかいて進む。罰直で尻の皮は裂けてしまっているのに冷たい塩水を浴びる。全体重をかけてぶら下がるようにしてオールを引き、引き終わるとすばやく突き出さねばならない。冬でもすぐに汗まみれになる厳しい訓練だった。

　罰直は、殴って体に覚えさせようという一種の制裁である。海軍兵学校でも鉄拳制裁が行われていたが、下士官から兵への罰直はバッター（樫《かし》の木で作った特製バット）を用いて尻を叩くことが多く、時には鉄パイプも用いることがあった。打ちどころが悪くて死亡したり、恐怖のために自殺したりする者まで出た。罰直は海兵団後も、水兵でいる間はどのような部隊に所属しても行われていて海軍の悪しき伝統になっていた。

　この理不尽な罰直から逃れるために、操縦練習生を目指した者も多い。ただ、実際に練習生になるためにはかなりの倍率の難関試験をくぐり抜けなければならず、落ちて原隊に戻るとさらに陰惨な罰直が待っていたという。

丙種予科練習生

　予科練制度について触れておく。航空機が兵器として重要だと認識され出したのは昭和の初めの頃である。いち早く、次代は航空機が主力になると思っていた少将時代の山本五十六によって、日本海軍も航空隊が整備され出した。しかし、大きな問題があった。操縦士の養成には数年単位の時間と莫大なお金がかかるということである。また、指揮官を養成する海軍兵学校だけでなく、実際に戦場で戦う下士官や兵の操縦士も必要になるが、一般兵のようには簡単に養成できない。航空力学から洋上航法ができるくらいの学力も必須だ。学力が高く身体能力も高い兵を短期間で養成しなければならない。

　そこで、当初は部内から優秀な兵を選出し操縦練習生（操練）として養成するコースと、志願兵を募り飛行予科練習生（予科練）として養成するコースが設けられた。航空機による戦争が現実味を帯びてくると搭乗員をさらに多く育成する必要に迫られてきた。杉田の受験時期に予科練は甲種・乙種・丙種の三つのコースが設けられることになった。

甲種予科練生は、旧制中学校四学年一学期修了以上（昭和十八年十二期生より三学年修了程度と変更）の学力を有し、年齢は満十六歳以上二十歳未満の志願者から選抜された。幹部搭乗員となることを目的としていたため昇進も早い。乙種予科練生は、応募資格は高等小学校卒業者で満十四歳以上二十歳未満であり、従前の予科練制度の名称変更である。丙種予科練生は、他科（水兵、整備兵、機関兵、工作兵、看護兵、主計兵）の下士官兵の中から隊内選抜を経て操縦練習生となる制度で、以前は予科練に対し操練と呼ばれていた。杉田は丙種予科練三期生（丙飛三期）だった。一期と二期は現操練生の名称変更になるので、事実上の一期生である。

甲乙丙の飛行教程に差はなかったが、甲種の教育期間は基礎学力があるという前提で一年八カ月、乙種は三年、丙種は基礎訓練が終わっているとみなし六カ月だった。ただ、この新しい予科練制度は甲・乙・丙という名称が成績評定を想起させることから不評で軋轢《あつれき》を生んだ。

ところで杉田は海兵団に入団したときに「四等航空兵」であったが、昭和十五年十月十五日に海兵団を卒業したときには「三等航空兵」を命ぜられている。

同日、杉田は霞ヶ浦にある予科練航空隊への入隊が命ぜられる。着隊後すぐに分隊編成があり、操縦、電信、偵察と分かれ、操縦分隊はそのまま丙種予科練生予定者となる。

杉田の履歴書には「鹿島海軍航空隊着隊」と記され「丙種飛行予科練修生（操縦専修）予定者」「土浦海軍航空隊に派遣」と補足されている。この時点ではあくまで「予定者」という資格で教育が始められる。

入隊予定者が全員揃うと学科試験がなされ、不合格者数名は即原隊に帰された。杉田は五十八人中七番という成績が履歴原票に残されている。その後、身体検査と適性検査が行われ、不適格者はやはり原隊に戻される。

連日の検査や試験をパスした者は正式に土浦海軍航空隊に入隊となり、丙種予科練習生となる。

予科練、飛練、六空と杉田と共に過ごすことになる杉野計雄《かずお》は、このときのことをその著書『撃墜王の素顔』の中で次のように書いている。

「数日が過ぎたころ、予定者がぞくぞくと入隊し、二百人くらい集まって来た。その中に三等兵曹二名と数名の一等兵と二等兵がいたが、ほとんどは三等兵であった。一週間後には全員が入隊したので、分隊編成がはじまり、操縦、電信、偵察と分かれていった」〈引5〉

丙飛三期には兵歴を持っているものもいて、下士官から三等兵までの混成になった。三等兵は、杉田のように海兵団から直接予科練に入っている者たちである。しかし、前述のようにこれまでの操練選抜者も中に交じっており年齢差も五歳くらいあった。杉野も機関兵として駆逐艦黒潮に配属された後、機関科の陰湿な制裁体制に嫌気がさし、部内選抜を経て二等兵で丙飛三期に入っている。

学科試験のあとに、身体検査、適性検査が数日間行われて、さらに合格者が絞られる。杉野は、次のように書いている。

「聞きしに劣らぬ首切りであるのに戦々恐々とする日がつづいた。せっかく親しくなった友が何人か不合格になり、退隊するのを見て、無情さに明日は我が身ではなかろうかと、不安になることもあった」〈引5〉

まだ、戦前で一人でも多く操縦員を養成するよりも、優秀な操縦員を養成することに重きが置かれていた。翌年以降、太平洋戦争に突入すると操縦員の消耗を補うために大量採用が行われるようになる。

試験を合格したあと、ようやく緊張を解いて土浦海軍航空隊入隊者となる。杉野の言葉を続ける。

「連日の検査や試験を運よくパスした私たちは、阿彌ヶ原《あみがはら》台地を下りて湖のほとりに新設された土浦海軍航空隊に入隊した。隊門を入ると、湖にいたる大通りがある。右は練兵場で左に庁舎があって、その庁舎裏に鉄筋コンクリート二階の大きな隊舎がありつづいて木造二階建ての校舎が連立する。大きな学校の姿であった」〈引5〉

予科練でもふるいにかけられる毎日で、一度でも不合格やミスがあれば容赦なく切り捨てられる。履歴書では十六年（1941）二月二十八日に「土浦海軍航空隊入隊」となっており、この日に「予定者」のタグがとれ、正式の入隊となった。この時点での全分隊の入隊者は六百三十三名と記録されている。

杉田は予科練でどのように過ごしたのだろうか。時代が少し後になるが、朝日新聞社が昭和十九年に刊行したガイドブック『海軍少年飛行兵』〈引6〉を参考に、一日の動きをまとめてみる。

・五時四十五分（夏は五時十五分）、伝令員が「総員起こし十五分前、吊床《つりどこ》当番配置につけ！」と触れ回る。吊床当番は、戦友たちの眠りを覚まさぬよう細心の注意をもって自分の吊床を手早く括《くく》り、吊床格納所の位置について、皆の目覚めるのを待つ。五分前に「総員起こし五分前」の拡声器の放送が入る。このとき、吊床の中ですでにみな寝たふりをして身構えている。

・六時、起床ラッパが鳴り、終わると同時に吊床をフックから外し、二十秒で丸太状に畳んで紐で結縛し、収納場所に格納する。

・格納し終わると洗面と用便を済まし、着替えてから兵舎の横に整列する。順次、隊伍を組んで練兵場まで駆け足。どんな短い距離をゆくのでも隊内の動作はすべて駆け足でなければならない。分隊ごとに人員点呼のあとは朝礼と海軍体操、号令演習、冬ならば寒稽古。当直将校による訓話、宮城遙拝《きゅうじょうようはい》、五箇条斉唱。朝礼のときは第一種軍装。そのあとは白い事業服に着替えて日中はそれで過ごし、夜の温習（兵舎内での自習時間）前に再び制服に着替え直し、脱いだ事業服は「衣嚢《いのう》」という大きな袋の中に畳んで収納する。

・起床三十分後に甲板掃除、七時十五分からは週番練習生による課業報告、食事五分前に食卓につく。食事ラッパが鳴ると気を付けの号令で礼を行ってから朝食。食事は班ごとに長テーブルに向かい合い、班付の教員が上座に座って一緒に食べる。

・八時、ラッパ「君が代」とともに軍艦旗掲揚、その後は講堂で温習、八時五十分に課業整列があって副長の訓示や分隊長からの報告。分隊ごとに所定の教室に向かう。授業科目は普通学と軍事学に分かれていて、普通学は民間の教師が教える。乙種と丙種は、数学、物理、化学、国語、漢文、地理、歴史、作文となる。

甲種は、中学三年時修了の基礎学力があるとされ数学と物理だけになる。軍事学では、砲術、航海術、水雷術、運用術、通信術、航空術で武官が教える。このほかに、状況判断、部下統率の方法、陸戦教練が課せられている。モールス信号や手旗信号が一番苦しいとされた。

・午前は三〜四時限の課業（学習）。十二時に昼食。一日四千カロリー摂取が標準であった。昼食時には班長から戦況や戦訓の話がある。食後の休憩は銃器の手入れなどを行う。

・午後は二時限の課業があり、十四時四十五分からは別科目として武技、相撲、水泳。籠球（バスケットボール）、排球（バレーボール）、闘球（ラグビー）などもあった。特に闘球が奨励され、大学チームとの対外試合もよく行われた。体育の時間が終わると「課業止め」の号令がかかり夕食準備。

・十六時四十五分に夕食。食後は酒保（売店）、バス（風呂）、洗濯などの自由時間。

・十八時三十分に温習。温習終了後は練習生同士が向かい合って「五省」を唱える。

・二十時五十分に吊床降ろし。デッキの掃除をしてから二十一時には巡検、就寝。

丙種予科練習生は約半年の速成教育だった。それでも翌年以降の超速成教育に比べればまだ余裕があったといえる。

昭和十六年が明けると、ヨーロッパではドイツ軍が戦線を拡大し、その勢いは止まるところを知らなかった。そのニュースは全国の映画館で強制的に流され、いつの間にか国民は戦争へ意識を高めていくことになる。四月になると日ソ中立条約が調印される。この条約によってソ連の脅威を取り除くことができ、南進政策に専念できると松岡洋右外務大臣は主張した。しかし、ソ連にとってもドイツとの戦いに専念できる都合の良い条約でしかなかった。事実、ドイツ敗戦とともにこの条約は一方的に破棄されることになり、遺恨を残したまま現在に至っている。

日米間の緊張も増してきていた。四月十六日、緊張を解決するために正式な日米交渉が開始する。米国は日米国交打開策を示してきた。ルーズベルト大統領と近衛首相のサミットにより日米間の懸案事項を調整するというものだ。米国側がこの案に好意的であることを得て、近衛と陸軍上層部もこの案を進めようと考えていた。最終決定は訪欧中の松岡が帰国するのを待って行うことになった。

しかし、三国同盟の締結と日ソ中立条約という大きな成果を持って帰国した松岡は、真逆の方向に向かうこの案に「愚劣にもほどがある」と激怒し、強硬な内容の代替案を作成する。松岡は交渉を進めていた野村大使にこの代替案をハル国務長官に渡すよう指示する。松岡代替案を渡されたハル長官は、これまでの交渉を覆す強硬な内容に憤慨する。雪解けに向かうかと思われた日米間の緊張は再び高まる。

この年の秋のことであるが、近衛内閣が東條内閣に変わったのを機に山本五十六連合艦隊司令長官を中央に戻そうという運動があった。しかし、嶋田繁太郎海軍大臣が承知しなかった。山本は通常であれば満期になって連合艦隊司令長官を退くはずだったが、戦争を見越してか、あるいはここにきて戦争反対を運動されては困ると思ってか、人事は凍結となる。

飛行操縦専修練習生

十六年四月二十八日、杉田は予科練を卒業する。同日、第十七期飛行操縦専修練習生（飛練十七期）として筑波海軍航空隊（筑波空）に入隊する。約百二十名の同期がいた。

筑波空は、霞ヶ浦飛行場の予備飛行場を使っていた霞ヶ浦友部分遣隊が、大量の搭乗員養成が必要となったため昭和十五年に独立した練習航空隊である。飛練十七期には前述のように杉野計雄もいて、中島隆三等航空兵曹のもとで共に学ぶことになる。

このとき中島教員に学んだ六名は、杉野計雄二等機関兵（戦闘機専修）、谷水竹雄三等水兵（戦闘機専修）、杉田庄一三等水兵（戦闘機専修）、加藤正男三等水兵（戦闘機専修）、篠原某三等機関兵（艦爆専修）、大内某三等水兵（中攻専修）である。

ところで杉田が三等兵になったのは、六月一日である。「昭和十六年勅令第六二五号ニ依ッテ海軍三等整備兵トナル」と履歴に書かれている。前述のように、落とされたときに迎え入れる原隊として整備科に所属していたのであろう。予科練、飛練を通して、練習生は試験などで一回でも不合格になると原隊に戻されることになっていた。

半年間操縦訓練をみっちりと仕込まれたあと、それぞれ専修コースに向かうことになる。杉野だけは機関兵としての経験があったので二等兵であるが、あとの練習生はみな三等兵である。

この隊での教育は初級操縦士の養成であり、複葉の九十三式中間練習機を使って操縦訓練を行った。木製骨組みに一部金属を使った複葉機で、胴体も翼も布張りであった。目立つように赤黄色に塗り分けされていたので「赤トンボ」と呼称されていた。前の席に練習生、後ろの席に教員が乗る。前後席に連動する操縦装置が付いており、練習生がミスをすると後席の教員から棒で頭を叩かれ、操縦を取られてしまう。

『還ってきた紫電改』の中で、九十三式中間練習機での訓練の様子を宮崎勇が次のように書いている〈宮崎は丙飛二期で杉田の一期先輩になり、後に第三四三海軍航空隊（三四三空）で共に戦うことになる〉。

「二人乗りになっていて、前の席に練習生、うしろに教官が乗る。教官が扱うのと同じ操縦装置が練習生の席にもついていて連動する。私の先生は、中溝良一飛行兵曹長だった。一日、生徒一人当たり大体十五分くらいずつ飛行練習をする。出来が悪いと、教官にうしろから棒でポカリと頭を叩かれる」〈引7〉

杉田の訓練も同じような光景が繰り広げられたと想像できる。宮崎は訓練の様子を次のように続けている。

「この基本練習で大事なことは、自分の乗機の『水平の位置』を、つねにつかんでおくことである。旋回、宙返り、上昇、下降—どんな動作をしても、水平の位置を知っておくことが基本になるから、まずこれを徹底的に教えられた。

それから、一番緊張するのはやはり着陸のときだ」〈引7〉

先述した杉野計雄も初めて単独飛行をしたときのことを『撃墜王の素顔』の中で次のように書いている。

「同乗飛行が終わり、列線に入ると、後席の教員が

『エンジン止めるな、単独飛行に出発』と言って降りて行き、同僚が着けてくれる尾部の小さな識別の吹き流しを確認して地上滑走に入った。何度も深呼吸し、心を落ち着けて飛び上がっていった。『やったぞ！』と思い切り叫んだら、ずいぶん落ち着いた。飛行を終わって教員に報告し、『御注意、お願いします』と言ったら一言、『上出来、言うことなし』だった」〈引5〉

杉田がどのような思いで操縦訓練を行ったのか、そして初めての単独飛行を行ったのかを知ることはできないが、小さい頃からの夢をかなえられた喜びに満ちていたことであろう。操縦服を身につけた写真が残されている。その顔には満足感と自信が満ちている。

中島教員は実戦に則した優れた指導を行ったようで、この六人の仲間から杉田、杉野、谷水という三人の多数機撃墜の戦闘機搭乗員を輩出している。杉野は、「私のペアは全員が、他のペアよりも先に合格したのは、教員のすぐれた教授のおかげであることがありがたいことであった」〈引5〉と述べている。

基本的な操縦技術だけでなく、空戦を意識した特殊飛行などの訓練も、この九十三式中間練習機で行っていた。九十三式中間練習機は手を離せば自然に正しい空中姿勢をとってくれるという安定した飛行を行えるのだが、空中戦のような特殊飛行を行う技量を養うにはかえって安定性が邪魔になる。それでも練習生たちは、教員からの指導によってさまざまな特殊飛行の訓練を重ねていった。

ちょうどその頃、隣の分隊に羽切《はぎり》松雄飛曹長が教員として着任している。羽切は中国戦線での重慶攻撃の活躍が新聞報道され、全国的に有名になっていた。杉野は、『撃墜王の素顔』の中で次のように羽切を書いている。「羽切さんが中国大陸から帰還された当時の眼光は、中練の教官の目と輝きが違っていたように思った」〈引5〉

前線から戻ったばかりの羽切の存在は、練習生たちに強く影響を与えた。羽切に憧れて杉野は戦闘機専修の希望を出している。杉田も影響されたであろう。のちにラバウルで、杉田は羽切の列機として数多く飛ぶことになる。

緊迫する情勢

杉田が操縦訓練に明け暮れていた頃、日米間の緊張は戦争を意識するまで高まっていく。

六月に入るとオランダ政府が日本資産を凍結し、南方からの石油やゴムなどの調達ができなくなる。二十一日、ハル米国務長官が日米諒解修正案を提示する。二十二日、独ソ中立条約を破棄し、ドイツがソ連に侵攻を始める（独ソ戦開始）。二十五日、大本営政府連絡会議において南部仏印（ベトナム）への武力侵攻を決定する。七月に入って十五日、米国が在米日本資産を凍結。二十六日、英国が日本資産を凍結、日英通商航海条約の破棄を通告。二十八日、日本陸軍が、南部仏印へ武力侵攻を開始する。そして、八月一日、米国は対日本石油輸出の全面禁止を通告する。

この時点で日本の石油備蓄は二年分に満たず、南方方面の石油資源確保は喫緊の課題となっていた。「今なんとかしなければ…」という焦燥感が海軍をして対米戦争へ踏み込む最後のひと押しとなる。米国は石油輸出禁止をすることが戦争抑止につながると考えていたが、かえって戦争へ加速する結果になってしまう。

九月一日、海軍が戦時体制に移行する。中国大陸に派遣されていた航空部隊のほとんどを引き揚げ、台湾と中部太平洋方面に移動した。同六日、御前会議において、帝国国策遂行要領による開戦時期が議論される。開戦時期については、早期開戦を主張する海軍案と長期準備を必要とする陸軍案があった。石油備蓄が尽きた時点で何もできなくなる海軍としては、開戦やむなしという意見が強かった。

九月十二日、近衛首相が山本連合艦隊司令長官に会っている。阿川弘之の『山本五十六』によれば、このとき、「万一日米交渉がまとまらなかった場合、海軍の見通しはどうですか？」〈引3〉という近衛の問いに、山本は「それは、是非私にやれと言われれば、一年や一年半は、存分に暴れて御覧に入れます。しかし其の先のことは、全く保証出来ません」「総理もどうか、生やさしく考えられず、死ぬ覚悟で一つ、交渉にあたっていただきたい。そして、たとい会談が決裂することになっても、尻をまくったりせず、一抹の余韻を残しておいて下さい。外交にラスト・ウォードは無いと言いますから」〈引3〉と答えている。山本の意図は後半にあるのだが、自分の決断を支える言葉が欲しかった近衛は、前半の部分をことさら頼りにしてしまう。

十月一日、米国からの石油輸入が途絶えたため、乗用車のガソリン使用が全面禁止となる。「ガソリンを得るには南方進出が必要」と多くの国民も思い込むようになる。

同日、実用機操縦課程で訓練中の杉田は定期昇格で「二等整備兵」になる。後のことであるが、十一月二十九日に大分海軍航空隊の所属になり、翌十七年三月三十一日に卒業して第六海軍航空隊に所属するまでは「二等整備兵」で、同日「配属変更」の命令を受け、ようやく「二等航空兵」となっている。

十月二日、米政府が日本政府に対してハル四原則を示し、仏印や中国からの撤兵を要求する覚書を通知してくる。このことは米国が強硬な姿勢を崩さないことを示した。国民の間にも日米開戦が現実のものとして予感されるようになっていく。軍も対米開戦に向けて最後の詰めの段階に入ることになる。同十六日、近衛首相が政権を投げ出し総辞職を決める。同十八日、東條英機内閣が発足。

十一月一日、大本営政府連絡会議にて米英蘭との開戦が決定される。「ただし対米交渉要領に基づいて交渉を継続すること」という条件は付いていた。しかし、この対米交渉要領は米英蘭に対して強硬な内容で、とうてい妥協点を見出せるものではなかった。十一月初旬に野村駐米大使からハル国務長官に提示されたが、米国はまったく関心を示さなかった。同日、永野修身《おさみ》海軍軍令部総長が大本営政府連絡会議の席上で対米英戦の見通しについて、「開戦後二年間は確算あり」だが、「三年以降は予談を許さず」と発言する。

同五日、御前会議が開催され、対米交渉や開戦時期などについて最終決定する。同日、大本営政府連絡会議が連合艦隊司令長官に対米英蘭作戦準備を命令する。

同十五日、大本営政府連絡会議が「一、速やかに極東における敵の根拠地・南方資源地域を占領して、長期にわたり自存自衛の態勢を確立する。二、積極的に蒋介石政権を倒し、ドイツ・イタリアと提携して英国を屈服させる。三、これにより米国の戦意を失わせ、講和会議に持ち込む」という内容を決定する。ドイツが全ヨーロッパを抑えることが前提となっていた。すでにドイツは、英国とソ連をのぞいたヨーロッパ全土を制圧していた。軍首脳たちが対米英に強気で出ることができたのも、ドイツ勝利に乗じて講和に持ち込めばいいという気持ちがどこかにあったからであろう。

同二十六日、第一航空艦隊がハワイ真珠湾を攻撃するために単冠湾《ひとかっぷ》を出港する。

翌二十七日、米国のハル国務長官が、日本から示された「対米交渉要領（乙案）」に拒否の回答をするとともに、米国の立場を示した「ハルノート」を提案する。日本側にはまったく受け入れる余地のないもので、満州事変以降獲得してきた権益を放棄する内容だった。『昭和史20の争点』（秦郁彦編）〈引8〉にある須藤眞志氏の言によれば、大本営政府連絡会議は、「ハルノート」をもって米国の最後通牒と受け取り、この日以後は開戦準備の事務手続きに入っていくことになる。

延長教育（実用機操縦課程）

十一月二十九日、杉田は筑波海軍航空隊（筑波空）での操縦練習課程を修了し、延長教育（実用機操縦課程）に進級する。戦闘機専従の杉田は、杉野や谷水と共に大分海軍航空隊（大分空）に同日付で配属命令が下される。開戦へ向けて慌ただしい軍の動きの中で、筑波基地から大分基地まで転勤する。

筑波から大分までは三日間の行程である。同年の九月に谷田部海軍航空隊（谷田部空）で操縦練習課程を終えた甲飛五期の本田稔は、延長教育を受けるために大分空に向かう道程を『本田稔空戦記』〈引9〉に記している。

東京まで出て東海道線に乗り換え、名古屋までで一日目の夜を迎える。そのまま列車の中で眠れぬ夜を過ごし、京都で朝を迎える。神戸を過ぎると、瀬戸内沿岸は連合艦隊を見せないため窓はヨロイ戸が下ろされる。広島では憲兵が乗り込んできて目を光らせる。下関で関門連絡船に乗り九州へ渡る。大分には翌々日の朝に到着する。四十四時間の行程である。その間、民間人と乗り合わせることになるが、その時の思いを本田は次のように書いている。

「それは彼らに対する優越感であり、誇りでもあったのかも知れない。軍人優位の当時の世相にあって我々は国家の安危を双肩に担っているような意識を持っていた。中でも数少ない海軍戦闘機乗りともなれば、口にこそ出さなかったが誇りに満ち満ちていた」〈引9〉

おそらく杉田も同じような思いを持って移動したと想像する。

大分空は海軍唯一の戦闘機訓練専門の練習航空隊である。丙飛三期だけでなく、海兵六十七期、甲飛五期、乙飛十期の各戦闘機搭乗員と海兵六十七期艦上攻撃機搭乗員が同時期に大分空で訓練を行っていた。杉田はここで四カ月の延長教育を受けることになる。

前述の本田稔が『本田稔空戦記』〈引9〉に詳細を書いているが、まとめると次のようになる。

朝の「総員起こし」で飛行場へ向かい、格納庫の扉を開ける。朝礼、海軍体操を終えてから再び格納庫に戻って飛行機を出し、列線に並べる。「搭乗割」と呼ばれる黒板を見て、自分の機の点検を行う。朝食をとって飛行服に着替え、飛行場に向かう。そして飛行訓練が始まる。この行程がすべて早駆けで競争になっていた。

操縦訓練については次のように記述している。

「まずは九〇戦による慣熟飛行である。中練の赤とんぼに比べるとさすが実用機だけあってスピードも出る、加速もよい、だいいちエンジンの音が違う。運動性もよく上昇率もよい。いかにも実用機らしく操縦桿をちょっと動かしただけで敏感に曲がり、中練のようにフワリ、フワリと浮いているという感じはなく動作が敏捷である。ただそれだけの違いで操作上ことにむずかしいこともなかった。違うといえば速度が速いだけに着陸時の操作の勝手が違うくらいのことで、それもむしろ機体が重いだけに引き起こしが楽でありドンピシャリ定位置に接地でき痛快であった」〈引9〉

海軍機の着陸は、航空母艦上に短い距離で行うことを想定していて主輪と尾輪の三点で同時に接地する。そのための訓練は中間練習機の時から徹底的に教え込まれる。九〇戦での訓練は四、五時間で終え、九五戦による完熟飛行、そして空対射撃の訓練に入る。

大分航空隊では開戦前のこの時期までは、実戦経験だけでなく技量優秀な教員を揃えることができていた。また、戦闘訓練についても日米開戦の気運が高まっており、かなり実戦を意識した激しいものになっていた。訓練期間はやや短縮されはしたが、開戦後に比べれば時間をかけて行う余裕もあった。射撃訓練もスイッチを同調させたカメラによって行っている。

射撃訓練については杉田と同期であった杉野が『撃墜王の素顔』の中で次のように書いている。

「射撃は機体に固定して取り付けた機関銃（砲）が照準器と合わせて取りつけられているので、照準器にうまく敵機が入るように狙って発射すれば命中するわけである。だが、実際にはそう簡単ではない。銃口と目標の距離や彼我の速度差、彼我の飛行機の辷《すべ》り、風、射角などに加えて気象条件などの要素も正確に合致しないと、飛行中の射弾は命中しない。だから、銃口を目標に近づけて射撃しない限り全弾命中はないのである。」〈引5〉

射撃標的は練習航空隊の時よりも短くなり三メートルであった。命中弾を当てることが難しくなる。最初は実弾でなく、弾丸の代わりにシャッターが落ちて的が写る写真射撃で訓練する。現像されたフィルムを写すと射距離、角度、軸線などが判定されて教員から指導を受ける。指導を受けてもなかなか思うようにいかない。

杉野は温習の時間に、当直の吉田教員から「吹き流しにぶつかる気持ちで接近し、撃ってみよ」〈引5〉とアドバイスを受ける。翌日の射撃訓練で、我慢に我慢を重ねて吹き流しに接近してカメラ銃の発射ボタンを押すが、五メートルの吹き流しをかわしきれずにプロペラでかんでしまう。これは叱られると思いながら分隊長に報告すると、「体当たりは、自分も命がなくなるのでやらないことだよ」〈引5〉と諭される。杉野の経験では、このような失敗は通常は罰直対象になるのだが、笑いながら諭されたと語っている。教員にもまだ余裕があった。戦争が進むと、教員の多くが実戦を経験しており、たいへん厳しいものになっていったという。

当時訓練に使われていた飛行機は、中島三式艦上戦闘機、中島九〇式艦上戦闘機（九〇戦）、中島九五式艦上戦闘機（九五戦）、三菱九六式艦上戦闘機（九六戦）である。九六戦が現役で前線配備されていた時代で、最新鋭の零戦はまだ練習航空隊には配置されていなかった。もっぱら九五戦で空戦や夜間飛行、特殊飛行などの訓練が行われ、仕上げとして九六戦が使われた。

零式戦闘機（零戦）は、皇紀二千六百年（１９４０）に制式採用されたため、末尾の零をとって零式と名付けられた。三千キロメートルの航続距離、時速五三〇キロメートルを超す速度、二〇ミリ機銃（陸軍は機関砲と呼んでいた）、極限まで軽くして得た格闘性能とどれをとっても当時の世界水準を超えていた。特に「剛性低下方式」と名付けられた「たわみ」を利用した操縦索は、零戦の運動性の良さを引き出す特長となった。低速のときは大きく舵が動き、高速時はたわみによって舵の効きが小さくなるという優れたアイデアだった。

しかし、徹底した重量削減が災いし強度に弱点が出た。そのため急降下速度に制限を行わなければならなかった。また、しぼりにしぼった空力デザインは次世代の大型エンジンへ換装する余地がなかった。さらに、性能向上を優先したため生産性や整備性が劣ってしまった。米軍機が生産性や整備性を優先したのと対照的である。

実戦部隊への配備要求は強く、試作機段階から日中戦争の前線に配備され活躍した。三菱だけでなく中島でも生産に当たることになり、終戦の年に紫電改が登場するまで最優先で生産されることになるが、この時期の練習航空隊での配備はとうてい望めなかった。

太平洋戦争開戦

十二月八日、午前七時に大本営は、宣戦布告を発表する。日本軍は、マレー半島の英国領に上陸し南方作戦を開始した。南方作戦の目標は、香港、シンガポール、マニラの重要軍事拠点を潰し、石油やゴムなどの軍需資源を確保することにあった。マレー攻撃一時間後に海軍の機動部隊が真珠湾を攻撃する。残念ながら、最後まで宣戦布告後の攻撃にこだわっていた山本五十六連合艦隊司令長官の意に反して、米国への通告は攻撃後になってしまう。

真珠湾攻撃の目的は米軍の太平洋艦隊、特に機動部隊を殲滅《せんめつ》することであった。真珠湾に停泊中の戦艦など八隻を爆撃によって無力化した。しかし、二隻の空母は演習中で真珠湾にいなかった。

米空母への二次攻撃は当然あるものと多くの参謀たちは思っていたが、南雲忠一第一航空艦隊司令長官は帰投を命じた。南雲にとって、戦艦を叩くことが重要であり、空母の戦略的な価値をそれほど重要視していなかったと言われている。山本は「南雲はやらんよ」〈引3〉とつぶやいた。このときの米空母が、のちに日本海軍を壊滅に追い込むことになる。

開戦時の作戦は大成功に終わる。しかし、次の手は不確定であった。第二航空戦隊航空参謀であり中枢の動きを知る立場にいた奥宮正武少佐は『ラバウル海軍航空隊』の中で次のように証言している。

「太平洋方面における全般作戦の動きがあまりにも早く進みつつあったので、戦争指導に最高の責任をもつ東京の大本営、すなわち大本営陸軍部及び海軍部では、早急に次期の作戦をどうするかについて、研究をはじめざるをえなくなっていた」〈引10〉

開戦前から立てられていたマレー作戦は、マレー半島からフィリピン、ジャワ、スマトラ、ボルネオ、ビスマルク諸島の占領だった。緒戦からの勢いで、ソロモン群島と東部ニューギニアをも難なく押さえた。第一段作戦はもっと長い期間を要すると考えられており、その間にドイツやイタリアが戦線を東方に展開してくるだろう、インドで合流できるだろうと考えられていた（実は十二月八日にドイツ軍はモスクワ攻撃を放棄している。皮肉にもこの日から、ドイツ軍はじりじりと負け続けることになる）。

この間、敵との戦いの中で次なる手を考えていけばいいという方針だったが、米英軍の抵抗は弱く広範囲の占領地を難なく手にしてしまった。いきなり太平洋全域に、基地と軍事的物流網を早急に築く必要ができてしまう。しかも、ここで時間をかけると米国の巨大な生産力が動き出す。海軍は、米国が本気を出して反攻してくる前にオーストラリア（豪州）を孤立させるという米豪遮断構想を企図した。

この構想に慎重だった陸軍も、占領地を守らねばならぬという現実に折れる。ただ、海軍内部でもインド洋にこのまま攻め入って東進してくるはずのドイツ軍と手を結ぶ案や米海軍の機動部隊を殲滅する案など、初戦の勝利で驕《おご》りに浮かれた案がいくつも出されており、具体案は固まっていなかった。ともあれ米豪遮断構想に沿って作戦が立てられることになる。その作戦上の最要衝地がラバウルであった。

ラバウルは開戦時すでに連合艦隊の基地として機能していたトラック島から南方七百浬《かいり》（約一三〇〇キロ）にあり、ソロモン海域全方面に展開できる扇の要に当たった。もともとはドイツ領ニューギニアの首都として開発されたが、第一次大戦後はオーストラリアの委任統治領となり行政や経済の中心となっていた。

米と豪を戦略的に遮断し、シーレーンを押さえるためには制空権を得る必要があった。航空基地の要衝としてラバウルに基地航空隊を展開することで制空権、制海権が日本のものとなるはずだ。いま一つの理由として、ニューカレドニア諸島に産出するニッケル（航空エンジン製作に欠かせない）を手に入れることがあった。

日本軍快進撃

昭和十七年（１９４２）が明けた。日本軍の快進撃が報道され、連日祝勝ムードが日本中に漂っていた。「弱腰」と右翼に命を狙われていた山本が、一転して「英雄」として祭り上げられるようになる。日本全国から毎日大変な数の賛辞の手紙が届けられ、その一つ一つに山本は毛筆の丁寧な返書を書いていた。だが、賞賛の言葉は山本には虚しかった。

大分空の杉田たち練習生も訓練の合間に別府温泉に

外出したり、花見を行ったりと実戦配備を前にして、わずかながら余裕があった。華々しく報道される戦地の様子に、はやる心を抑えながら最終訓練に励んでいた。そのような中で特に気になるのは、ラバウルへの海軍航空隊の進出であった。

一月中旬になると、第二十四航空戦隊の九六陸攻や九七式飛行艇によるラバウル飛行場への爆撃、空母赤城、加賀、瑞鶴、翔鶴の艦爆隊によるラバウルの軍事施設への爆撃が実施される。同二十三日、第四艦隊を基幹とする南洋部隊がカビエンへの上陸作戦を実施する。翌二十四日、ラバウル飛行場の整備が突貫作業で行われ、小型機の発着が可能になった。そこで、千歳海軍航空隊（千歳空）の九六戦がトラック島からラバウルに進出した。零戦の供給が間に合わず、時代遅れになっていた九六戦で間に合わせるほかなかったのである。

二月十日、ソロモン方面における航空戦力を増強するため第四海軍航空隊（四空）が編成され、第二十四航空戦隊に編入された。定数は戦闘機二十七機、陸上攻撃機二十七機。戦闘機は九六戦とされた。

同十五日、シンガポールが陥落した。開戦前から山本はシンガポールが落ちたときが講和の時期と考えていた。阿川弘之の『山本五十六』の中に、山本が戦前に笹川良一に話している記述がある。

「きっかけは、シンガポールが陥落した時だ。シンガポールが陥ちると、ビルマ、インドが動揺する。インドの動揺は、英国にとっては、一番痛いところで、英国がインドを失うのは、老人が行火《あんか》を取られるようなものだ。しかし、そこを読んでしっかりした手を打ってくれる政治家が果たしているかね。シンガポールは、半年後には陥せると思うが、其の時は、頼むよ」〈引3〉

笹川は当時衆議院議員で、山本の意を政治家や陸軍の要人などに説いて回ったが、反応はなかった。山本に近しい四空司令官の桑原虎雄少将が、講和について直接山本に尋ねて次のような答えをもらっている。

「それは、今が、政府として和を結ぶ唯一の、絶好のチャンスじゃないのか。日本として、それを切り出す以上は、領土拡張の気持が無いことをよく説いて、今まで占領した所を全部返してしまう。これだけの覚悟があれば、難しいけど、休戦の成立の可能性はあるね。しかし、政府は有頂天になってしまっているからなァ」〈引3〉

そうこうしているうちに第二段作戦を進めなければならない時期になっていた。二月十七日、第四海軍航空隊（四空）の戦力増強のため空母祥鳳が六機の零戦をラバウルに運んできた。また、別便で三機が送られており、九機の零戦隊がようやく編成できた。飛行場も拡張され、長さ一五〇〇メートル、幅一〇〇メートルの東飛行場と長さ一五〇〇メートル、幅八〇メートルの西飛行場が整った。同二十日、索敵をしていた九七式飛行艇がラバウル東方約四百浬（約七四〇キロメートル）に空母を含む米艦隊を発見した。四空の九六陸攻十七機が悪天候の中を出撃する。九六戦は航続距離が短く援護について行けず、来たばかりの零戦はまだ未整備だったのか出撃していない。

やはり援護なしでの攻撃は悲惨な結果になった。米戦闘機の攻撃と艦艇からの猛烈な火砲によって十三機が未帰還になる。戦闘機の援護がなければ、攻撃機は餌食になるだけであることが戦訓となった。二十四日になって、ようやく編成ができるまで整備された零戦九機が陸上攻撃機を援護して、ポートモレスビー攻撃ができるようになった。

三月三十一日、内地では杉田が戦闘機課程を卒業し、海軍二等飛行兵（転科）という辞令をもらった。そして一週間後の四月六日、第六海軍航空隊（六空）配属辞令が出される。

第三部　ミッドウェイ海戦

第六海軍航空隊（六空）

昭和十七年（1942）四月一日、基地航空兵力の編成替えがあり、開戦前から少ない兵力で内南洋方面の警戒及び南東方面の進攻作戦を続けてきた二十四航空戦隊は二十六航空戦隊と入れ替わることになる。『海軍航空隊全史』〈引11〉によれば、二十六航空戦隊は、木更津海軍航空隊（木更津空、陸上攻撃機三十六機）、三沢海軍航空隊（三沢空、陸上攻撃機三十六機）、第六海軍航空隊（戦闘機六十機、陸上偵察機八機）、輸送機七機で新編成された。木更津空は、これまで陸攻搭乗員の養成航空隊であったが、この日をもって作戦部隊に切り替えられた。その兵力の半分は鹿屋海軍航空隊（鹿屋空）から移されたもので兵力整備や訓練は未完のままだった。三沢空は二月に新編成され、整備、訓練中であった。杉田が配属された第六海軍航空隊（六空）もこの四月一日付で新編成された戦闘機に特化した部隊であった。

六空司令は森田千里大佐、飛行長玉井浅一少佐、飛行隊長兼分隊長新郷英城大尉、戦闘機分隊長宮野善治郎大尉及び牧幸男大尉、偵察機分隊長美坐正巳大尉という幹部編成であった。

六空の搭乗員定数は百二十名とされた。太平洋戦争初戦で活躍した台南海軍航空隊（台南空）と第三海軍航空隊（三空）の下士官搭乗員を核として、前年末や三月末に戦闘機課程を終えた杉田ら新人の戦闘機搭乗員で構成されていた。編成時、基地とされた木更津には数機の零戦しかなかったが、艦上戦闘機六十機（常用機四十五、補用機十五）、偵察機八機（常用機六、補用機二）が定数とされた。艦上戦闘機には零戦二一型を充て、新品が完成次第、群馬の中島飛行機まで搭乗員が出向いて検査・受領し移送してくることになっていた。偵察機は、旧式の九八式陸上偵察機であったが、夏以後には新しい二式陸上偵察機に交代する予定であった。

搭乗員や飛行機だけでなく、整備員、兵器員、主計科や看護科など大量の人員や必要機材などを揃えなければならず、新規の部隊編成は莫大な労力を必要とした。


四月六日、杉田は一週間の旅行期間をもらって木更津の六空に着任する。大分空から同時に転勤したものは十五人である。予科練、飛練、大分空と一緒だった杉野や谷水もこの十五人に含まれていた。

このあと、作戦直前まで搭乗員の訓練が行われることになるが、新人の錬成期間は平時よりかなり短くなり、技量の評価はまだ低かった。作戦開始時点（五月二十日付）での現状で、A級二十五名、B級なし、C級三十一名、D級なしという評価であった（技量最上位がA級、C級は昼間作戦可能、D級は作戦に使えないという評価規準である）。ベテラン搭乗員はもちろんA級だ。杉田ら新人搭乗員はかろうじて離着陸ができる程度のC級とされた。練習用の九六戦十五機と出来上がるのを待って移送してきた新品の零戦三十機が揃ったところで、米豪遮断作戦を想定した訓練が始められた。

当時はまだ第二段作戦が固まっているわけではなく、大きな作戦が近々あることを感じながら、六空では実戦を意識した戦闘訓練を開始する。九六戦と零戦とを並行して使用し訓練しているため、自然に両戦闘機は比較された。


『撃墜王の素顔』の中で杉野は次のように述べている。

「先輩たちが零戦を領収して空輸して来るたびに、列線が賑やかになる。十機、二十機、三十機と増えて来ると力強さを感ずる。そうして、九六戦から零戦の訓練に進んでいった。零戦が高馬力、高速で、じつに安定のよい飛行機であるのには驚くばかりであった。定点着訓練も、九六戦より安定して容易である。定点を銃眼口から覗く九六戦にくらべると、視界がきわめて良好であり、安定した定着ができた。また、高高度の操縦訓練も、九六戦より性能はよく、何から何まで申し分のない飛行機だった」〈引5〉

ただ、一つだけ初期零戦の欠点として、胴体タンクから翼内タンクへ燃料を切り替えるときにうまくエンジンが起動しないことがあり、この不具合から杉野は暴風林の杉林の中に突っ込む不時着事故を起こしている。

B25による日本空襲

四月十八日、米機動部隊が空母ホーネットからB25爆撃機を発進させ東京空襲を行った。米陸軍の双発爆撃機を空母から発進させ、極めて遠距離から東京を空爆し、中国へ飛行するという計画であった。

本来であれば日本本土から八〇〇キロメートルの近くまで接近する予定であったが、日本時間午前六時三十分、随行していた米巡洋艦が日本の監視艇第二十三日東丸を発見、攻撃を加え撃沈した。監視艇は通報をしているはずという想定で、予定より三〇〇キロメートルも遠いところから急遽《きゅうきょ》発進させることになった。

そもそもB25は陸軍機であり、空母から飛び立つようには設計されていない。陸軍機を海軍の空母から発進させ、洋上での長距離飛行で爆撃するという常識はずれの計画であった。重い爆弾を満載した双発爆撃機が空母から発進できるのか、陸軍機が長距離洋上飛行をできるのか、敵に気付かれないで侵入できるのか、攻撃した後中国大陸まで飛行できるのか、中国大陸で日本軍に捕まらないか…リスクばかりだった。

計画立案者はシュナイダー・レースで活躍したジミー・ドゥリトル中佐で、自ら指揮官として乗り組んでいた。空襲を行ったのは十六機のノースアメリカンB25爆撃機で、東京、川崎、横須賀、名古屋、神戸などを銃爆撃した。死傷者三百六十三人、家屋損害三百五十戸といわれている。

後日談になるが、爆撃を終えたB25のうち十五機が中国大陸に、一機がソ連に不時着した。そのうち八名が日本軍に捕まり捕虜になった。翌年、軍事裁判が行われ民間人への銃撃という罪で操縦士二名と銃手一名が処刑されている。

まさか日本本土が米軍機に空襲されるとは民間人だけでなく軍でも考えておらず、対応はあたふたとしたものになった。米機動部隊接近の報せがあってから、海軍は国内各基地に通報と哨戒命令を出したが、六空では機動部隊との距離もあるので邀撃《ようげき》のため十二時半くらいまで零戦で待機していた。攻撃隊長は新郷英城《しんごうひでき》大尉である。六空を新設するということで台南空から部下共々引き抜かれ、搭乗員たちと木更津に着いたばかりであった。

このときの出撃の様子について、第二〇四海軍航空隊による『ラバウル空戦記』に記述がある。

「新郷大尉は南方でかかったマラリヤの発熱が完全になおり切らず、静養を必要としたが、敵機動部隊が来ているというので、十八日早朝たたき起こされた。何しろ熱でフラフラだし、到着翌日のことでもあり、まだ何の準備もしていないし、見たことのない顔の搭乗員も大勢いた。しかも肝心の飛行服もなければチャート（航空図）もない、とあっては戦闘もできないが、ともかく指揮官として攻撃隊を編成しなければならず、三空から来た宮野善治郎大尉と一緒に、取りあえず九機ずつの二個中隊を編成した」〈引12〉

木更津飛行場で零戦に乗って待機中の新郷は、東京湾の向こう側の横浜や川崎方面で爆煙が上がるのを確認している。望遠鏡で監視をしていた整備員が、双尾翼の爆撃機が低空で侵入しているのを見ていて、どうやら米陸軍のB25爆撃機らしいと報告があった。B25が空母から発進したのかと疑念が生じたがそれ以外考えられない。空母はどこだということになり、第十一航空艦隊（十一航艦）の一式陸上攻撃機二十九機が雷装して飛び立った。六空十八機の零戦も陸攻援護任務のため十二時四十分に木更津を発進した。

攻撃隊は約六百浬《かいり》（約一一〇〇キロメートル）まで進出して捜索を行ったが、発見することはできなかった。米機動部隊は、B25を発進させたあとすぐに反転していた。当初から回収する予定はなかったからである。その頃、爆撃を終えたB25は中国へ向かって飛行していた。東京上空ではB25を発見しても味方機と誤認して見過ごした部隊もあった。米軍機が日本上空に現れるとは微塵も思っていなかったのだ。

東京空襲は日本中を震撼させた。緒戦での連戦連勝で沸き立っている日本国民に、そして、次の侵攻作戦を進めようとしている日本軍に、冷や水を浴びせかけることになった。このため調整に手間取っていた米豪遮断作戦が一気に具体化し、軍令部が反対していたミッドウェイ攻略も合わせて進められることになる。

第二段作戦

昭和十七年の五月、ビルマ北部のマンダレーを押さえ、フィリピンのコレヒドール島米軍要塞も陥落し、第一段作戦は終了した。この間、南雲長官率いる機動部隊は、連戦連勝だった。勝ちすぎることが問題でもあった。負ける気がしなくなっていたのだ。連合艦隊も柱島泊地（広島湾内）で腰をどっしりと据えていた。大事な石油を無駄にできない。いざというときまでは艦隊を動かせないという事情もあった。

このときまで山本連合艦隊司令長官は、米国の太平洋艦隊を叩いて早期の講和に持ち込みたいと考えていた。米国の主力戦艦は壊滅状態にしたが、この時点で空母三隻からなる機動部隊が健在である。しかも、その機動部隊から日本本土への爆撃が行われた。早期講和に持ち込むには、この機動部隊を殲滅《せんめつ》し、有利な条件を作らねばならない。

しかし、講和に持ち込めるような人材が果たして日本にいるのか。阿川弘之の『山本五十六』によると山本は当時甥宛てに出した手紙に心境を吐露している。

「事の成否は実は第二段作戦にあり、十分覚悟と用意とを要する事態と存知おり候…爾後の作戦は政戦両翼渾然たる一致併進を要する次第にて、之が処理に果たして人材可有之か、従来の如き自我排他偏狭無定見にてはなかなか此広域の処理、持久戦の維持は困難なるべき、杞憂は実に此辺にありと愚考せられ候」〈引3〉

大本営海軍部がようやくまとめた米豪遮断作戦は、次のような具体的な作戦日程であった。「五月七日ポートモレスビー攻略、六月七日ミッドウェイ及びアリューシャン攻略、六月十八日ミッドウェイ作戦参加部隊のトラック島集結、七月一日機動部隊トラック島出撃、七月八日ニューカレドニア攻略、七月十八日フィジー攻略破壊、七月二十一日サモア攻略破壊」

ここまで一気に連合国軍を押していき和平交渉に入るというのが山本の腹づもりであった。海軍軍令部第一課は、当初この案に難色を示していたが、四月十八日の東京空襲で一気に異論は解消される。まずはミッドウェイ攻略で米機動部隊を叩き、その後、米豪遮断作戦を実施することが決定した。

四月三十日、作戦計画にしたがってツラギ攻略部隊の第十九戦隊がラバウルを出発した。敷設艦《ふせつかん》沖島を旗艦とし、司令官は志摩清英少将だった。五月三日、第十九戦隊は軽空母祥鳳と特設水上機母艦神川丸艦載機支援のもとフロリダ諸島に上陸したが、連合国軍はほとんど撤収しており、小競り合いが起きた程度で日本軍の上陸作戦は成功する。

五月初旬、内地の六空では、ミッドウェイ攻略準備のため新郷飛行隊長のもとで錬成訓練に励んでいた。杉田ら飛練十七期に続いて、五月に入ると中村佳雄ら飛練十八期も配属されてきた。前述のように六空の搭乗員評価は、前線の三空や台南空から転入してきた技量A級のベテランと飛練を出たばかりの若手C級と二層に分かれていた。実戦経験者が二十四名、若手三十二名という割合であった。戦場に出すためには若手訓練が急務だった。

ところでこの錬成訓練について飛行隊長の新郷と森田司令、玉井飛行長が対立した。司令たちの案は、ベテラン勢を空母に乗せてミッドウェイに連れて行き、若い未熟な搭乗員たちは基地に残したまま錬成訓練を進めるというものであった。しかし、新郷は異論を唱える。第二〇四海軍航空隊編による『ラバウル空戦記』に次のようにある。

「これまでの戦地勤務の経験からすれば、若い搭乗員もミッドウェイに連れて行って、実戦を通じて学ばせるのが良い。それに若い搭乗員の訓練のためには飛行機、器材、加えて教官として、数名のベテランも残さなければならない。これではいちじるしく戦力を低下させることにあるから、全機全力をもってミッド

ウェイに進出すべきである」〈引5〉

新郷には、戦時にそんな悠長に訓練している場合かという思いがあったのであろう。新郷は、頑固で絶対に譲らない性格であった。その性格が災いして、新郷の意見は取り入れられず、かえって元山《げんざん》海軍航空隊(元山空)への転勤命令が出されてしまう。

五月八日に、新郷は元山空飛行隊長兼分隊長として転出、兼子正大尉が後任の飛行隊長として入れ替わることになった。しかし、前線で若手訓練を行うという案は、新郷が去ったあとに採用されることになる。

珊瑚海海戦

第四艦隊司令長官井上成美《しげよし》中将率いる南洋部隊は三月にラエ、サラモア、四月にツラギ、ポートモレスビーを攻略するように計画していた。ラエ、サラモアの攻略に成功はしたが反撃を受け艦船に大きな損害を出したため、ポートモレスビー攻略は一カ月延期して五月下旬実施予定となった。ところが思わぬ東京空襲でミッドウェイ攻略が早められることになり、ポートモレスビーの攻略も再び五月初旬に早められた。攻略部隊と機動部隊が用意されたが、事前の十分な打ち合わせや訓練を行うことができないまま、急ぎ戦場へ向かうことになった。

五月七日、ポートモレスビーに向かっていた機動部隊が米陸軍機に捕捉されるが、幸いにも厚い雲に遮られて米海軍機には発見されなかった。日本軍側は、偵察を行っていた水上機の回収事故や、貴重な飛行艇からの敵発見の報せを無視するなどの失態で攻撃を行わなかった。双方とも絶好のチャンスを逃してしまう。

同八日、米空母レキシントン、ヨークタウンと日本の空母瑞鶴、翔鶴が、それぞれ相手艦が見えない距離から艦上機で攻撃し合うという史上初の空母同士の対決が起きる(珊瑚海海戦)。この海戦から少数の豪海軍も米海軍に合流しているが、便宜上、米海軍に含めて記述する。

ほぼ同時刻に双方の索敵機群が相手空母を発見、ほぼ同時に双方の攻撃隊が発進し、相手空母に攻撃を行った。双方の攻撃隊が空中ですれ違うという緊迫した戦いになる。

攻撃隊の機数は日本機が六十九機、米軍機が八十四機。空母レキシントンが魚雷を二発、爆弾二発を受けて数時間後に沈没した。空母ヨークタウンも爆弾一発を受けたが戦闘行動は可能であった。日本側では空母翔鶴が爆弾三発を受けて戦場を離脱した。

双方とも相手空母を二隻とも撃沈したと過大に算定したが、同時に損害も甚大であると判断し第二次攻撃を中止して戦場から離れた。日本軍は、ポートモレスビーへの攻略も中止してしまう。この決定を下した井上長官は、のちに意気地なしと評価され事実上更迭されることになる。


この海戦では、空母レキシントン沈没、空母ヨークタウン大破となった米軍と空母翔鶴大破の日本軍では、わずかに日本軍側が勝利を得たように思える。しかし、米軍は大破した空母ヨークタウンを一週間という信じられない期間で修理し、ミッドウェイ海戦に参加させたのに対し、日本軍の空母は二隻とも内地で整備となってミッドウェイ攻略から外されている。何よりも搭載機の被害が大きかったのである。この差は、明らかに米軍の方に軍配が上がる。

ミッドウェイ海戦

五月十七日、三百名以上の設営隊員や杉田ら先発の若手搭乗員たちで構成された六空本隊が、輸送船慶洋丸ほか二隻の輸送船に分乗し、駆逐艦二隻に護衛されてサイパンに向かった。本隊はミッドウェイ占領後に基地航空部隊になる予定であった。

五月二十三日、本隊とは別に即戦力として空母に便乗してミッドウェイに向かうベテラン先発隊が出発した。空母赤城に森田司令、兼子飛行隊長ほか六機が、空母加賀には玉井飛行長ほか九機が、その他に空母蒼龍、飛龍にも分乗した。空母分乗の先発隊は技量A級がほとんどであり、直接零戦で着艦している。さらにアリューシャンに向かう別動隊も密かに日本海側を北上した。

五月二十八日、午後六時に慶洋丸を含む第二艦隊の輸送船十六隻、給油船十六隻、護衛の第二水雷戦隊など、合わせて五十隻近い艦がミッドウェイを目指してサイパンを出港した。第二水雷戦隊の旗艦は軽巡洋艦神通で、輸送船団の周りを駆逐艦や駆潜艇で固めた。この大輸送船団には、ミッドウェイ島に上陸する海軍陸戦隊二千八百人、陸軍三千人、陸上基地設営隊と物品、整備員、搭乗員などが満載されていた。船団は出港後三十分で米潜水艦と接触したが、幸い敵からの攻撃はなく単調な航海が続いた。

六月二日、味方潜水艦からの情報で、以前は無人に近かったミッドウェイ島が昼夜兼行で飛行場や基地施設の建設が行われているということが分かる。ハワイ島には近寄れない状態で、敵機動部隊の情報はつかめなかった。六月四日、夜になって総員集合がかかり上陸作戦の説明があった。説明後、武装の確認と一食分の乾パン支給があった。

ミッドウェイでは、日本の機動部隊が作戦の歯車を少しずつ狂わせていた。敵の動向を探るために真珠湾の偵察に出た二式大艇が、途中で敵水上艦と接触、予定していた燃料補給ができずに引き返していた。旗艦大和で敵空母らしき呼出符号を傍受したが、機動部隊側でも傍受しているはずだとしてこの情報を握りつぶしてしまう。機動部隊では、戦艦や巡洋艦の索敵機の他に空母からも艦攻を追加して索敵を行う計画を立てていたが、実際には索敵機は七機しか発進させなかった。付近には敵機動部隊はいないだろうという憶測が判断を甘くしていた。

第一次攻撃隊の零戦隊はミッドウェイ手前で迎撃してきた米戦闘機三十機を瞬く間に撃墜したが、地上基地には敵機の姿がなく、もぬけの殻だった。そして、このことの意味に気付けなかった。

第二次攻撃隊はこのとき、艦上爆撃機が二五〇キログラム爆弾、艦上攻撃機は魚雷を装着して敵機動部隊への攻撃を想定、待機していた。第一次攻撃隊指揮官の友永丈一大尉は「カワ・カワ・カワ（第二次攻撃の要あり）」と打電、これを受けて第一航空艦隊の南雲忠一司令長官は、再度の基地攻撃を決意し、陸上基地攻撃のために兵装を陸用爆弾と破摧《はさい》爆弾に換装し直すことにする。

作業時間は一時間半から二時間を見込んでいたが、

最も危険なその時間中にミッドウェイ基地から多数の敵機が来襲した。機数は多かったが少し時代遅れの飛行機が交じっていて、精鋭搭乗員の操縦する零戦の相手ではなかった。待ち構えていた日本側の上空哨戒機は、これらの敵機を全機撃墜した。空母内での転換作業もあと少しで終わるという頃に、巡洋艦利根の索敵機が敵機動部隊を発見したと打電してきた。南雲長官は、真珠湾で討ちもらした敵機動部隊を叩くという彼にとっては最重要の目的を遂行するために、再々度魚雷への転換を行うことを決断する。再び、危険な二時間を設けることになった。

米機動部隊（第一六任務部隊）の最高指揮官レイモンド・スプルーアンス少将は、逆に作戦スピードを重視し、飛び立てる機から順次空母から出撃させ、逐次攻撃に向かわせることにした。そしてそれが成功する。

スプルーアンスは、元々は巡洋艦隊の司令官で航空部隊を率いた経験はなかった。第二空母戦隊司令官のハルゼー中将が皮膚の潰瘍のため出撃前に入院し、急遽司令官に抜擢されたばかりであった。血気盛んなハルゼーとは真逆で常に冷静沈着なスプルーアンスであるが、この二人は強い信頼関係で結ばれていた。大事な局面で入院を余儀なくされたハルゼーは、航空作戦未経験のスプルーアンスを後任に推薦し、太平洋艦隊司令官のニミッツはそれを認めた。

ミッドウェイ海戦については、数多くの資料があるので詳細は省くが、空母加賀、蒼龍、赤城が魚雷転換中に攻撃を受け沈没、単身敵と戦うことになった飛龍も翌日に沈没する。重巡洋艦三隈が敵機によって撃沈。同巡洋艦最上と駆逐艦荒潮が損傷。艦載機の損失が二百八十九機であった。そして何よりもベテラン搭乗員が数多く失われてしまう。日本側の攻撃により、米軍も空母ヨークタウンと駆逐艦一隻が沈没している。六空では、兼子飛行隊長が列機四機を伴い出撃、飛行艇二機を撃墜した。赤城沈没後は海面に不時着し無事救助された。

ミッドウェイ作戦前の日米の戦力比はおよそ二対一、日本側が圧倒的に優っていた。米軍の空母は三隻しかなく、そのうちの一隻ヨークタウン（第一七任務部隊）は、修理しながらの出撃でまともに戦える状態ではなかった。障壁が随所で破断され、鉄板をその上にそのまま溶接しているという状態だった。

米海軍は暗号を解読していたとはいえ、日本艦隊の詳細な動きまではつかんでいなかった。特に時間が読めなかった。また、物資もぎりぎりに追い込まれていた。実はミッドウェイ基地上空哨戒の戦闘機は、やや時代遅れのブリュースターF2Aバッファロー二十機とグラマンF4Fワイルドキャットが六機だけだった。

暗号が解読されていたこと、優位な立場による驕《おご》りと長時間の防御無力状態で攻撃を受けたこと、そして空母自体の構造的な欠陥などが日本側の敗因といわれている。

米太平洋艦隊司令部では暗号解読が進み、大きな作戦が動こうとしていることを察知していた。さらに、目的地がミッドウェイであることまでは突き止めていた。

日本軍側では機密保持が徹底していなかった。呉軍港では、アリューシャン作戦用の夥《おびただ》しい防寒被服が公然と空母に積み込まれていて、出動方面が推測できた。呉の床屋が海軍士官に艦隊出動のうわさ話をしていたとか、海軍専用の料亭では芸者が「次はミッドウェイを攻撃するんですってね」と言ったとか、防諜はすっかり緩んでいた。

数で優位に立っていた正規空母があっけなく爆発沈没したのは、構造的な欠陥のためといわれている。米空母は甲板下格納庫がオープンになっていて爆風などを逃す構造であったのに対し、日本の空母は密閉式格納庫になっていて気化した艦載機のガソリンが溜まったところに火災が起きた。さらに悪いことに朝から兵装転換が二度命令され、陸用爆弾を急いで魚雷に再々整備している最中で、攻撃機から下ろした爆弾は弾庫にしまう余裕もなく、格納庫にごろごろ置かれたままだった。

杉田を含めた六空本隊の乗った輸送船団は、ミッドウェイ海域での戦闘が行われている頃、ミッドウェイ南西五百浬（約九三〇キロメートル）の洋上を蛇行運動で航行していた。昼頃である、船団両側について護衛していた駆逐艦群が揃って離れていった。同時に船団も進路を一斉に変えて反転しはじめた。第２０４海軍航空隊編による『ラバウル空戦記』に、慶洋丸に乗っていた相楽孔整備兵曹の思い出が語られている。

「変だ、何かあったんだと思った相楽は、ブリッジに駆け上がって理由を聞いたところ、たいへんなことが判明した。

『わが連合艦隊は五日未明、ミッドウェイ島の攻撃を開始した。しかし、手違いからわが方に損害を生じ、ミッドウェイ島の攻略を断念せざるを得ないので、艦船団は速力別に集団をつくり南鳥島（ウェーク島）に向かって退避せよ。駆逐艦隊護衛を解き、第一線に急行せよ』との命令が発せられ、その後の状況は『目下、大激戦中』とのことであった」〈引12〉

六月十一日、船団は敵の追撃に遭うこともなくトラック島に無事戻った。湾の中には戦場から戻った大小さまざまな艦艇が停泊しており、ドックには破損している艦が入っていた。そして一隻も空母がいなかった。大小の軍艦の中でひときわ目立つのが、呉から進出してきた戦艦大和だった。

トラック島での滞在は三日間で、ともにミッドウェイの部隊になるはずだった基地設営隊と分かれ、杉田たち六空隊員は、そのまま慶洋丸で日本に戻ることになる。

話を少し戻して、アリューシャンでの陽動作戦に参加する六空別動隊（宮野大尉を指揮官として十二名の搭乗員）は空母隼鷹《じゅんよう》飛行隊に合流する。隊員たちには、「目的地は南方方面」とだけ知らされた。宮野らの活躍でアリューシャン作戦はキスカ島及びアッツ島の占領で終わった。しかし、ミッドウェイ作戦の敗北が知らされ、別動隊もいったん内地に戻ることになる。

六月十日、大本営はミッドウェイ海戦の結果について発表する。「ミッドウェー方面（イ）米空母エンタープライズ型一隻及びホーネット型一隻撃沈、（ロ）彼我上空に於いて撃墜せる飛行機約百二十機、（ハ）重要軍事施設爆砕…（中略）本作戦に於ける我が方損害（イ）空母一隻喪失、同一隻大破　巡洋艦一隻大破、（ロ）未帰還飛行機三十五機…」と、戦果を誇張し、損害を過少にしていた。新聞は大本営発表しか報道できなくなっており、国民は新聞発表からの情報を鵜呑みにするしかなかった。

山本長官はミッドウェイ海戦で米機動部隊を潰してから講和へ持ち込もうと考えていた。いくらかでも米国から譲歩を引き出せば、浮かれている国内情勢も納得するだろうし、場合によっては自分が交渉の先頭に立てば国民も納得するかもしれないと思っていた。しかし、結果は裏目に出て二度目の早期講和の機会を失った。河井継之助の小千谷談判が山本の頭によぎったはずだ。山本は河井継之助を精神の師としており、ロンドン軍縮交渉でも河井を思い浮かべていた。阿川弘之の『山本五十六』に次のような言葉が記述されている。「僕は、河井継之助先生が、小千谷談判で、天下の和平を談笑の間に決しようとされた、あの精神で行って来るつもりだ」〈引3〉

小千谷談判とは、戊辰戦争において長岡藩と新政府軍が対峙しているときに、家老である河井が藩の中立存続を願いに行った先で、新政府軍の東山道先鋒総督府監察の岩村精一郎によって一蹴された交渉のことである。そのため、北越戦争が起こり、長岡は城と共に焼け野原になる。長岡藩の同じく家老であった山本帯刀《たてわき》は、恭順すれば命だけは助けると言われたが断り、二十代で斬首され、お家断絶となった。のちに許され、この山本家を養子として継いだのが高野（山本）五十六である。戦争を食い止めようとして必死で活動したにもかかわらず、劣勢の中で自らが大将として戦わねばならなかった河井の生きざまに、山本は自分を重ねていたはずである。

六空再編

六月二十五日、ミッドウェイに向かうはずだった慶洋丸が横須賀港に戻ってきた。約四十日ぶりであった。前日には、アリューシャン方面に出撃していた別動隊も戻っている。木更津基地に戻って来ると、作戦が失敗したことを隠すために隊員たちは一カ月ほど隔離された。『撃墜王の素顔』の中で杉野は次のように記述している。

「木更津基地に上陸した後、海岸寄りの隊舎に入れられ、周囲に衛兵が配置されて縄張りの中で監視された。高度の秘密を知っているとの理由からだと説明された。まったく罪人扱いであったのには腹が立った」〈引5〉

禁足から解放されると、杉田ら若手隊員も詳しい内容を知らされないまま訓練が再開されることになった。

六空では中島と三菱で生産される零戦を次々と領収したが、補定数を満たすのは難しかった。また、新型の三二型（二号戦）も順次導入されることになる。

零戦も、ヨーロッパでの航空戦における戦闘機の著しい進歩と比べると、遅れを感じさせるようになっていた。どの国も二千馬力級の戦闘機を開発していた。しかし、日本では零戦を大幅に改良しようにも、重量を極限まで絞った機体に大馬力エンジンを載せるには無理があった。そもそも大馬力エンジン自体の開発も難航していた。

そこで、エンジンの大きさがそのままの二速過給器付き栄二一型（百五十馬力向上）に換装し、両翼端を五〇センチメートルずつ短く、燃料タンクを少なくしてスピードを少しでも増すように改良した三二型（二号戦）が登場する。

二号戦は主翼面積が小さくなったため横転性能が良くなった。しかし、燃料タンク容量が少なくなった分、航続距離が短くなっている。格闘戦よりも高速での編隊空戦に向いていて、特に基地上空に来襲した敵を追撃するには初動が早く有利であった。ただし、角型に切り落とした翼端は空力的に問題があるとされ、翼端を丸めることでのちの五二型へと発展する。

二一型（一号戦）に慣れているベテランたちには二号戦は不評であった。そこで、エンジンや胴体部分は新型のまま、航続距離を解決するため二一型と同じ翼幅に戻した二二型もこのあとすぐにラバウルへ送られるようになる。

さて、珊瑚海海戦で空母一隻を失いポートモレスビー攻略は中止、そしてミッドウェイ海戦で空母四隻を失い米豪遮断作戦も一時中止され、第二段作戦計画はここに破綻する。しかし、海軍はあくまでも米豪遮断にこだわっており、ガダルカナル島に基地航空部隊を進出させ、ソロモン諸島の制空権を得ることで戦局を転換しようと考えた。南太平洋域で戦うことを想定していなかった陸軍は、この時点でもガダルカナル島の地図はなく、それどころか作戦首脳部ではその位置さえつかめておらず、情報収集に追われる。

七月六日、陸軍の基地設営隊と海軍陸戦隊がガダルカナル島に上陸し、ルンガ地区に基地建設を始める。翌七日、六空もラバウルに進出するために再編される。杉田はそのまま六空に残っていたが、米田康喜、安達繁信、杉野計雄、谷水竹雄の四名は、特設空母春日丸搭乗員として転勤していった。特設空母春日丸は、八月に大鷹《たいよう》と改名し軍艦籍に入れられている。

木更津基地では新人たちの訓練が進められた。ミッドウェイに関わる兵舎での禁足も解けたころ、搭乗員たちが揃って海水浴に行くことになった。第２０４海軍航空隊編による『ラバウル空戦記』に、そのときの様子が相楽整備兵曹の思い出として語られている。

トラックにスイカを積み込み、大はしゃぎで出かける際に「オイ、いっしょに行こう」〈引12〉と相楽も誘われた。飛行兵と整備兵の間には、暗黙の壁があったがそれを感じさせない声がけであった。「こんないい連中のためなら、オレはどんな努力も惜しまないぞ」〈引12〉…相楽には忘れられない思い出となった。

相楽は、もともとは飛行機乗りを目指していた。昭和十三年に第二期甲種飛行予科練習生として横須賀航空隊に入っている。しかし、中間練習機教程まで進んだときに病気になり、搭乗員を諦めたという経緯があった。六空隊員たちは彼の気持ちを組み、同じ仲間として接していた。

相楽はかなり歳の差のある杉田と特に気が合った。『ラバウル空戦記』には二人で飲みに行ったときの記述もある。

杉田が相楽を飲みに誘った。

「相楽兵曹、今日はわたしがおごるからいっぱい飲みましょう」「そうか、そいつはありがたい。だがお前、フトコロは大丈夫か」「どうせ冥土には持って行けない金です。せめて死なないうちに、日ごろお世話になっている相楽兵曹に飲んでもらわなくっちゃ」〈引12〉ところが飲んでいるうちに「下士官が兵隊に金を出させる手はないよ」〈引12〉ということになり、結局相楽がおごっている。酒が回った杉田が言った言葉が忘れられないと相楽は書いている。「相楽兵曹、わたしは操縦の技量はよくないが、元気で行きますよ。元気で、ね」〈引12〉

七月十一日、六空に小福田租《こふくだみつぎ》大尉が飛行隊長兼分隊長として着任する。着任時に六空には零戦六十機と搭乗員が百名くらいいたが、ベテランと若手に大きな差があったと小福田は記憶している。大半は若い乗員で、戦闘どころか戦地に無事連れて行けるかどうかの技量もない。標準的な編成であれば士官、准士官、下士官、兵となる。ところが六空ではほとんどが飛練を終えたばかりの兵であった。本来なら空母で連れて行くべきであるが、練度が上がるまで到底それは望めない。練度を早急に上げなければと小福田は決意する。

七月十四日、ミッドウェイ後の態勢を立て直すため連合艦隊の編成替えが大規模に行われた。第一航空艦隊の空母航空部隊が消えて、新たに空母を基幹とする第三艦隊や南東方面作戦を主務とする第八艦隊が編成された。六空の属す第二十六航空戦隊も第八艦隊に所属することになる。

第一次ソロモン海戦

同二十五日、トラック島で第四艦隊司令長官井上中将と第八艦隊司令長官三川軍一中将の引き継ぎが行われた。その際、連合国軍によるソロモン群島や東部ニューギニアへの反攻はまだ先のことであろうという見解が伝えられた。実際、米軍は主力艦を欠いた上に数少ない空母も疲弊しており、常識的には軍の立て直しが必要な状態だった。しかし、米軍に対する見立てが誤っていたことがガダルカナル島で示されることになる。

ミッドウェイ海戦後、日本海軍は、ソロモン海域の制空権を収めるにはガダルカナル島に飛行場を建設することが重要と考えた。ガダルカナル島はソロモン諸島の南端にあり、大きさは四国の三分の一ほどで、南岸に狭い平地があり急な山地へと続いている。北側に飛行場を建設できるわずかな平地があった。

七月、井上中将が率いる第四艦隊はガダルカナル島で飛行場建設を進める。前述のように太平洋方面の反攻開始は一年後と想定していたため、当初の設営隊と護衛の海軍陸戦隊は合わせても六百名足らずでしかなかった。滑走路は八月五日に第一期工事が完了し、でこぼこながら空き地ができた状態になった。

二日後、日本軍がようやく滑走路の工事を終えたところへ、豪軍の支援を受けた米軍が上陸を開始する。反攻開始を昭和十八年以降と想定していた大本営は、虚を突かれることになった。こうして始まったガダルカナル島攻防戦は、その後の日本軍の趨勢《すうせい》を決める分岐点となる。当初は無理を承知の無謀ともいえる戦いを行っていた米軍であるが、粘り強く消耗戦に持ち込み次第に装備や補給物資が整っていく。逆に日本軍は補給が滞り、餓死者や戦病死者を多く出すようになる。また、粘り強くタフな戦いをする米軍に対し、日本軍は優秀な指揮官や兵ほど潔く戦死し、当然であるが次第に米軍が優勢になっていく。

上陸したのは米海兵隊約一万九百名である。艦砲射撃と航空機による爆撃のあと、テナル川東岸に上陸している。また、ツラギ島にも四個大隊千五百名が上陸した。

奇襲を受けた日本軍は、設営隊と海軍陸戦隊合わせて当初六百名ほどであったが、米海兵隊を相手に善戦している。また、この時期の米海兵隊は補給がなく、日本軍が基地に残していった食糧や物資でしのぐ厳しい戦いを行っている。

ラバウルの基地航空隊も、陸攻二十七機と零戦十八機で出撃し、ガダルカナル島付近にいると思われる米空母の攻撃に向かった。しかし、空母を発見できず、ツラギ沖の敵巡洋艦を爆撃した。二空の艦爆隊九機も片道攻撃を決行し、駆逐艦二隻を撃破したが、二機撃墜され、四機が未帰還となる。

八月八日、敵機動部隊を探しての合同攻撃部隊が出撃したが、発見できなかった。そのため目標を変更し、陸攻二十三機でツラギ沖に集積している敵艦船を強襲する。航空魚雷による攻撃で大戦果を上げたと報告するが、米軍の調査では輸送船一隻の沈没と駆逐艦一隻中破だけだった。それに比して、日本軍側の損害は大きかった。ラバウルに来たばかりの陸攻隊は、対空砲火により十八機が未帰還となってしまう。防御の弱さが露呈したのだ。陸攻には七名が搭乗しており、戦死者の数が一気に増加した。また、零戦も一機自爆、一機未帰還となる（日本軍では撃墜されたとは報告せず、自爆＝自ら死を選んだと報告していた）。

同日深夜、三川軍一中将に率いられた第八艦隊が米軍上陸部隊に夜襲を仕掛け、重巡洋艦四隻を撃沈した（第一次ソロモン海戦）。第八艦隊は日本海軍伝統の夜戦訓練の成果を発揮し大戦果を上げたのに対し、米海軍は真珠湾攻撃に匹敵する敗北を喫することになった。しかし、第八艦隊は米輸送船を攻撃せず、勝利に甘んじてそのまま引き揚げてしまう。艦隊決戦でこそ勝負がつくと考えていた艦長がまだ多くいて、輸送船をそのまま残したことの戦略的意味に気付けなかった。おかげで米軍は重火器を含む大量の物資の揚陸に成功し、その後のガダルカナル島の戦いの帰趨《きすう》に大きく影響する。

日本陸軍は島を奪還するために、歩兵第二八連隊一木支隊九百名を上陸させる。敵主力は撤退したという誤情報があり、軽装（一人当たり小銃弾二百五十発、食糧七日分）の部隊であった。両軍とも飢えながらの戦いになった。八月二十日、イル川を挟んで全面衝突するが、米軍は重火器を届けられたあとであり、圧倒的な火力の差で一木支隊を翻弄する。同日、海軍軍令部が二十六航戦を主力とする「第六空襲部隊」を編成し、ラバウルに派遣することを決定する。六空は日本にいてラバウル進出の準備を行っていた。

第二次ソロモン海戦

八月中旬、米軍は空母エンタープライズ、サラトガ、ワスプを主力とする第六十一任務部隊をガダルカナル島方面に出撃させる。日本軍は、駆逐艦による鼠《ねずみ》輸送と木造の輸送船艇（大発動艇＝大発）による蟻《あり》輸送で、川口支隊（第三五旅団司令部及び歩兵第一二四連隊基幹）約四千名の輸送を始めたところだったが、敵機動部隊が接近という報せを受け上陸は一時中止となり、第二艦隊と第三艦隊に出撃命令が出される。第三艦隊は本格的な機動部隊であったが、航空戦をほとんど知らない近藤中将が先任のため統一指揮官となっていた。また、ミッドウェイ海戦後に大急ぎで準備された「空母を中心とした作戦要領」が全軍に説明されないままでの出動になり、各艦長はいまだ艦隊決戦主意のままであった。

輸送には本来は輸送船が使われるべきところであるが、制空権や制海権を確保していないため沈められる危険が多く、高速の駆逐艦を主として用いることになった。夜間になってから走り回るので鼠輸送と呼称された。米軍ではTokyoExpressと呼んでいた。

八月二十三日から二十五日にかけて両軍機動部隊が交戦する（第二次ソロモン海戦）。せっかくレーダーを備えた翔鶴が敵をとらえていたにもかかわらず、その報告が大声で命令が飛び交っている司令部の喧騒の中で埋もれてしまった。海戦の結果は、日本軍側が空母龍驤《りゅうじょう》を失い、空母翔鶴が大破した。また、母艦航空隊の零戦三十機、艦爆二十三機、艦攻六機が失われ、百名近い搭乗員が戦死した。米軍側は、空母ホーネット撃沈、空母エンタープライズ大破となった。飛行機の損害は二十機である。

米機動部隊は一時的に無力化し大きな危機に陥ったが、米軍はヘンダーソン基地の航空勢力で急場をしのぐことができた。日本軍側は、航空機の大量消耗でこの好機に打って出ることができなかった。

ガダルカナル島の一木支隊は八月二十五日には海岸線まで押し戻され壊滅する。残存兵は百二十六名であった。一木支隊は戦闘開始時に軽装にするため「総員背嚢《はいのう》遺棄」が命じられていた。残存兵は食糧を持たずすさまじい飢餓に悩まされる。ガダルカナル島には食べるものがなく、木の根、草の根、水苔まで食べたが餓死や衰弱死、病死、自死が続出した。のちに「餓島の戦い」と言われる所以《ゆえん》である。

少し戻るが、米軍は日本軍から奪った飛行場を整備しヘンダーソン飛行場と名付けた。二十日には米海兵隊所属のF4F戦闘機十九機とSBD艦上爆撃機十二機が進出し、その後陸軍航空部隊のP400戦闘機十四機が配置され、以後続々と陸海軍の航空機が搬入されていた。

ラバウルからは台南空及び二空の零戦が連日のようにガダルカナル上陸部隊の支援を行った。それだけではない、ニューギニアやポートモレスビー方面からも連合国軍の航空兵力が押し寄せていて、二方面作戦を強いられることになった。この時点で台南空と二空の零戦は合わせて約三十機、陸攻も約三十機だった。

ラバウルの零戦隊は、片道四時間近く一千キロメートルを飛んでいき、十五分程度ガダルカナル島上空で戦い、再び一千キロメートルを飛んでラバウルに戻るという過酷な戦いを強いられた。対して米軍機は、ヘンダーソン飛行場から即飛び立てるという有利な状況にあり、その差は大きかった。零戦搭乗員は長距離飛行と厳しい空中戦とを繰り返し、帰路には疲れて眠ってしまい海中に没する者も出て、急速に消耗していく。

そこで、翔鶴、瑞鶴の残存航空隊の零戦二十九機と艦攻三機が、急遽造成されたブカ飛行場に進出することになった。飛行隊長は翔鶴の新郷英城大尉である。ブカはラバウルから南東百六十浬（約三〇〇キロメートル）で、ラバウルからガダルカナルへの途中に位置する。間もなく本隊が内地から到着する六空もブカに入る予定であった。

六空先遣隊ラバウル進出

第二次ソロモン海戦直前の八月中旬、六空は木更津基地で訓練中であった。しかし、予想以上に早い米軍側の反攻で、急ぎ日本内地から南方方面に航空隊を送ることになり、ラバウル方面への出動が決まった。

ラバウルへの移動は、当初計画されていた空母による輸送では間に合わず、とりあえず飛行隊長の小福田を指揮官として二個中隊十八機の零戦の先遣隊が木更津からラバウルへ向かうことになった。

日本初の単座戦闘機隊の渡洋長距離移動で、木更津－硫黄島－サイパン－トラック－カビエン－ラバウルというコースが計画された。島伝いではあるが、それぞれの島の間は一三〇〇キロメートルから一五〇〇キロメートルを洋上飛行することとなり、海軍航空隊としても以後のラバウル進出の前例にしようと考えていた。古参の搭乗員たちが選出され、杉田ら新人には無理と判断された。

航法訓練を受けている海軍搭乗員たちではあるが、二機の一式陸上攻撃機を誘導機として、それに予備の搭乗員二名と整備員たちを乗せることにした。着陸地ごとに零戦の整備補給を行いながら、一週間ほどの予定で進出する計画を立てた。硫黄島だけは滑走路が短く一式陸攻が着陸できないので、ここへは駆逐艦で整備員を派遣するという細かな計画であった。

先遣隊は初日に硫黄島に着いた。硫黄島の飛行場滑走路は短く八〇〇メートルしかない上、両端が断崖だった。そのため、空母の飛行甲板のように制動ワイヤーを滑走路両端に張ってオーバーランに備えていた。空母への着艦と同じ要領で機を止めようというわけだ。やはり一機が着陸に失敗し、機体が大破した。

悪天候のため硫黄島には二日滞在し、三日目におとずれた好天快晴の中をマリアナ島のサイパンに向かう。約一二〇〇キロメートル、巡航速度で三時間半である。小福田の考えで、サイパンに先行し、誘導のために待機していた一式陸攻二機を待たずに、零戦のみでサイパンに向かう。一式陸攻の往復の手間を考え、単独行のリスクを取ったのだが、失敗だった。快晴だった空が太平洋を進むにつれてちぎれ雲が増え、それが層雲になり、さらに進むと雲の下層が海面近くまで垂れ下がり、上空は真っ黒になってしまった。

小福田は島を見つけて航法を確かめるため、海面近くを這うように零戦隊を率いた。やがてスコールの柱が右にも左にも現れて、それらをかわしながら進まなくてはならなくなり、チャートの確認や位置計算など何もできない状態になる。大きな不安の中に小福田は後ろを振り返ると、部下の全機がぴたりとついていた。小福田は、全幅の信頼を寄せる部下たちに重い責任感を感じていた。マリアナ諸島は大小三十近い島があり、コース前方直角一列に位置するはずであるが、悪天候で見逃して通り過ぎている可能性もある。引き返すにしても悪天候の中で硫黄島を見つける自信はない。硫黄島を出て二時間、引き返し点だった。

このときのことを小福田は『指揮官空戦記』の中で「進むべきか、引き返すべきか」「進むも死、退くも死」〈引13〉と悩みながら島を探したと書いている。そして、前方にポツンと小さな角形の島（ウラカス）を見つける。小福田は、安心するとともにぞっとした。ウラカスは、マリアナ諸島最北端の島だった。あと少しでも北に寄っていたら全機遭難になっていたのだ。ウラカスから列島線沿いにサイパンまで南下し、全機無事に着陸した。

八月三十一日、昼前に最終行程を終え、ラバウルの飛行場に全機着陸したが、心身ともに疲れ切っていて飛行機を降りてから滑走路脇にみなへたりこんでしまった。小福田は、日本からソロモンまでの戦闘機による移動飛行は、これが最初であり最後だったと書いている。日本を飛びたってから二週間近くたっていた。

ところで、この疲れ切っている零戦隊に対して「小福田君、疲れていて、大変ご苦労だが、昼食が終わったら、午後、君の部下を率い、全力をもって、敵地に空襲に行ってくれ」〈引13〉と、隊長が言葉をかけた。この言葉を聞いた小福田は「最前線の厳しさ」よりも都合のみを考える上官の「思慮のなさ」に憤りと危うさを感じている。小福田の嘆願により、出撃は明日からということで勘弁してもらうことになった。

前述したように第二次ソロモン海戦後のガダルカナル島上空での制空権を巡る航空戦は、日米ともに死闘を繰り返しており、前線では待ち望んでいた援軍であったのだ。前日の三十日にも、空母飛行隊十八機が陸軍の川口支隊の一部のタイボ岬上陸作戦の支援に出て、米軍機十二機を撃墜したものの未帰還機九機を出していた。その中に新郷大尉も含まれていたが、ガダルカナル島エスペランス岬沖に不時着水後、日本軍の設営隊員に救助されている。

ガダルカナル島総攻撃

九月に入り、川口支隊及び一木支隊の残存部隊がようやくガダルカナル島に上陸する。やはり駆逐艦による鼠輸送であったため、重火器等をほとんど載せられなかった。川口隊は正面突破を避けジャングルを迂回して飛行場に近づいたので、わずかに運んだ砲もジャングルを前に捨てられた。

ジャングルを進む間に兵は疲弊し、砲も持たないいため十二日に予定されていた第一回総攻撃は、十五日にかけて大隊ごとのばらばらのものになった。米軍を突破して滑走路にまで到達した一個中隊もジャングルに押し返され、多くの戦死者と疲労困憊《こんぱい》した兵士が補給を断たれて、アウステン山からマタニカウ川西岸にとどまることになる。その後は前述の一木支隊同様に飢餓と病気に苦しみながら戦う。米軍も多くの戦死傷者を出した。

飛行機隊戦闘行動調書（以降、戦闘行動調書）によれば、六空先遣隊はラバウル航空基地に着いた翌日の九月一日から輸送船団上空哨戒任務に就いている。その後は、ガダルカナル島での地上軍の戦いを支援するための任務に就いている。六空の戦闘行動調書は、六月から十月三十一日まで防衛省戦史資料として残されている。

昭和十九年に撤退するまで、ラバウルにはラクナイ（東飛行場）、ブナカナウ（西飛行場）、ココポ（南飛行場）、ケラバット（北飛行場）、トベラ飛行場の五カ所の飛行場が設けられ、基地航空隊と空母航空隊とが合わせて十数個の飛行隊を設営していた。また、海軍陸戦隊や陸軍部隊、軍属なども含め約十万人の日本軍が常駐しており、施設設備も整えられて巨大軍事基地となっていた。

滑走路はむき出しの赤土でスコールがやって来ると、四〇度近い気温で熱せられた水蒸気が立ちこめる。地上班の隊員たちは半袖半ズボンの防暑服だが、落下傘をつけ飛行服を着た隊員たちは体を伝う汗を感じながら待機しなければならない。それだけで体力を消耗していった。

六空は、花吹山という活火山のそばの飛行場を本隊が来るまでの常駐飛行場として、ここから戦闘に出撃することにした。主戦場は一千キロメートル以上も離れたガダルカナル島周辺であり、しばらくの間は長距離遠征を強いられることになった。


九月一日、戦闘行動調書によれば、六空先遣隊が八時三十分から十二時十五分の一直で三機、十時三十分から十二時二十分の二直で三機、十二時から十五時の三直で三機が初任務に就いており、「上空哨戒セルモ敵ヲ見ズ」と記載されている。

同二日も船団護衛任務に就いている。朝六時出発の一直から九時五十五分出発の四直まで十一機で行っている。一直というのは一番目の当直という意味で、順に二直、三直と続く。一直のみ二機編隊で飛び、あとは三機ずつの編隊で飛んでいる。二直以後は、ほぼ五時間以上の飛行になっていて、三直の三機はB17と遭遇し交戦しているが、戦果は記録されていない。

同三日は、七時三十分に一直三機が輸送船団護衛任務で出発したが、二直以降は悪天候で出撃が中止になっている。

同四日、戦闘行動調書には、「ラビ攻撃陸攻隊直掩《ちょくえん》並びに偵察任務」とある。三個小隊九機が出撃したが、ルアンゴ上空が天候不良のため引き返している。

また、この日はブカ基地の空母部隊の零戦隊が、六空進出と入れ替わりラバウルに帰投し母艦に収容されている。ブカ基地はブーゲンビル島の北東端にあり、ガダルカナル島への空路の途中にあったため重要視されていた。しかし、ジャングルの中を切り開いただけのたいへん不便な環境であり、長期滞在は難しかった。このあと六空がブカ基地に進出する予定になっていた。

この日以降も六空先遣隊は連日出撃する。ガダルカナル島へ向かう船団護衛や敵飛行基地への空襲、陸攻隊の直掩、ラバウル基地上空哨戒などが主な任務であった。

敵の基地は、ガダルカナル島やポートモレスビーなどで、ラバウル基地から攻撃に向かうと往復約二一〇〇キロメートルで、敵基地上空での戦闘時間を含めると八時間以上の飛行になる。戦闘を終え疲労困憊して帰るとき、眠りに誘われて海没する事故も起きていた。『指揮官空戦記』の中で小福田は次のように記している。

「朝八時ごろ、戦闘機隊を率いてラバウルを出発し、ガダルカナル島まで行って戦闘をやり、ラバウルに帰るのが午後一時か二時ごろである。そのころは、疲労のために、かえって食欲もなく、不眠の夜がつづいた。そして、どんな激戦でもやるから、せめて、もうすこし近いところだといいなと、しみじみと、零戦の航続力の長いのを恨めしく思ったことさえあった。とにかく、パイロットの負担と疲労はそれほど大きかった」〈引13〉

杉田初出撃

九月中旬、六空先遣隊第二陣が到着する。杉田もこの先遣隊に含まれていた。

九月十三日、戦闘行動調書に初めて杉田が記載されている。神田佐治一飛が率いる第一小隊の三番機で、任務はラバウル上空哨戒である。若手はまだ訓練が十分とはいえず、ガダルカナル島遠征作戦には連れて行ってもらえなかった。午前九時に発進し、十一時三十分に帰着している。「上空哨戒スルモ敵ヲ見ズ」と記録されている。

訓練を兼ねているためか、この出撃に士官は入っていない。指揮官機の左側が二番機、右側が三番機となる。編隊で敵と遭遇すると、通常は左旋回する。当然三番機が一番外側で大回りをすることになるので、敵から集中攻撃を受けることになる。カモ番機と呼ばれる位置で、たいがい新米が務めることになる。このカモ番機で生き残れることが、まずは新米としての大事な役目である。中隊単位で編隊を組む場合、第三小隊三番機は特に狙われやすく、カモ小隊カモ番機と呼ばれ、初陣で命を落とすケースが多かった。

同十四日、前述のように陸軍によるガダルカナル島総攻撃が実施されるが散発的なものになり、失敗に終わる。この日から二十六日までソロモン群島では悪天候が続き、零戦と一式陸攻による攻撃隊はしばしば引き返している。

同十五日午前九時から、基地上空哨戒任務にあたっていた六空の第一小隊ならびに第二小隊が十一時に帰着中、警報が鳴りB17が三機来襲した。すぐさま追撃し、攻撃をしたが雲中に逃げられている。この日も第一小隊カモ番の三番機に杉田が搭乗していた。

同二十三日、ラバウルへのB17による爆撃は連日続いており、六空では基地上空哨戒任務がルーチンワークとなっていた。ブイン基地には見張り所が皆無で、対空砲火もわずかしかなく、頭の上に敵がやって来て初めて敵襲の合図が出される始末であった。敵もこの頃はかなり手薄になっていて、一機か二機やって来て神経戦としての爆撃を行っていた。ジャングルの中にいい加減に爆弾を落として、さっさと帰っていく。しかし、落とされる方にはやはり被害が出ることがあり、常に緊張を強いられ、戦死者も出ていた。この日も杉田は午前十一時四十五分から十四時十五分までラバウル上空哨戒任務についたが、敵との遭遇はなかった。

第四部　ガダルカナル島攻防戦

ニミッツ前線視察

米軍の反攻は、西南太平洋地域の連合国軍総司令官マッカーサーが指揮を執るカートホイール作戦と、太平洋艦隊司令官ニミッツが指揮を執るガルバニック作戦の二方面作戦にまとめられた。昭和十七年（１９４２）九月二十五日、ニミッツは、真珠湾基地を離れ前線視察を行う。途中でトラブルなどもあり、カントン島を経由しニューカレドニア島のヌーメアに着いたのは九月二十八日であった。

次は『ニミッツの太平洋海戦史』〈引14〉による視察の概要である。

ヌーメア港には八十隻もの貨物船がひしめき合っていた。しかも、砲のみを積んでいる船と弾薬のみ積んでいる船が入り乱れている上に、埠頭やクレーンもなく、トラックや労働者も払底《ふってい》していた。とりあえずニミッツは貨物船をいったんニュージーランドに送り、砲と弾薬をセットに組み替えをしてからヌーメアに戻させた。最初の仕事だった。

現地のゴームレー提督は、疲労困憊《こんぱい》していた。しかも、冷房装置のない補助艦アルゴンヌを司令部にしていた。なぜ、陸上に司令部を置かないのかと、ニミッツは不思議に思う。状況把握のための会議が行われるが、その最中に二度にわたってゴームレーに緊急電報が届いたが、ゴームレーは「どうしよう」とつぶやくばかりで行動を起こさなかった。ニミッツは、問題がどこにあるか気付いた。

ニミッツはB17でガダルカナル島も視察した。現地指揮官のバンデクリフト将軍の強い戦意を確認すると、さまざまな問題は司令部にあることを確信する。バンデクリフトは島全体に戦場を広げるのではなく、ヘンダーソン飛行場を占守すべきと主張し、そのための一人でも多くの兵隊、一機でも多くの戦闘機を要望した。ニミッツは、曖昧な返事しかしなかったが彼の意図を汲み取っていた。ガダルカナル島攻防戦はへンダーソン飛行場戦の攻防に集中化されなければならない。前線視察によってさまざまな問題が明らかになり、ニミッツは参謀長として起用したスプルーアンスに命じ、次々と手を打っていく。まずはあらゆる手段をもって飛行機と兵を送り込まねばと決意する。

ガダルカナル島航空戦

九月二十七日、二十八日と一式陸攻と零戦によるガダルカナル島空襲が行われる。

第二航空戦隊航空参謀だった奥宮正武の書いた『ラバウル海軍航空隊』に次のように記述されている。

「『カ』号作戦再興にもとづくガダルカナル島方面の航空攻撃は、九月二十七日から開始された。この日、久しぶりに零戦三十機、陸攻十八機が攻撃して敵の戦闘機多数と交戦、地上の三カ所を炎上させ敵機十四機(外に不確実四機)を撃墜したと報告したが、早くも陸攻二機が自爆し、零戦一機が未帰還となって、前途の多難を思わせた。

二十八日、零戦十五機、陸攻二十七機に先行して、零戦二十七機が制空隊として行動したが、零戦隊と陸攻隊との連繋が悪く、敵のグラマンF４F戦闘機隊が陸攻隊に殺到し、三沢空の陸攻隊指揮官森田林次大尉機を含む陸攻四機が自爆し、他の三機が未帰還となり、さらに他の一機が不時着するという大きな被害を出した。そして、この両日にわたる航空攻撃は戦爆連合作戦の失敗として、航空関係者に大きな問題を提起した」〈引10〉

敵の戦闘機が、速度の遅い爆撃機をターゲットにして攻撃を仕掛けてきたが、零戦は守りに徹すべきなのか敵戦闘機に攻撃を仕掛けるべきなのかが問題となったのであろう。守りに徹していると思うように攻撃ができないという問題は、その後も解決できないまま続くことになる。

十月二日、ラバウル基地の六空先遣隊が零戦三十六機をもってガダルカナル島敵航空兵力撃滅戦を行う。十月中旬、ガダルカナル島の日本軍へ重火器を送るため、艦隊勢力を用いてヘンダーソン飛行場を艦砲射撃で叩こうという計画が立てられ、その露払いとして、事前に敵航空兵力を弱らせておくという作戦である。

杉田はまたもカモ番である第三小隊三番機を命ぜられている。七時十分にラバウル基地を発進しているが、杉田はエンジン不調のため引き返した。調書によれば、杉田を除く本隊はガダルカナル島付近まで接近、十時にグラマン（Ｆ４Ｆ？）三十機と遭遇し空戦になった。戦果は十二機撃墜、二機不確実であった。帰路もグラマンの水平爆撃機（ＴＢＦ？）二機と遭遇し、共同撃墜と記載されている。第二中隊第一小隊三番機の小林勇一一飛が自爆している。

十月四日、六空は船団上空哨戒任務で二直に分けて零戦三機ずつ計六機が出撃している。また、朝七時に基地上空へ現れたＢ17を、地上待機していた零戦八機が追撃するが見失っている。杉田はどちらの攻撃にも参加していない。

十月五日、この日六空は三回の出撃を行っている。午前八時三十五分に偵察機直援任務で零戦九機が発進し、ラバウルからガダルカナル島方面まで三時間以上かけて飛び、十一時五十分から写真偵察援護を行ったが、十分後に天候不良のため任務終了、再び二時間三十分かけて戻っている。一中隊のみの出撃で、杉田は第三小隊三番機に編成されている。カモ小隊カモ番機である。

別にこの日の十時三十分に「四直発進船団を発見せず」という記述がある。十二時から十二時二十五分にかけて「船団を捜索すれど遂に発見せず」とあり、十四時十五分に「基地帰着」で任務を終了している。四直というのは、当直任務四番目ということである。当時、上空哨戒任務や船団護衛任務を当直四交代で行っており、調書にたびたび「一直」「二直」という記載がある。しかし、いきなり「四直」のみが記載されているのは「一直」から「三直」は六空以外の基地航空隊で編成しているということだ。

ところで、この四直の名簿にも第二小隊三番機に杉田の名前が入っている。これでは同時刻に別の隊で任務していることになる。他にも明らかな誤記があり、記載がかなりあやふやだったことが分かる。この日の早朝五時十五分にＢ17が六機でラバウル基地に爆撃に来ており、その追撃にも六空は七機上がっている。六空にはまだ本隊が到着しておらず、少ない人員で相当あたふたしていたのだろう。

六空主力隊合流

十月七日午前十時、空母瑞鳳に便乗していた六空主力隊が、カビエン北方百五十浬《かいり》（約二八〇キロメートル）から発艦しラバウルまで洋上飛行で向かう。発艦経験のない搭乗員がほとんどということで機の重量を減らすために、増槽の燃料搭載量を半分以下の一五〇リッターにし、使用時間も一時間と指示される。発艦だけはみな無事に行うことができたが、基地に到着できない機が出るという重大事故を起こしてしまう。この日の戦闘行動調書には、十時三十分からと十四時三十分からの二回にわたって十一機が発進し、「不時着機捜索並監視」の任務を行っていることが書かれている。「捜索発見シ得ズ」「空輸中天候不良ノ為…」という記述がある。

発艦してから五十分、積乱雲で覆われたニューアイルランド島が見えてくる。雲が前方視界を遮っていた。ようやく飛んでいる新人たちにとっての試練だった。慣れない密集隊形になって、雲と山の稜線の間をすり抜けるように進んでいく。ニューアイルランド島を越えようとしたときに、島川正明一飛の率いる小隊の三番機庄司吉朗二飛に事故が起きた。『島川正明空戦記録』に島川は次のように書いている。

「首に下げた航空時計を見ると、発艦してからちょうど一時間経過していた。私はまず二番機を振り返り、燃料コックの切り替えを指示し、つづいて三番機の庄司にも同様の指示を出した。彼は首を縦に振って、『了解』の合図をし、頭を座席内に突っ込んで、その操作にとりかかったようである。

私は安心して飛行をつづけていたが、四、五分もたっただろうか、後方を振り返って驚いた。三番機が見えないのだ。あわてた私は、後方および後下方を確認、そして直下に目を転じた。ところが、なんと庄司機はぐんぐんと高度を下げ、まさに不時着寸前に見える」〈引15〉

非の打ちどころのない着水を島川は確認している。しかし、螺旋降下しながら着水後の機の様子をうかがっていたが、座席から這い出ることなく機体が水没する。「燃料コックの切り替え操作をあやまったものか？」〈引15〉と島川は思っている。

ラバウルに着くと他にも二機が到着していなかった。稜線の隙間を狙って高度を下げたときに、編隊の端の方にいた二機が雲中で接触をしたか山にぶつかったと判断されている。細野政治三飛曹と川上荘六二飛である。

このときの二十四機の中にいた柳谷謙治二飛は、第204海軍航空隊編による『ラバウル空戦記』に、次のような証言をしている。「発艦してニューアイルランド島を超えるあたりから天候が悪化したが、細野と川上は後ろの方にいたのでついてこれなかったのではないか。何しろ、母艦を発進して三時間も飛ぶのは初めてだったのだ。記録は天候不良となっているが、細野と川上は誤って翼を接触させたとも聞いた。翌日、上空哨戒を兼ねて行方不明の捜索を二時間ほどやったが、たとえ落下傘降下したとしても、あの海域はサメが多いので、生きのびることはできなかったろう」〈引12〉

小福田率いる先遣隊が日本内地からラバウルまでの大遠征で全機無事到着していることが、今さらながら大快挙であったことが分かる。

ラバウルからブカへ

ラバウルはもともと、大型船舶が停泊できる良港を抱えたオーストラリア（豪州）の委任統治領であった。この年（昭和十七年）の一月に海軍の第一航空艦隊が制圧し、陸海軍ともに本格的な航空基地を築いていた。活火山の花吹山（通称）と休火山の西吹山（通称）とが向かい合っている。六空は花吹山に近い海べりの東飛行場に零戦約八十機からなる拠点を設けた。西吹山方面にはブナカナウ飛行場（西飛行場）があり、陸攻隊が使用していた。

しかし、六空はこのラバウルにとどまらず東南二〇〇キロメートルのブカ島に集結し、ここを前進基地とする計画が立てられていた。ガダルカナル島への補給路確保の航空支援を行うためである。六空の内地からの移動を終えた時点で、ブカに進出することになった。少しずつ零戦の補充は進んでいたが、搭乗員は不足していた。

実はミッドウェイ海戦後の補充が必要なのは米軍にとっても同様であった。ミッドウェイでの戦いで主に戦ったのはグラマンF4FやブリュースターF2Aなどの少し時代遅れの戦闘機で、一番活躍したのは急降下爆撃機であるダグラスSBDだった。米軍でも空戦や離発着事故で多くの艦載機や搭乗員たちが失われていて、補充が必要だったのだ。そして、日米の補充の違いがその後の戦いを決定的なものにする。

ニミッツの強い政治力が効いて、米軍は圧倒的な数の新型機と訓練を終えた民間人からの大量の志願パイロットたちをこのあと全力で投入してくる。日本軍の補充は、予科練を繰り上げて前線に出した搭乗員となんとか数を揃えた零戦だった。

この日（十月七日）、海軍兵学校長から十月一日付で南東方面艦隊司令長官及び第十一航空艦隊司令長官に親補された草鹿任一《くさかじんいち》中将が、ラバウルへ赴任する途中にトラック島の戦艦大和に立ち寄り、山本長官と夕食を共にしている。第四艦隊司令長官の井上も招かれ同席している。

山本も井上も、これからの戦《いくさ》は航空戦になると戦前から主張し、艦隊派の連中と戦ってきたのだが、結局戦艦大和や武蔵が造られてしまう。皮肉なことに、その大和に山本は司令官旗を掲げているのだが、大切な燃料を無駄遣いすることができず、大和ホテルと陰口を叩かれながら足止めされている状態だった。

このとき井上は、草鹿の入れ代わりに海軍兵学校長に内定していることを告げられる。珊瑚海海戦での指揮ぶりが中央で話題になっており、戦下手と言われていたのが原因かと井上は思ったが、山本から自分が推薦したと告げられる。山本はいずれ、井上を中央の政界に送り込むつもりがあったのだろう。井上は山本の意を感じていた。しかし、井上は政治よりも教育の方に関心が向いていた。

戦争はいつか終わる。そのときを見据えた若者の教育をせねばと井上は決断する。実際、井上はこのあと海軍兵学校長になったとき、兵学校のカリキュラムを軍事学優先から教養学中心に変えている。太平洋戦争末期、巷《ちまた》では敵性語として徹底的に英語を廃していたにもかかわらず、井上の強い指示のもと海軍兵学校は日本で最も英語を重視した授業を行うことになる。もちろん部内から多くの非難を浴びたが、井上は意に介さなかった。

ところで陸軍はガダルカナル島に部隊を逐次投入していたが、十月に入ってから送られた陸軍第二師団は宮城、福島、新潟の兵で構成されていた。特に新発田の歩兵第十六連隊（激戦には必ず派兵されたと言われている）には長岡出身者も多くいた。郷土への思いが人一倍強い山本にとっては大いに気がかりになっていた。山本は郷里の友である反町栄一に「十月二十八日附貴書拝受御礼申上候但し郷党子弟の苦難を総見すれば一向に快心ならず」〈引3〉という手紙を書いている。この後、大和で出撃するとまで言い出し、宇垣纏《まとめ》主席参謀を困らせるほどガダルカナル島に強いこだわりをみせることになる。

十月八日、戦闘行動調書を見ると「ラバウル上空哨戒、行方不明機捜索」と書かれている。朝六時から延べ二十七機が二時間交代で哨戒任務を行っている。同じく六時から、森崎武中尉の指揮のもと、前日にラバウルに到着した六空の主力隊の遭難事故機を捜索していたのだが、「発見し得ず」と記録されている。小隊長は原則として下士官以上が務めるのだが、指揮官不足のため、わずかな実戦経験のあった島川一飛も小隊長として三直の任務に就いていた。また、ブカ基地でも一小隊が輸送船団の直掩《ちょくえん》で敵艦爆二機を撃墜している。

ラバウル基地へのB17による不定期爆撃は連日続いており、たとえ単機での来襲であっても在住する日本軍全員に対し常に緊張感を抱かせるものだった。そのためB17に対する哨戒任務も連日のものとなっていた。この日常的なラバウル上空哨戒任務は、遠征を伴わない基地上空の飛行任務であり、二番機や三番機に予科練丙三期や丙四期の新人搭乗員が割り当てられ、訓練の仕上げも兼ねることになった。

十月八日の夕方遅く、二空の角田《つのだ》和男飛曹長指揮下の零戦九機が、水上機母艦日進の上空哨戒を行ったあと、整備中のブイン基地に着陸した。ブイン基地は同じブーゲンビル島の中に位置するが、ブカよりもさらにガダルカナル島に近いため、ここを整備することが急務となっていた。ブインの様子を角田和男は自著『修羅の翼』に次のように書いている。

「往路に確認しておいた飛行場は、上空から見るとコンクリート舗装か、と見間違えるほど立派な滑走路だったが、到着してみて驚いたことに、赤青灯の誘導灯のほか地面を示すカンテラは四個しかない。目標灯も飛行場の端を示す灯も一切見えない。若い搭乗員も連れていたので、ちょっと不安を感じたが、今さらどうにもならない。『着陸宜しきや』の信号を点滅する。ただちに『着陸せよ』の発光信号が、飛行場中央西側あたりに見える。ただちに解散、縦陣となり順次地上の指揮に随って着陸を開始した。暗夜にかかわらず、ラバウルと違い新しい滑走路は快適な着陸ができた。北の端にクルクル回る懐中電灯の方へ滑走して行く時に、何か爆音の中にグワァーンという異様な音を聞き、エンジンを絞る。ところが意志とは関係なく飛行機はどんどん前に進んでしまう。おかしいと思ってブレーキを踏む、それでも止まらない。いささかあわて気味のところに『スイッチオフ、スイッチオフ』と悲鳴のような整備員の声が聞こえ、ただちにスイッチを切ると。とたんに何百人とも知れぬ万歳の嵐が起こった」〈引16〉

実は、滑走路整備を手伝っていた海軍設営隊員と陸軍守備隊員たちが、初めて見る飛行機に感激し翼に群がって勝手に収納作業をしていたのだ。零戦のプロペラがまだ回っている状態で、危険を感じた角田は、「退《さ》がれ、退がれ」と怒鳴ったが、暗闇の中の万歳の声でかき消された。結局、角田に続く列機の着陸にも多くの人々が群がったため、まだ速力の落ちていない機に跳ね飛ばされ死んでしまう者まで出てしまう。

十月九日、ソロモン方面航空戦に対する戦線立て直しのため、前線各地の基地航空部隊の兵力配置が改訂される。ラバウルを本拠地とする戦闘機隊は、元山《げんざん》空、鹿屋空、六空の三部隊と決められた。

この日の午後、杉田ら六空搭乗員たちも零戦に乗って最前線であるブカ基地に移動する。ラバウルよりガダルカナル島に近いブカ島まで進出することによって、航続距離の短い二号戦でもかろうじて遠征できるようになった。しかし、まだ戦闘行動を行うまでの余裕はなく、ブイン基地へのさらなる進出が予定されていた。

次は『島川正明空戦記録』〈引15〉に描かれたブカ基地の様子である。

ブカ基地には、標高二、三〇〇メートルぐらいの山に向かってジャングルの中に造られた長さ八〇〇メートルくらいの不時着用の飛行場があり、見晴らしがよかった。先遣隊の整備分隊がすでに進出しており出迎えた。第一日目の夜、搭乗員たちは座席後部に積み込んできた軽便寝台を組み立てて、天幕の中で寝た。しかし、敵は零戦隊の進出を察知し、夜間爆撃を執拗《しつよう》に繰り返してきて睡眠を妨害した。

十月十日、機数の加減などで前日零戦に乗って来ることができなかった搭乗員六、七名も船便でラバウルから到着し全隊員が揃った。この日の夜は、夜間爆撃を避けるため飛行場から約二キロメートル離れたジャングルの中に天幕を移動し、原住民の襲撃やサソリなどに神経をとがらせながらなんとか睡眠をとった。

サボ島沖海戦

十月十一日、第二師団がガダルカナル島に進出し、第十七軍戦闘司令部が置かれた。戦車や重火器を送り込もうとするが、鼠《ねずみ》輸送ではままならないため第六戦隊を中心とする輸送艦隊を編成し出撃することになる。輸送艦隊は、水上機母艦日進、千歳と駆逐艦秋月、綾波、白雪、叢雲《むらくも》、朝雲、夏雲で編成されていた。ヘンダーソン飛行場を砲撃する支援艦隊も編成され、巡洋艦青葉、衣笠、古鷹《ふるたか》、駆逐艦吹雪、初雪がその任に当たった。

一方、米軍は海兵隊を支援するための輸送船団をガダルカナル島に向かわせていた。その護衛艦隊〈重巡洋艦二隻、軽巡洋艦二隻、駆逐艦五隻〉が日本艦隊を察知し、夜半に支援部隊と交戦になった。輸送艦隊同士の海戦である（サボ島沖海戦）。

激しいスコールの中、目視に頼る日本海軍に対し、米海軍はすでにレーダーによって事前察知し隊形を整えており、迎え撃たれることになる。夜間での同士討ちと誤認した日本海軍は混乱の中で戦い、古鷹、吹雪が沈没、青葉、叢雲が大破した。米艦艇では駆逐艦一隻が自軍からの誤射で沈没している。両軍ともミスの連続する海戦だったが日本側の損害が多かった。米軍側の武器の進歩が戦闘力の差となって現れた。しかし、日本軍の輸送作戦そのものはなんとか成功している。

十月十三日には栗田中将を司令官とする第二次挺身攻撃隊が、ガダルカナル島に夜間艦砲射撃による攻撃を行うことになっていた。その前にできるだけ敵戦闘機を叩いておき制空権を固めようとして、この日ラバウルの基地航空隊は「二段引き攻撃」をかけることとなった。

第２０４海軍航空隊編の『ラバウル海軍航空隊』〈引10〉によれば、第一次攻撃隊の零戦十八機と一式陸攻九機が敵戦闘機を誘い出し、ついで第二次攻撃隊の零戦三十機と一式陸攻四十五機が敵機の着陸時を狙って爆撃するという作戦であった。第一次攻撃隊の零戦が突入するが、敵はレーダーで事前に攻撃を察知し退避しており、全機を誘い出すことはできなかった。それでも空戦が行われ、敵機五機と交戦して一機を撃墜している。第二次攻撃隊も五機撃墜している。ガダルカナル島上空に雲が多く、爆撃の効果は確認できなかった。零戦隊はほとんどが新米の搭乗員で構成され、戦場経験の少ない下士官や一飛までもが小隊長となっている現状では、雲が多いこの日は大きな戦果を上げることができなかった。六空は、攻撃隊に参加せず、船団上空とブカ基地上空の哨戒任務に就き、Ｂ17と空戦を行っている。戦果はなかった。

補給戦

ガダルカナル島の戦線では、日本軍米軍ともに激しい戦いをしていたが、両軍とも戦うための補給が間に合わなかった。前述のように島には食糧がほとんどなかったにもかかわらず、短期で決着をつけるつもりであった一木支隊は、上陸後すぐに食糧などの入った背嚢《はいのう》を遺棄する命令が出されていた。米軍も補給が来ず、日本軍が退却時に残していった食糧・物資を確保し、一日一食で耐えていた。

連絡を受けた米軍の補給部隊は、駆逐艦による輸送隊を編成し物資補給を行っていた。日本軍も補給船では安全に運行できず、駆逐艦によるドラム缶での鼠輸送を行うことにした。速度が劣り対空戦闘力のない輸送船では、航空機による攻撃に耐えられないためである。

このドラム缶による輸送は、空のドラム缶を苛性ソーダで洗浄したあと、中に半分ほど米麦を入れて封をし、ロープでつないで駆逐艦から海中に投げ入れ、陸上からはロープで引き寄せるという方法がとられた。予備実験は、トラック停泊中の戦艦大和で行われ、海面に浮かせるためには米麦はドラム缶半分くらい入れて浮かせればいいという結果を得ていた。

補給を確保するため、期せずして日米双方が駆逐艦を用いることになったが、補給の際、艦船は航空機による攻撃には弱いことが証明されることになる。制空権を得ることが、この戦いの優劣の決め手であることを日米両軍ともに戦いの中で痛感する。

駆逐艦による輸送は明るいうちでは攻撃を受ける可能性が大きいため、日が暮れてから着くような工夫をしなければならない。しかし、そのことが零戦による上空哨戒を日没まで引っ張ることになってしまう。零戦には夜間着陸する能力がなく、ブカ基地にも照明装置がなかった。そのため午後の遅い時間を担当する四直は、薄暗くなるギリギリまで護衛した後、駆逐艦の近くに着水する作戦が考え出された。

船団上空哨戒任務

少し戻るが十月十一日、六空では船団上空哨戒任務を四直に分かれて行うことになった。編成は宮野隊長が行い、一直一小隊三機、二直一小隊三機、三直三小隊九機、四直二小隊六機とした。杉田は一直に編成されていた。三直や四直には敵機来襲の予想が大となるため、実戦経験者を多く編成に加えた。特に四直の帰投はどうしても日没後になってしまい、基地到着三十分前頃からは夜間飛行になってしまう。宮野は危険な四直小隊長に自らの名前を入れていた。

現地上空での哨戒は、午前七時五十五分から午後四時五十分までとされた。杉田が二番機に入った一直が出発したのは早朝五時前であった。ブカからラバウルまで三時間近くかけて飛び、現地上空を二時間哨戒したあと再び三時間かけて洋上飛行を行って帰って来るという過酷な任務であった。

しかし、この計画は甘かった。ぎりぎりまで哨戒任務に就いた四直は、やはり夜間での帰投になった。上空四〇〇〇メートルから真っ暗な闇の中を着水することは、さすがのベテランでも不可能であった。海面付近の高度判定ができず、うねりに対応できないで海面に激突したり、それを避けようと失速落下したりで、六名の搭乗員のうち二名が即死、二名が重傷の被害を出した。また、午前中の二直も悪天候の中の帰途で三名が行方不明になってしまった。

輸送隊の直衛任務初日で、ベテランを含めた操縦者七名（戦死者五名、重傷者二名）と零戦九機が失われることになった。

このときのことを島川は『島川正明空戦記録』の中で次のように書いている。

「ガダルカナル島ちかくで日没まで哨戒し、ブカまで帰投することは、当時の単座機にとっては、かりに充分な夜設準備がなされていたとしても無理だった。たとえ三百マイル以上の夜間飛行を充分こなし得るパイロットがいたとしても、雲一つない月明ならともかく、戦闘後、しかも変わり身の早いソロモンの気象条件下にあっては、やはり不可能ではなかろうか。」〈引15〉

しかも、その日敵機は一機も現れずじまいであった。当然であるが、飛行兵たちは無謀な計画を立てた上層部に対して腹立たしさを抱き、士気が低下した。島川もかなり憤りを抱いたようで、次のようにも書いている。

「このような作戦を立て命令を出したのは、いったい、だれだったのか。私はこれらの先輩上官の死を考えるとき、この人たちはさぞ口惜しかったであろうと、断腸の思いを禁じ得なかった。この時期、もっとも貴重なパイロットをむざむざ戦死させるとは…」〈引15〉

また、飛行隊長の小福田もこの日のことを『指揮官空戦記』の中に次のように記している。

「戦争というものの無駄と空しさを考えさせられる一日であった。とくに、この日戦死した五名のパイロットたちは、内地から有力な増強戦力としてやってきて、まだ数日しかたっていない、大事な戦力であり、頼りとした部下たちである」〈引13〉

小福田自身はデング熱でこの時寝込んでいた。

杉田、デング熱

十月十二日、水上機母艦日進と千歳の哨戒任務を六空で行った。この日、杉田は編成に入っていなかった。

十二日以降三十一日まで戦闘行動調書に杉田の名前はない。履歴原表には十月十二日デング熱と書かれている。小福田を含め六空搭乗員数名がこの頃、デング熱にやられている。『指揮官空戦記』の中で小福田は次のように書いている。

「ブカ島に移ってまもなく、私はデング熱にかかった。南方の戦場にいる以上、いずれはマラリアか、デングにやられるとは思っていた。デング熱は、かねて軍医官や経験者に聞いていたとおり、毎日四十度近い高熱が、周期的に襲ってきて、うなされる。デングの特徴は、その高熱と、腰の痛みといわれていたが、私の場合も御多分にもれず、日夜ベッドの上でうなっていた。食欲がなく、毎日三食、パパイヤだけで生きていた」〈引13〉

デング熱は蚊を媒介とするウイルス感染症で、七日間の潜伏期間ののち、三八度から四〇度近い発熱と激しい頭痛、関節痛、筋肉痛、発疹が出る。発熱は二日から十日ほど続き、その後解熱する。

ソロモン海域の戦線では日本軍、米軍ともデング熱やマラリア、赤痢に悩まされた。マラリア蚊に刺されると内地の蚊と比較にならない痛痒さで、刺された場所がすぐ化膿し、三日熱マラリアになった。熱帯地方なのに悪寒が酷く、毛布にくるまっていても寒さを訴えるほどになる。ピークのときは四〇度近くの高熱が数時間続く。注射で一時的に抑えても、すぐにぶり返す。このような症状が一日おきに二週間ほど続くとようやく平熱に戻る。しかし、体力が落ちるとすぐに再発した。

また、猛烈な暑さだけでなく連日雨が続くため湿気が酷く、夥《おびただ》しい数のハエがいた。話をしているときに口の中にまで入り込むほどで、「食事のときなどは真っ黒に群がるハエを追い払って」〈引12〉から食物を口にしなければならなかった。そのため感染症にかかる将兵が多く、医薬品の補給が重要になった。搭乗員には優先的に医薬品が補給されたが、最前線の陸兵たちの多くは感染症と飢えで亡くなっている。

ガダルカナル島への出動が日常的になり、六空のブイン基地への移転が急がれた。ラバウルで一週間過ごした六空本隊の整備員及び基地員は、搭乗員たちに先行し、船でブインに向かった。相楽もその中にいた。

ブインに着いた日は雨で陸揚げができず、翌日も雨。基地員や兵器員が雨の空を眺めていたら小型機が飛んできた。「オヤ、零戦が飛行場の具合を見に来たのかな。それにしてもずいぶん気が早いな」〈引12〉と思っていたらグラマンだった。さらに翌々日には米軍のPBY飛行艇がやって来て魚雷を落としていった。ジャングルのどこかで敵の偵察員が見張っているらしく、いまさらながら最前線であることを自覚させられたと、第204海軍航空隊編による『ラバウル空戦記』〈引12〉の中に相楽は感想を残している。

ブインは予想以上に酷いところだった。ジャングルの中の飛行場は建設中で、滑走路脇には大木の切り株がごろごろしており、すぐにぬかるむ滑走路には砕石を敷き詰めることになった。しかし、それも間に合わず、鉄板を並べた。日本製の鉄板もあれば米軍のものもあり、とりあえず敷き詰めたという具合だ。作業はもっぱらクワにシャベルにモッコだった。土木作業はなかなかはかどらず、ようやく完成したときに飛行隊長の小福田が試験的に滑走路に降りて使用に耐えるかどうかを試した。テストパイロットをしていた小福田にとっても難しい滑走路だった。もちろん上手に機体を操って降りている。

艦砲射撃

十月十三日、米軍の増援部隊がガダルカナル島に着く。その夜、第二次挺身攻撃隊がガダルカナル島のヘンダーソン飛行場と滑走路を艦砲射撃し、駐機していた米空機に対して徹底的なダメージを与えた。多くの航空機が破壊され、燃料庫も火災を起こし、第一飛行場の滑走路は徹甲弾で穴が開いて使用不能となった。このあと米軍は極端な燃料不足に陥ることになる。しかし、この攻撃の前に米軍は戦闘機用の第二飛行場を完成させており、完全に機能停止とまではいかなかった。

十四日にもラバウルの基地航空部隊は空襲を行い、続いて十四日夜には重巡洋艦鳥海、衣笠が艦砲射撃で追い打ちをかけた。

この背景には、日本軍航空機の激しい消耗があった。ガダルカナル島への増援物資輸送は日米とも困難な状況にあり、鍵を握るのは制空権確保だった。制空権を巡って日米消耗戦となっていたのだが、時間は米軍に味方する。米本土では航空機生産が最優先で動いている。もちろん日本でも全力で航空機生産に当たっていたが、国力が違いすぎる。日本軍航空機の補充はまったく追いつかなかった。そこで艦砲で敵基地を攻撃しようということになったのだ。

第三戦隊司令官栗田健男中将は当初この作戦に反対していたが、山本が「自分が大和で出て指揮を執る」とまで言い出したため、それならばと引き受けたいきさつがあった。作戦は成功をみる。米軍は戦力を一気に失い「十月の危機」と呼ぶ状態に陥っていく。もう一押しで米軍は崩れるところまでになった。

ブイン基地へ移動

同十三日は、六空がブカからブインに進出する予定日であった。七時十五分、ブカ飛行場中央路の東側に防空壕が新設されていたが、その脇で搭乗員がそれぞれ愛機に搭乗、エンジンを始動し、握り飯を頬張っていた。そのとき、晴れわたった上空高度約四千〜五千メートル付近を大型機が近づいてきた。『島川正明空戦記録』にその時の状況が描かれている。米軍のB17六機だった。島川は、「チョークをはずせ」〈引15〉と整備員に命ずるが、機首がつんのめりそうになって動かない。本来、機付き整備員が行うはずが、まだ整備員不足のため順に他機のエンジン始動に回っていたのだ。離陸を諦め、ジャングルに飛び込んで身を伏せると、すぐに投下された爆弾音がヒュルヒュルと近づいてきた。軸線が合っている。爆発音とともに出発準備をしていた零戦数機が地上破壊された。

また、防空壕脇に落ちた爆弾によって壕が土に埋もれ、佐々木大尉と平井三馬飛曹長が絶命し、他にも搭乗員数名が下半身まで埋まり重症を負った。滑走路も破壊され穴が開いた。

七時五十分にもB17五機が現れる。上空哨戒を行っていた三機がすぐに追いかけるが逃げられている。

十一時にも一機のB17が来襲し二直の三機が発進したが戦果はなかった。これからの厳しい戦いを暗示するようなブイン進出になってしまった。

ブイン基地は、ブーゲンビル島の東端にあり、ガダルカナル島まで三百二十浬（約六〇〇キロメートル）となり、航続距離の短い二号戦でも十分にガダルカナル島周辺まで往復できる余裕ができた。当初九月中に完成する予定だったが、悪天候が続き作業がはかどらなかった上、土質が悪くて整備に時間がかかった。この日（十三日）の午後、六空の零戦隊はようやく進出することになった。雨のため飛行場はぬかるみ、雨が広げた穴があちこちにあった。

ブカ基地から十五機の零戦がブイン基地に降りた。別動で三機が移動している。先行した小福田の機も含めても合わせて十九機しか六空の稼働機はなかった。当初は六十機あったのに、もはや三分の一しか残っていなかった。

着陸の際に、やはり心配していた事故が発生した。ぬかるんでいたところに急遽《きゅうきょ》鉄板を敷き詰めたため、つぎはぎだらけの滑走路になっていた。この継ぎ目に脚を引っかけてひっくり返る機が続出した。「あっ、またやった」「今度はうまくいったぞ」、一機降りるたびに設営隊員たちは声を上げて見守っていたが、事故に巻き込まれて怪我人も出た。この日の着陸でさらに七機が失われた。まだまだ搭乗員の技量を磨かねばならなかった。

『零戦燃ゆ2』の中に、ブインについての島川正明の証言が記載されている。

「ブイン飛行場には、幅十メートル、長さ八百メートルの鉄板を敷いた滑走路が一本あったのですが、若手のパイロットは、これに満足に着陸することもできなかったのです。若手が十人いれば、九人までが横に滑って脚を折るとか、機体を壊すかしました。機首のエンジン部をおしゃかにしてしまった例もありました。

実は、この滑走路は、母艦航空隊のパイロットにも鬼門になっていたのです。母艦航空隊員は、基地航空部隊員よりも優れた技量を持っていましたが、フックを使えない着陸となると、さほど上手ではありませんでした。横に滑ってはみ出したり、つんのめって尾部を天に上げて止まっていました。『母艦屋』も技量レベルの低いパイロットが多くなっていたのだろうと思います。」〈引17〉

零戦のブレーキの効き具合についても触れていて、「少し強く引くと、前につんのめるし、引き方が少し甘いと、オーバーランする」〈引17〉と効き方が不安定で神経を使ったと語っている。島川は、搭乗員たちが歌っていた音頭も紹介している。この歌詞からも着陸に苦労したことが想像できよう。

「ブインよいとこ一度はおいで
狭い滑走路に着陸すれば
外にはみ出し飛行機壊し
あとでブンチョ（分隊長）に整列食らい
あまた士官の居るその前で
おなじ文句を二度また三度
飛行機壊すな　壊すな飛行機　オーイサネ」〈引17〉

それにしても、戦闘ではなく離着陸で壊してしまう零戦の多いことに、飛行隊長の小福田は頭を悩ましていた。若手たちは、小福田に日頃から「飛行機壊すな」と口うるさく言われていた。これより少しのちに、杉田はB17に零戦の翼をぶつけて初撃墜を行うのだが、撃墜の報告よりも先に「零戦を壊してしまいました」と小福田に恐る恐る申し出ることにつながる。

さて翌々日には、六空第二陣や二空の零戦隊や艦爆隊が進出し作戦に加わることになった。ブインには、ジャングルの一部を切り開いたところに設営した天幕による宿舎しかない。仮設ベッドを置いただけの宿舎は湿気が強く、体調を崩す者もでた。殺風景で最低限の生活ができるキャンプ場のような基地だった。しかし、多くの飛行機や搭乗員が集まってきて、一気に基地は活気を帯びてきた。十月十三日からの船団護衛任務は十月下旬まで続くことになる。

ところで、基地の周りに監視情報網も設置されておらず、敵襲には応急で設置した望楼からの見張りだけで対処するしかなく、それも上空にやって来てようやく敵襲に気付く程度のものだった。

しかし、毎日必ずB17による爆撃が不定期な時間にあった。そして音響爆弾を落としていく。それも時限発火になっていて、いつ爆発するか分からないので、常に緊張感と不安を強いられることになる。

小福田は『指揮官空戦記』で次のように記している。

「夜になると、今度は敵の爆撃機が、八時か九時ごろから爆撃にやってくるようになった。それもせいぜい一機か二機で、私たちの頭上高く旋回しながら、思い出したようにポツン、ポツンと、爆弾を投下する。そして、約一時間ぐらいねばって帰っていく。すると、またつぎのやつが、交替で頭上にやってきて、同じようなことをつづける。

宿舎地帯は沼地のそばで、防空壕もつくれないので、私たちは天幕の中のケンバスの軽便寝台に寝ていた。ドシーンドシーンと、爆弾の地ひびきが聞こえるたびに、まさか、おれには爆弾も命中することはあるまい、という信念のようなものを抱いて寝るのである。敵は、私たちを一晩中ねむらせない一種の神経戦のつもりらしい。」〈引13〉

日本軍の基地の高射砲や対空機銃が撃とうとしないことに疑問を感じて小福田が尋ねると、「闇夜に鉄砲、撃っても当たらないし、第一、弾がとどかないんだ。効果がないとわかっている弾を撃って、逆に、こちらの高射砲陣地を見つけられて、爆撃されてはそれこそ馬鹿を見る…」〈引13〉という答えが返ってきた。

小福田は、昼間の敵襲に備えて滑走路に三機ないしは六機をスクランブル待機させる哨戒を当直制で行うことにした。当直の搭乗員たちが椰子林《やし》の中のテントでトランプなどをしていると、見張り員の「敵襲」の声で、それっと零戦に乗って発進する。早い者順で近くの零戦に飛び乗った。

小福田隊長と宮野分隊長

小福田や宮野は、若手を鍛えるのに基地上空哨戒任務を積極的に活用した。まだ、ガダルカナル島の戦場に連れて行くには早すぎる。ベテランだって、ガダルカナル島への攻撃任務は毎回危うい。実戦の場数を踏ませ、身体で空戦を覚えさせることが重要と考えていた。

「飛行機乗り、わけても戦闘機パイロットの場合はとくに、初陣に気をつけてやらねばならない」〈引12〉

戦闘機での戦いは、初陣にかかっている。これは国や戦場は変われど定説である。生死をかけた空戦で最初に撃墜されなければ、次回も生き残る可能性が飛躍的に高くなる。三度、四度と空戦を重ねるたびに、その経験値が生き残る確率を上げていくのだ。逆説的に言えば、最初の空戦時に餌食になるパイロットがそれだけ多いということである。第２０４海軍航空隊編による『ラバウル空戦記』に次のような記述がある。

「小福田隊長や宮野大尉がもっとも気を使ったのもこの点で、とにかく墜とされないようにして実戦の場数をふませ、雰囲気になれさせることに腐心した。そして部下に、自分が撃墜して見せ、少しずつ攻撃の要領を教えて行くのだ」〈引12〉

六空の大半は若手搭乗員だった。長距離を遠征して戦いの場を経験させるにはあまりに危険だった。基地上空哨戒任務であれば敵と空戦し、たとえ被弾してもその場に降りれば基地がある。小福田や宮野は、若手をまずはこの哨戒任務で慣れさせ、順次ガダルカナル島への遠征に連れて行くという作戦を立てた。小福田と宮野はタイプは違うがともに率先垂範を励行し、部下に慕われる人格者であった。

あるときラバウル、ブイン、ブカから全戦闘機及び一式陸攻九機で一大航空撃滅戦を行う計画があった。小福田が総指揮官であったが、途中悪天候のために引き返した。そんなことが二回続き、二六航戦司令官が「小福田は仕方のないやつだ」〈引12〉と怒ったという。しかし、小福田は司令部の圧力に屈せず、戦力維持のための冷静沈着な判断をしている。

宮野は、率先垂範、実戦的指導、空戦後のブリーフィング、部下を殴らず信頼関係を築くなど信念を持って取り組んでいた。『ラバウル空戦記』によれば、十月十九日初めて航空撃滅戦に参加する大原飛長に宮野はこう語っている。「お前は敵を墜とそうなどと思うな。敵に会ったら編隊を密集隊形にしろ。オレが宙返りをしたらそのとおりやれ。オレが射撃したら、お前は照準器で狙わなくてもいいから、撃て。すべて訓練と同じ要領だ」〈引12〉

宮野の影響を受けた若手搭乗員たちは、のちに自分が下士官になると、部下たちに対して自然と同じような行動をとった。杉田も影響を受けた一人である。杉田は、自分が教える立場になったときに、このときの宮野とまったく同じ言葉を自分の列機たちに語っている。

宮野は少しずつ戦闘に慣れた者から、ガダルカナル島方面への遠征に参加させていった。ガダルカナル島への遠征攻撃は、ベテランたちが中心に行っていたが、ますます激しい消耗戦になっていた。

ベテランの苦悩、若手の焦り

士気の高い若手に比して、ベテランたちは疲れていた。島川一飛は、一年早いだけですでにベテラン扱いされていた。六空の本隊が到着するまでは、下士官でもないのに小隊長も務めている。ガダルカナル島への攻撃にはベテラン中心の編成が組まれ、若手が順次三番機として戦場を経験するようにシフトされていた。

そのため、どうしてもベテランに負担が多くかかった。ベテランたちは過酷な出撃に疲労を蓄積させていた。その疲労が、空戦中でのミスや帰路での睡魔に形で現れていた。ストレスから部下を殴るような行為もみられた。

『零戦燃ゆ2』の中に当時の島川の証言が載っている。

「ブイン進出後間もない頃は、毎日一回ずつ七回出撃すると、次の日は休養日にあてられていたのですが、それもやがて反故《ほご》同然になってしまいました。七回目の出撃から戻って、いよいよ明日は休めるかと思いながら、飛行場にある大きな黒板を見ると、明日の出撃者一覧の中に、自分の名前があるのです。がっくりしたものです。しかも、それがもう当然のことのようになってしまいました」〈引15〉

兵舎内にある簡易ベッドは、出撃した搭乗員が戻る前に毛布がきちんとセットされるのだが、未帰還になった搭乗員のベッドは、くるくると丸められたままになっていた。そのようなベッドを見て、「あいつも死んだか」と思ったと当時の隊員が述べている。この時期の未帰還者はベテランが多かった。

ところで、杉田は先発隊第二陣に選ばれたため、同期の他の隊員に比べるとかなり早い戦場デビューをしている。主力隊がまだ基地に到着していないとき、九月十三日の編成表に初めて名前が載っている。編成は小福田が決めていたのだが、技量Aの者で編成したと記している。杉田がすでに実力があったのかは分からないが、新人を「搭乗割」に記入する前に、小福田は厳しいテストを行ったという。飛曹長などベテランで編成された中で、兵である杉田の名前も書かれていた。さらに二日後の九月十五日には、基地上空に現れたB17への追撃戦にも杉田は参加し実戦を経験した。十月二日には、ベテランたちに交じってガダルカナル島への長距離遠征にも参加している。このときはエンジン不調で引き返している。

ただ、主力隊が到着してからは、杉田は他の若手と同じく基地上空哨戒任務に戻されている。若手は基地での哨戒任務を兼ねて戦闘訓練を行っていた。若手の数は多いため、哨戒任務の搭乗割に入るのは容易でなかった。

十月危機

十月十四日、六空はブイン基地から船団上空哨戒任務に一直（四時四十分～七時十五分）と四直（十二時五十分～十六時十五分）の二回出撃している。二直と三直は天候不良のため中止になった。ガダルカナル島では、この日の夜に巡洋艦妙高、摩耶による艦砲射撃が行われ、基地にあった米軍機の大半が破壊される。

翌十五日、六空は前日に引き続き船団上空哨戒任務に一直（四時～九時三十分）十二機と二直（十一時～十六時）六機で二回出撃をしている。この二日間の任務にある船団とは、ガダルカナル島に向かう六隻の輸送船団のことである。二日間とも敵機とは遭遇しなかった。実は、連日の艦砲射撃によって、米軍側には輸送船団を阻止する飛行機が、もはや二、三機しか残っていなかった。

この間、日本の輸送船団は約四千五百名の揚陸に成功している。日本軍兵士数と米軍兵士数は、ほぼ同数になった。米軍の大部分は補給がままならない状態で戦闘にも疲れ、マラリアに苦しめられていた海兵隊だった。一方、日本側の上陸軍は十分に準備を整えていた新鋭部隊だった。

米軍が「十月危機」と呼んだガダルカナル島攻防戦のピークであった。米太平洋艦隊の報告には「ガダルカナル島周辺の水域を支配することは、不可能かと思料される。状況は絶望的ではないにしても、重大な局面を迎えていることはたしかである」〈引14〉とある。米軍もぎりぎりで戦っていたのだ。十一月には日本軍の兵数が米軍を上回ることになる。

このとき、水陸両用作戦部隊の指揮官であるターナー少将と、第一海兵師団の指揮官であるヴァンデグリフト少将の意見が対立していた。南太平洋軍司令官のゴームレー中将はこの対立を解決できず、部下への信頼も失っているようだった。ニミッツはゴームレーを更迭し、ハルゼー中将を後任に充てる。ハルゼーはミッドウェイ海戦後のこの時期、皮膚病の治療のために入院していた。ちなみにニミッツの方が兵学校の後輩である。

司令官に就いたハルゼーは、幕僚たちを集めてヌーメアで会議を開いた。「撤退しようというのか、それとも、確保しようとするのか？」〈引14〉と詰問する。ヴァンデグリフトは「確保できます。もっと積極的な支援をお願いします」〈引14〉と答える。最善を尽くしていると抗議するターナーの言葉を退け、ハルゼーはヴァンデグリフトに、「手に入るものはすべて送ってやる」〈引14〉と約束する。

その言葉通り、戦艦ワシントンにガダルカナル島への増勢と砲撃を命ずる。また、空母ホーネットと修理を終えたばかりの空母エンタープライズを基幹とする機動部隊を、ガダルカナル島北東海域に出動させる。

日米航空機比較

一方、日本側では米軍が危機にあるとは知らず、前述のようにたびたび爆撃に来るB17に手を焼いていた。前線基地のブインはガダルカナル島方面の敵に近い分、攻撃に行きやすいが、敵からの攻撃も受けやすいということになる。夜になると八時か九時頃に一機か二機で基地にやって来て、一時間くらい上空を旋回し、思い出したかのようにポトンポトンと爆弾を落としていく。隊員たちは「ルーズベルト定期便」と呼んで防空壕に身を隠す。やれやれ行ったわいと思っていると、また次の爆撃機が交代でやって来る。数少ない高射砲も撃ったが最後、集中爆撃を受けるのでなかなか手が出せない。しかも、せっかく撃った高射砲弾の破片がバラバラ落ちてきて、こちらの方がかえって危ない。こんなことが毎日繰り返された。

B17には、乗員を守る厚い装甲板と自動的に破口を塞ぐゴム張りの燃料タンク、そして自動消火装置が標準装備として付いていた。少しくらい弾が当たっていても墜《お》ちるどころか、逆にハリネズミのような防御火力で日本機の方が墜とされる可能性の方が高かった。

同じ爆撃機でも、この時期の前期型一式陸攻には防弾装置がない上、長距離飛行を可能にする構造のため翼いっぱいに燃料タンクが埋め込まれており、非常に危険だった。すぐに火災を起こすので米軍から「ワン・ショット・ライター」などと揶揄《やゆ》されていた。

グラマンなどの米軍機の戦法も一撃離脱法に変わっていった。米軍のパイロットたちはどんどん腕を上げており、開戦時のような日本機が有利のような状況が確実に変化していく。格闘戦の個人技だけでは、スピード重視の戦いに通じなくなっていた。米軍は無線機で連絡を取り合い、編隊空戦を行うようになっていた。それに比べて零戦の無線はまったく使い物にならず、取り外してしまう者も多かった。

米軍パイロットは前線で一定回数の出撃をこなすと教官となって戻り、そのスキルを若手パイロットに伝えていくというローテーションシステムをとっていた。これはミッドウェイ海戦後、ニミッツの幕僚長となったスプルーアンスのアイデアだった。また、米軍ではパイロットは全員士官で構成されていて、士官と兵のような複雑な上下関係をつくっておらず、上官であってもチームメイトという意識があった。そして戦訓を分析し、経営学的手法でノウハウを全航空隊で共有できるようにしていた。決められた出撃回数で前線から交代する米軍からはエース（五機以上撃墜者）を輩出しにくいが、戦場に新たにデビューするパイロットはスキルとノウハウを内地に戻ったベテランから叩き込まれており、次第に航空隊全体が戦闘には強くなっていた。

逆に日本側の搭乗員は、ベテランがそのまま戦場に居残りになる。生き延びたものは戦果を上げ続け、多数機撃墜者になることができるが、そのノウハウはなかなか伝承されず若手育成が大きな課題となる。また、ベテランの下士官であっても経験未熟な士官の命令でしか動けず、士官もまたベテランの下士官に気を使って複雑な上下関係が生じていた。そして、そのようなベテランも、いつかは幸運の女神に見放される時が来る。「死ぬまでラバウルを離れられない」「ラバウルは搭乗員の墓場」と、日本側の搭乗員たちはささやき合うようになっていた。

十月中旬に陸軍航空部隊として初めてラバウルに派遣された独立飛行第七十六中隊の百式司令部偵察機（百式司偵）が、ガダルカナル島へ偵察に出かけ未帰還となった。洋上航法不慣れのためと思われるが、それならば海軍が直接運用しようということになった。百式司偵は、太平洋戦争を通して活躍をした陸軍の偵察機である。その性能は卓越していて速度、航続距離とも世界の標準レベルを超えていた。十二月になるとこの百式司偵が海軍へ貸し出され、ラバウルの海軍各飛行隊で偵察活動に使われるようになる。

南太平洋沖海戦

兵数で上回っていた日本陸海軍のガダルカナル島上陸隊は、米軍が陥っていた「十月の危機」を好機に生かせなかった。十月二十三日、やむを得ず正面突破を陽動作戦とし、先に失敗した川口支隊同様にジャングル迂回作戦に出る。せっかく輸送できた貴重な歩兵砲などの携行小火器もジャングル内に持っていけず、捨てて進むことになる。戦訓は生かされなかった。結局、先回と同じ轍を踏むことになる。ジャングルの中での行軍で将兵は疲れ果てている上、重火器を持たないために苦戦を重ねる。第二師団による総攻撃は、待ち構えていた米海兵隊によって簡単に殲滅《せんめつ》させられてしまう。十月二十六日、ガダルカナル島奪回は不可能という報告をもって、第二次総攻撃は中止になった。

この間、十月二十四日夜、ガダルカナル島の現地陸軍部隊から「今夜十一時、陸軍部隊ハ、ガダルカナル飛行場ヲ占領セリ」の無電連絡があった。実際は、ヘンダーソン基地を目前にした丘で、日米陸上部隊の激烈な戦闘があり、日本軍の一部が基地の一角に達したとき「バンザイ」という暗号無電を大本営に打ったのが、誤解を招くことになったのだ。暗号文の「バンザイ」は、「我、敵飛行場ヲ占領セリ」であった。しかし、そこは飛行場ではなく基地東側の草原でしかなく、実際には確保もできていなかった。このときの戦闘では、日米合わせて千名近くの死傷者が出ていて、この丘は「血染めの丘」と呼ばれるようになった。

しかし、ラバウル、ブイン、そして空母でも、この連絡を受信した部隊では歓声が湧き、万歳が繰り返された。すぐに副長から「明日、戦闘機隊はガダルカナル島に進出する」と命令が下される。翌日早朝、二空戦闘機部隊の零戦五機と鹿屋空の三機が、ラバウルからガダルカナル島の占領した飛行場に向かった。発進後に、「飛行場占領は誤り、今夜七時に突入予定」という電報が届く。すでに零戦隊は発進したあとで、例によって無線は通じなかった。米軍機が待ち構えているところに着陸しようとした零戦隊は、逃げようがなかった。帰ってきたのは三機のみであった。

少し前に戻り、ヘンダーソン基地が攻撃されたすぐあとで、日本の連合艦隊は陸軍第十七軍の第二次総攻撃支援のために第二艦隊の戦艦金剛、榛名、第二航空戦隊空母隼鷹《じゅんよう》、飛鷹《ひよう》及び第三艦隊の第一航空戦隊空母瑞鶴、翔鶴、龍驤《りゅうじょう》、瑞鳳等をガダルカナル島周辺へ派遣していた。これを察知した米海軍も、空母ホーネットと空母エンタープライズによる二つの機動部隊を派遣し、第二次総攻撃が中止になった十月二十六日に両機動部隊同士が対決する（南太平洋海戦）。

戦果には大きな誤認があった。『零戦燃ゆ2』に次のように書かれている。「索敵機が報告を誤ったり、通信状態が悪くなったりしたため、米艦隊がいったい何群からなるのさえ、正確に把握することができていなかった…。このため、機動部隊司令部では、敵は三群よりなるという誤った判断を下していた。実際には、『エンタープライズ』隊と『ホーネット』隊の二群しかいなかったのだ」〈引17〉

その結果として大本営発表は「敵航空母艦四隻、戦艦一隻、艦型不詳一隻を撃沈…敵機二百機以上を撃墜その他により損失せしめたり…」〈引17〉となった。

実際の米機動部隊の被害は、空母ホーネットと駆逐艦ポーターが沈没、空母エンタープライズ、戦艦サウスダコタ、重巡サンジュアン、駆逐艦スミスとヒューズが損傷、飛行機の損失は七十四機だった。

日本軍は空母翔鶴、瑞鶴が損害を受け、飛行機九十二機と搭乗員百四十五名を失った。特に艦爆隊や艦攻隊の損害が大きく、真珠湾攻撃以来のベテラン搭乗員を多数失うことになり、このあとの作戦に大きく影響を与えることになった。

米艦隊は一時的に太平洋艦隊の空母が一隻もなくなるなど戦術的には敗れたが、日本の機動部隊の貴重な搭乗員が米軍の五倍以上失われたことにより、戦略的には大きなポイントを稼ぐことになった。

この二日前の十月二十四日にルーズベルト大統領は、統合参謀本部に覚書を送る。「ガダルカナルを保持するため、現地にあらゆる兵器が確実に届くよう取りはからい、この危機を乗り切った暁には、弾薬、航空機、搭乗員を続々と送り込み、その成功を活用せられたい」〈引14〉──ニミッツの訴えが大統領に届いていた。

米国での航空生産はフル稼働していた。対して、日本では貴重な熟練工員が召集されるなど、お役所的な仕事が各地で起こり生産が大きく滞っていた。中学生や女学生の勤労動員がかけられるが、生産効率は悪く品質も落ちていく。

ガダルカナル島に武器や弾薬が届くようになり、米海兵隊と米陸軍は日本軍の攻撃からヘンダーソン飛行場を守り抜いた。日本軍の死傷者は米軍の十倍に及んだ。米軍は「十月の危機」を脱しつつあった。

海軍航空隊再編

十一月一日、陸軍と海軍の下士官兵制度統一が行われ呼称が変わることになる。海軍では、四等兵から始まっていた階級を陸軍に合わせて二等兵からとした。杉田も前日十月三十一日付で一日だけ一等飛行兵になり、翌十一月一日付けで飛行兵長に昇進した。

海軍航空隊も再編が図られ名称が変更された。戦地に移動しているのに、原隊のあった地名がついた航空隊名ではおかしいということで、すべての航空隊が三桁数字に改められた。ラバウルにあった二空は第五八二海軍航空隊（五八二空：ごおやあふたくう）に、六空は第二〇四海軍航空隊（二〇四空：ふたまるよんくう）、鹿屋空は第二五三海軍航空隊（二五三空：ふたごおさんくう）と改称した。消耗の激しかった台南空は第二五一海軍航空隊（二五一空：ふたごおいちくう）と改称し、内地に戻って再建することになった。三空もケンダリーに戻り錬成を図ることになる。入れ替わりに元山空の戦闘機隊を母体とした第二五二海軍航空隊

（二五二空：ふたごうふたくう）がカビエンで開隊し、ラバウルに着任した。

ところで、二五二空の搭乗員たちは、四機編成による編隊空戦の特訓を受けてから前線にやって来た。しかし、この搭乗員たちも、いざ空戦に入ると編隊空戦など吹っ飛んでしまう。特にベテランほど身に染みついた個人技能が優先してしまうのだ。柳田邦男の書いた『零戦燃ゆ2』に当時、ラバウルに着任したばかりの三森一正中尉の編隊空戦に関する証言が記載されている。

「編隊空戦法の訓練が実戦で活かされたことは、九十九パーセントなかったように覚えています。出撃に際して、指揮官が『二機の単位は崩すな』と注意していたはずなのですが、いざ空戦となると、バラバラになってしまうのです。

空戦で、全体のペースを決めるのは、やはり日華事変（日中戦争）以来のベテランでした。そういう歴戦の勇士は、どうしても単機で敵を撃墜しようとする傾向が強かった。零戦の性能がすぐれていたためか、それとも技量に自信を持ち過ぎていたためか、彼らは各人思い思いの獲物を目がけて、格闘戦を挑むのです」〈引17〉

もう一つ、実戦を積んできた下士官が経験の乏しい士官のもとで戦うという心理的な問題があった。士官であった三森は次のように述べている。

「士官といえども、技量と実績の両面で劣っている私たちは、下士官に強いるような指示の仕方を避けていました。士官が『編隊空戦をせよ』と命じることは、『俺について来い』というのと等しかったのです。未熟な者が熟練者に命令するのですから、抵抗感がありました。

『何をいってやがる』とか『なんでお前ごときヒヨッコの後につかなくちゃならんのか』といった反感を買うのではと、気にする気持ちが私にはありましたね…」〈引17〉

当時二五二空に所属していた宮崎勇も、編隊空戦に関して著書『還ってきた紫電改』の中で次のように述べている。

「海軍航空隊の得意技だった『ひねりこみ』という

技術も、場面によっては、空戦の障害になったのではないだろうか。これは、宙返りをする途中で機体をひねって、グルーッとまわるべき円形を途中でカットするような形で敵機のうしろから切り込んでゆく戦法である。

このワザは、ひところ、大きな威力を発揮したので、その訓練を徹底的にやった。それが体にしみこんでいるから、『ひねりこみ』をやる単機単位の攻撃になってしまう。

戦闘機乗りの『気性』というか、独立心の強い、いわば一匹オオカミかたぎの戦闘機乗りが、当時は特に多かった。それが『個人技』につながり、チームプレーにはなじまない…という傾向にもなったと思う」

〈引7〉

初期の編隊空戦がうまくいかなかった理由に、空中無線機がほとんど使えなかったこともある。編隊飛行では、搭乗員間のコミュニケーションが極めて重要になる。息を合わせて機体をコントロールすることができなければならない。しかし、零戦に装備されていた空中無線機は、雑音がひどくまったくと言っていいほど役に立たず、搭乗員間のコミュニケーションは手信号で行っていた。

たいがいの搭乗員は無線機を外し、アンテナを折って少しでもスピードが出るようにしていた。基地とのやり取りは、昔ながらのモールス信号だった。これではなかなか有効な編隊空戦は行えなかった。

ベテランたちほど、これまでの勝ち戦とは違い、飛行機も搭乗員もどんどん失われていく消耗戦の中で空戦の変化に戸惑っていたに違いない。一方、杉田らのように飛練を終えてすぐにラバウルにやって来た新人たちは、今までのような格闘戦では勝ち目のないことを痛感しており、スピード重視の空戦に頭を切り替えることができた。スピードを生かした戦闘には編隊を組むことが有利に働く。零戦での戦いも、次第にスピードを生かした編隊空戦に変化して行かざるを得なかった。

さらに米軍からは、新鋭機グラマンＦ６Ｆヘルキャットが登場する。強力な馬力で劣位の下方からも平気で編隊のままぐんぐん上昇してきて、撃ちながら上空へ駆け抜けていく。

Ｆ６Ｆのエンジンは二千馬力で零戦の約二倍だった。余裕を持って下位から上昇しながら相対することができた。格闘戦に持ち込めば零戦は強いと言っても、米軍内では零戦と格闘戦をするなとお達しが出ていた。格闘戦だと日本機に負けるからということではない。わざわざ速度を落としてまで、日本機に合わせて空戦する必要がなかったのだ。スピード重視の戦いになれば零戦はついていけなかった。

すでに米国では、最高月産六百機という量産体制でＦ６Ｆを増産していた。その他にＦ４Ｕ、Ｐ38、Ｂ17、Ｂ24などが増産体制に入っていた。日本でも最優先で零戦の量産が行われていたが、米軍とは質量とも大きく差をつけられた。

また、搭乗員も不足のままだった。若手予科練出身者は、訓練期間を短縮しており、通常飛行すら完熟できていない。戦法も個人技から編隊空戦に変わり、戦法に対する意識変革が必要であった。戦局も航空機の進化も戦術も、すべてが大きく局面転換する時期であった。

十一月攻防

十一月二日、前日に少佐になったばかりの小福田を指揮官に、九機で増援輸送部隊の護衛任務に出撃するが、悪天候で引き返している。この時期の天候は飛行を困難にしていた。翌三日、この日も早朝三時五十分から川真田中尉を指揮官とする九機が護衛任務に出撃したが、途中で遭難事故が起き、第一小隊は杉田のみが帰還した。このとき第三小隊長だった島川は、その顛末を『島川正明空戦記録』の中で次のように記している。

「午前三時五十分、闇の中の出撃である。基地はもちろん、進行方向の天候もきわめて悪い。雲間を縫って飛行すること約一時間三十分、イザベル島北東部に達し、夜は完全に明けたが気象条件はますます悪化し、平常なら基地出発時に当然、取り止めるべき状態にあった。だが、人員と重要物資を積んだ大型船団であり、大きな犠牲をはらおうとも、とにかく護衛しなければとの意気込みをもって、発進したのである。しかし、視界矮小のため、ついに引き返す結果となった。往時はなんとか飛行できた気象状態は、極度に悪化し、中隊は雲中に突入してしまった。

この時点から、各小隊は分離し、個々に基地に向かうことになった。私は列機をまとめ、ときどき後方に目を配り、はげましあいながら、あるいは雲上に、そしてまた雲下にと必死の思いでようやく基地にたどり着いた。列機は私を信じよくついて来てくれた。

だが、この日、川真田中尉と、二番機の竹田飛長が行方不明となった。いますぐ重要任務に耐え得る数少ないパイロットを、一気に二名も失ったのである。これもまた天候のなせる業であった」〈引15〉

三小隊の編隊で哨戒任務に向かう途中、視界が悪く一番機と二番機が雲中で衝突し、墜落した。三番機の杉田だけが単独で戻ってきたのだ。悪天候下での戦闘機による洋上単独飛行はベテランでも難しく、六空でもここ数日事故が続いていた。そのため川真田中尉は天候に対して特に気を使い、前夜に兵舎幕舎にやって来て入念に作戦計画と悪天候の場合の行動について打ち合わせまで行っていた。

この時期、この地域では雨季に入っていて厚い雲に覆われることが多かった。電子機器などなかった当時の搭乗員は、ガダルカナル島上空での戦闘で倒れるよりも、悪天候のために遭難する者の方が多かったのだ。

ちなみに十七年末までの二〇四空搭乗員の戦死者は、空戦による者十名に対し、空戦以外の自然災害や不時着水で死亡した者十六名になっている。

詳細は後述するが、杉田は一年後にも編隊でただ一人生き残り、壊れた零戦でグアムからペリリュー島まで数百キロを単独洋上飛行して帰還している。

航空撃滅戦

日本海軍は、米機動部隊が十月二十六日の南太平洋海戦で大きな損害を出したとみて、十一月十二日から十五日にかけてガダルカナル島へ艦砲射撃を行おうと計画する。このような作戦の前には、制空権を確固たるものにしておきたいということで、しばしば航空撃滅戦が行われた。これは、海戦でも陸戦でも作戦遂行上、航空機が欠かせないようになっていたことの表れでもあった。今回もラバウルにあるすべての基地攻撃隊に航空撃滅戦が発令されたが、連日天候が不良で出撃がかなわなかった。

十一月十日、ようやく天候が回復し、二〇四空の零戦十二機と空母飛鷹の零戦六機がガダルカナル島上空に向かったが、敵機は飛行場から退避していた。飛鷹はこのとき、発電室の火災修理のためにトラック泊地にいて、搭載機のみがブインにいた。そのためしばらく、零戦隊のみ二〇四空と合同で作戦行動を行うことになったのだ。

同十一日、二〇四空の零戦六機と飛鷹の零戦十二機が、艦爆を護衛してガダルカナル島に進出する。戦闘行動調書には「ガ島、入泊敵艦船攻撃艦爆隊援護」と書かれている。敵機約三十機と会敵し交戦した。また、敵の輸送船一隻にも損傷を与えたが、飛鷹隊で二名が戦死している。この日の戦闘行動調書には、「飛鷹部隊」として搭乗員の名前が書かれている。

今回の出撃はガダルカナル島飛行場砲撃を行う「第五次挺身隊」のために、敵飛行機を一掃しておくという「露払い」としての役目であった。飛鷹隊は、「米軍機撃墜二十五、駆逐艦一隻、輸送船一隻撃沈（零戦三、艦爆四喪失）」と報告している。日々空戦に明け暮れていて、戦果報告に厳格な二〇四空からの報告とかなり差があった。連合艦隊司令部では、二〇四空からの報告と比べて戦果が過剰過ぎないかと困惑していた。宇垣纏司令長官は「全然別個の一群存在するや否や総合判断に苦しむ」と記している。過剰すぎる戦果報告は作戦立案に影響するまでになっていた。

同十二日、前日に引き続きこの日も二〇四空十二機と飛鷹隊六機が、輸送船攻撃艦爆隊援護という任務で十時にブイン基地を出発したが、天候不良のため十二時三十分に基地に引き返すこととなった。杉田は、第三中隊第二小隊二番機として出撃している。敵とは遭遇しなかった。

この日は、内地からきた二五二空もラバウルから陸攻隊の援護任務で初出撃し、こちらは敵と遭遇している。雷装の一式陸攻十九機がルンガ泊地の敵艦船を攻撃、重巡洋艦サンフランシスコや輸送船に被害を与えた。しかし、一式陸攻十二機が自爆または未帰還、五機不時着という損害も出てしまう。

当時二五二空にいた宮崎勇が『還ってきた紫電改』に攻撃の様子を記している。

「敵は、地上や艦船からの対空砲火で、この陸攻隊を叩き落とそうとするうえ、しばしば戦闘機もくりだして襲いかかってくる。しかし、陸攻隊は小回りがきかず、空戦性能はグンと落ちるため、相手の戦闘機には、われわれも戦闘機で対抗して戦うわけである。

目的地に入る。約二十機の陸攻が海面スレスレまで高度を下げて敵船団に接近する。われわれは陸攻隊の上をおおうようなかたちで突っこんでいった。

敵艦は、激しい対空砲火で応戦してくる。グルグルと円形を描いて、われわれの攻撃を回避しながら、白、黒、赤、青…いろいろな弾幕を張る。陸攻はその弾幕を突っ切って攻撃をくりかえす。しかし、一機、二機と撃たれ、火を噴き、力尽きて落ちてゆく。

われわれ零戦隊には、敵のグラマン（Ｆ４Ｆ）戦闘機群がうしろから襲ってくる。上空では零戦とグラマンの空戦、その下では陸攻隊がつぎつぎに火を噴く。―じつに、凄まじい光景である」〈引7〉

宮崎は、第一小隊三番機として出撃し、この日Ｆ４Ｆを一機撃墜している。一式陸攻を追いかけているＦ４Ｆを発見し、反行する形で銃撃。急降下して逃げる敵機を追ってさらに銃撃を続け、ジャングルに墜《お》とした。基地に戻ると小隊長から「あんなに敵機を深追いするとは、何事か！」〈引7〉と叱られている。

宮崎は丙二予科練出身者で、横須賀空戦闘機隊で四機編隊空戦の研究と訓練に従事した。その後、四機編隊空戦を普及する任務を兼ねて二五二空に引き抜かれ、ソロモン、ニューギニア、マーシャル群島、硫黄島、フィリピンと戦い抜き、のちに三四三空で杉田と共に戦闘三〇一飛行隊で活躍することになる。

同じく十一月十二日、新しく飛行場を作ろうとしている米軍の動きを察知した日本艦隊「第五次挺身隊」

（戦艦比叡、霧島、軽巡洋艦長良、駆逐艦十四隻）が、ガダルカナル島に向かったところ、米海軍（空母一、戦艦二、巡洋艦五、駆逐艦十二）がルンガ岬沖で待ち構えていて海戦が起きる（第三次ソロモン海戦）。

猛烈なスコールと闇夜の中で、両軍は索敵を思うようにできないまま深夜に出合い、砲撃戦になった。夜が明けると上空での航空戦も伴う壮絶な艦隊決戦となり、双方とも甚大な損害を出した。日本軍側では、戦艦比叡、霧島、重巡洋艦衣笠、駆逐艦三隻が失われ、多数の艦艇が損傷した。米軍側も日本の駆逐艦群の攻撃で軽巡洋艦二隻と駆逐艦七隻が沈没、その他、多くの艦艇が損害を受けている。

B17爆撃機

翌十三日早朝、B17が一機ブイン上空に現れ、警報とともに四機の零戦が追撃に上がった。繰り返し攻撃を仕掛け、左エンジン二機ともに出火を確認するもB17は逃げ切ってしまう。戦闘行動調書には「左発動機1、2火災ヲ起コサシム」と書かれている。B17は少しくらい被弾しても逃げ切られてしまうため、隊では撃墜するための研究が始められた。

この日から二十八日まで二週間ほど杉田の出撃はなく、病気あるいは体調を崩していたのかもしれない。

『島川正明空戦記録』によれば、昭和十七年の末頃は搭乗員が疲労やマラリアで次々と倒れていた。ベッドで寝ていると、帰る人のいないベッドの毛布が丸められ、枕が載せられているのに目がいってしまう。「あいつも戦死か、こいつもかと、つぎつぎに消える戦友たちのベッドを見ながら、俺の番はいつだろうと、そんな考えをめぐらす」〈引15〉と、島川は書いている。

この間、ブイン基地上空には毎日のようにB17が現れ、追撃に上がっているが、戦闘行動調書には「撃墜に至らず」と記されることが続いており、苦戦を強いられている。現れるB17もたいがい一機のみであるが、いつ来るかと常に待機せねばならず、心休まる時間を無くすのが狙いである。

B17について小福田は次のように『指揮官空戦記』に書いている。

「米軍の主力爆撃機B17、B29などはじつにしぶとくて、落としにくい飛行機だった。私はこの両機種とは、たびたび対戦した。追っかけまわし、必死になって撃ちまくるが、いくら命中しても、びくともしないという感じだった。『空の要塞』を呼号するだけのことはあるようだ。ソロモン方面の戦域では、敵の爆撃機は、主として、B17、B24、B25などが出てきていたが、その中でもやはり、B17が主力となっていた。欧州戦線でも、同じであったようである」〈引13〉

小福田は、大型機を撃墜する方法についても次のようにまとめている。「第一、操縦席を狙って操縦者を倒す。第二、翼または胴体の燃料タンクを狙って火災を起こさせる。第三、発動機を狙ってこれを停止させる」〈引13〉

ある日のこと、六空では六機編隊で二機のB17を追いかけ、この通りに攻撃した。防弾鋼板、防弾ガラス、防弾タンクで防御されているので発動機を狙って代わる代わる射撃を加えるが、弾が当たっているはずなのに何事もなかったように飛び続ける。降下しながら速度を上げる敵機に対して後ろから近づく零戦からの射角は浅く、しかも敵機の後方銃に狙われる。一時間近く追い続け、ついに一機は海に突入した。しかし、四つある発動機が二つしか動いていないもう一機は、機内の装備品を海へ投機しながらも飛び続ける。さらに攻撃を続け、最後は着水、ようやくとどめを刺すことができた。タフさは米軍機及び米軍搭乗員の特徴であった。

ムンダ飛行場

十一月二十四日、日本陸海軍は、ブインとガダルカナル島の中間にあるニュージョージア島のムンダに輸送船団を入港させ、人力で滑走路建設を進めた。そこは、ソロモン群島にある最南端の航空基地となった。設営は陸軍が担当したが、暑さに強いということで、隊員の多くは台湾高砂族出身の志願兵だった。

周防元成大尉率いる二五二空の零戦二十四機がムンダに進出する。ムンダにはハエがたくさんいて、あちこちに卵を産みつけ、数時間後にはウジになってしまう。血を吸う赤い虫も服の下に忍び込み、痒くてたまらない。握り飯も、包みから取り出した途端に真っ黒になるほどハエがたかるなど、劣悪な環境だった。大きなトカゲもいて、過ごしやすいためか数少ない地下壕に出没した。

奥宮正武著『ラバウル海軍航空隊』の中に、当時のムンダ飛行場について次のような具体的な記述がある。

「この飛行場は、はからずも、わが陸海軍の飛行場建設能力の貧弱さを代表する典型的なところの一つとなった。ほとんど人力でつくられたために、十二月中旬長さ一〇〇〇メートル、幅四〇メートル、戦闘機用掩体三十個をもつ飛行場を概成したものの、対空火器はもちろんのこと、航空基地らしい施設はほとんどなかった。その上、仮設の飛行指揮所からの視界が付近の樹木と周囲の山々に妨げられていたために、敵機の見張り能力は著しく小さかった」〈引10〉

しかも、米軍の方はどこからかこのムンダ基地を見張っており、着陸時を狙って戦闘機で攻撃をかけてきた。ガダルカナルの米軍基地から三〇〇キロあまりしか離れていない。米軍からすれば、ガダルカナル島のすぐ目先に日本軍の航空基地があっては目障りで仕方ない。毎日のように攻撃を仕掛けてきた。十二月中旬になると、二〇四空もこのムンダ上空哨戒任務を行っている。

結局、十二月二十九日にラバウルへ引き揚げることになるのだが、日本軍が立ち去ったあとに米軍が同飛行場を占領する。周防大尉は米軍が占領してもムンダ飛行場は使えまいと考える。「米軍は近い将来、ここを占領するであろうが、このような環境のところでは、アメリカ人たちは生活することすらできないだろう」〈引10〉

ところが米軍は、飛行機を使って地面が白くなるほどＤＤＴ（殺虫剤）を撒いたあとに、ブルドーザーなどでたちまち整備された滑走路に仕上げた。日本軍は偵察機によってこの様子を確認し、国力の差を痛感することになる。

『ラバウル海軍航空隊』によると「一個設営隊の人員は普通一千二百～一千三百名程度であったが、その装備は極めて貧弱で、スコップ、鶴嘴《つるはし》、鍬、斧、鋸、ローラー、手押し車など、ほとんどが人力によるもので、動力を用いるものは少なく」〈引10〉とある。日本軍が飛行場を作るのは約三カ月かかるのに対し、米軍はブルドーザー、グレーダー、動力付きローラーを用い一カ月で完成させた。

十一月二十八日、日本軍は、ガダルカナル島沖の輸送船哨戒任務に三直交代で当たっており、その二直の第二小隊二番機として杉田は出撃している。飛鷹隊との合同編成で、二機で小隊を組み、二小隊で一中隊という特別なものであった。一直は四時に発進し六時五十分帰着、二直は五時五十分に発進し九時三十分帰着している。一、二直とも敵とは遭遇していない。三直は八時二十五分に発進し、五機のB17に遭遇している。

この日の戦闘行動調書に、三〇キロ爆弾が八個使われたことが記載されている。三号三番という爆弾で、一機に二個ずつ翼下に吊り下げることができた。梅本弘著『海軍零戦隊撃墜戦記』に、この爆弾についての説明が記述されている。

「三号三番は投下後、螺旋式の尾翼で回転をはじめ、その遠心力で時限信管が作動して炸裂。黄燐二十グラムを充填した弾子二百発を飛散させる。空に壮大な爆発の傘が広がり、白い爆煙がタコの足のように広がっていくので『タコ爆弾』とも呼ばれていた」〈引19〉

敵上位に位置し、すれ違いざまに投弾することになっていたが、相対速度が速くなる上、照準器もなく勘に頼っての攻撃で熟練を要した。この日の攻撃では三直の四機が二個ずつ投弾したが、機銃掃射も含めて「有効ナル攻撃ヲ加ヘタルモ撃墜スルニ至ラズ」と記録されている。

ルンガ沖夜戦

十一月三十日午前九時三十分頃、B17が一機ブイン基地上空に現れ、三機編隊二個小隊の六機が追撃発進している。飛鷹隊三機との合同編成で、杉田は第一小隊三番機として飛んでいる。久しぶりのカモ番である。「三機ヲ以テ銃爆撃ヲ加ヘタルモ撃墜ニ至ラズ」と戦闘行動調書に記されている。「銃爆撃」と書いてあることからこの日も三機が三号爆弾を用いたと思われる。

また、別動隊が二直に分かれて「増援部隊上空哨戒」の任務に就いている。このときの編成も一直は二機ずつの二小隊、二直は三機ずつの二小隊と通常とは違っており、四機編隊への試行を行っていたのかもしれない。二〇四空が哨戒任務に就いた「増援部隊」というのは、ルンガ沖作戦海域に向かう日本軍艦艇だと思われる。「船団付近天候不良所々にスコール有」と記録されている。

この日ルンガ沖で夜戦が行われた。駆逐艦八隻が、二百個以上の補給物資を入れたドラム缶をガダルカナル島へ流す作戦を実行中、米艦艇によって攻撃を受けたが、これを退け巡洋艦を撃沈するという成果を上げた。しかし、敵艦攻撃を優先するためにせっかく運んできた補給物資のドラム缶を投棄してしまう。

第一次ソロモン海戦で損害を受け、十月二十六日の海戦では火災、甲板やエレベーターに被弾、喫水線以下にも損傷を受けていたにもかかわらず、米空母エンタープライズが応急修理をしながら十一月十三日の海戦に参加し、米軍が行うタフな戦いの象徴的な存在となった。

ちなみに、補給物資を待っていたガダルカナル島の状況は逼迫《ひっぱく》していた。食糧が現地部隊に絶対的に不足しており、その貴重な補給物資を投棄して、巡洋艦への攻撃を優先してしまったのは、戦術的には勝ったかもしれないが戦略的に見れば負けである。

このことについては海軍内部からも批判が出た。山本長官をはじめ、連合艦隊司令部は陸軍との約束もあり、なんとしても補給物資をガダルカナル島に届けたいと思っていたが、駆逐艦が輸送に割かれて他の作戦に付けないことはもちろんとして、撃沈や大破などの損害も多大に上ってきていて一部の艦長たちの不満が高まっていた。

ルンガ沖夜戦のあと、潜水艦による輸送も十一月二十五日から行われるようになった。潜水艦輸送は、十二月九日までに十二回行われ、成功したのが九回で総計二〇〇トンが運ばれた。補給によって前線に届けられた食糧は米が主で八百五十俵、そのほか乾パン七百四箱、罐詰《かんづめ》二百四十六箱等である。補給を待っていた将兵は二万七千人余りである。米が補給物資の中心になっている。しかし、この米にこだわったことが補給を苦しいものにしていた。

戦場でも米飯を望んだのは前線の兵士ではあるが、そのために容易ならざる手をかけて米俵を艦から前線に運んだのだ。しかし、米を炊くことはガダルカナル島ではもはやできなかった。水に浸った米は、重くなるだけでなくすぐに傷んだ。それよりも、米俵を担いで運ぶ力がもはや兵士にはなかったという。

この頃、今村均陸軍大将が第八方面軍司令官としてラバウルに赴任した。今村と連合艦隊司令長官の山本とは旧知の仲で、個人的にも深い信頼関係で結ばれていた。今村は山本より二歳年下で英国駐在武官の経験があり、国際的視野を持っている数少ない陸軍将官であった。仙台生まれなのだが新潟の新発田中学を主席で卒業しており、郷土心の強い山本とも気心が通じていた。二人が出会ったのは、山本が中佐で、今村が少佐のときであった。共に駐在武官のときに覚えたブリッジ仲間（?）であった。

今村はラバウルへ赴任するときに、連合艦隊の基地が置かれているトラック島に寄って山本と会談をしている。秋永芳郎著『陸軍大将今村均』によると、そのとき山本から「君はラバウルに到着したら、彼我の空中戦の実際を観察し、ガ島作戦遂行のために中央協定にこだわらず、飛行一師団ぐらいではなしに、もっと有力な陸軍航空戦力を、ラバウル方面に注入することを、参謀本部に意見具申してもらいたいと希望する」〈引18〉と言われている。今村は、ラバウルに着いたあとすぐに戦況を視察し、山本の言う通りの状況を確認し、杉山参総長に「従来の陸海軍中央協定にかかわらず、陸軍からも有力な航空軍を当方面へ派遣し、海軍に協力することは、焦眉の急と信じられる」〈引18〉と電報を打った。しかし、この電報は参謀総長には届かず、陸軍の戦爆連合六個戦隊が本格的に派遣されるのは半年後になってしまう。

このあと大本営は、ガダルカナル島撤退へと動いていくことになる。ガダルカナル島に上陸した日本軍兵力は最終的に二～三万人といわれているが、ほとんどが飢えと伝染病とで戦うことなく倒れていった。航空兵力も機体、搭乗員の損失がミッドウェイ海戦の三倍に上っていた。

十二月末、大本営陸海軍作戦部で数日にわたって行われた図上研究に参加した源田實《みのる》航空参謀は、今後戦闘機六百機の投入が必要と算出する。しかし、現有の海軍機は、母艦航空隊と基地航空隊を合わせても四百機を出なかった。陸軍機を投入するにしても、満州方面から引き揚げてこなければならない。結果、ガダルカナル島撤退の方針を決定せざるを得なかった。

陸軍中央部は、この時点でも対ソ戦を第一に考えていた。陸軍中央部が対ソ戦重視態勢から対米に切り替えたのは、米軍の反抗が激化してきた昭和十八年後期になってからである。陸軍の情報活動は満州や中国東北部に集中しており、対米戦の情報は海軍任せだった。そのためニューギニアやソロモン方面で島嶼《とうしょ》部に上陸しても正確な地図も用意されておらず、ガリ版刷りの素図を用いなければならなかった。その海軍においても、対英米情報を扱う第五課の課員が定員充足しておらず、東大や慶應出の予備士官が本省ではなく日吉の慶應大学教養学部校舎で情報分析を行っていた。昭和十七年十二月三十一日の御前会議で、ガダルカナル島からの撤退が正式に決定され、最終的な幕が引かれる。

杉田、体当たりで撃墜

日を少し戻して十二月一日。この日は早朝から若手たちが哨戒任務を兼ねて対B17撃墜法の訓練をしていた。「彼ら（若手）を空襲に連れて行って、敵戦闘機と戦闘をやらせるには、まだ伎倆、経験が足りない。だが、実戦への場慣れが必要なので、まず味方基地上空に来襲するB17への邀撃戦闘からはじめよう」〈引13〉という小福田少佐の考えであった。

毎日のようにやって来るB17に対して有効な攻撃法

がない。命中弾を当てても、表面で炸裂するだけで致命傷を与えることができない。Ｂ17への攻撃では機体がＯＰＬ（光学照準器）からはみ出してしまい、爆撃機との距離感や射撃するときの感覚がつかめない。そこで、宮野大尉の発案により零戦二機編隊でＢ17の横幅をつくり、模擬襲撃で感覚をつかもうとした。Ｂ17は翼の付け根に燃料タンクがあり、これを狙って前下方から薄い角度で迫り照準器に入れるという想定だった。敵機の大きさに惑わされると退避が早くなる。ぎりぎりまで迫って攻撃し、そのまま敵の腹の下をくぐり抜ける捨て身の作戦である。

この日、訓練に参加した大原亮治は『海軍零戦隊撃墜戦記』の中に次のような証言を残している。「日本軍の双発機は翼幅が25メートルしかないからね。Ｂ17は32メートルあるでしょ。だから最初ぶつかった時は、みんな遠くから撃っては離れて行ったんです。大きいから距離感が狂っちゃう。それを指揮官が見ていていね。遠いぞ、遠いぞって言う訳です。そこでＢ17の大きさに慣れさせるために零戦を2機、四発重爆の翼幅と同じようになるよう平行に飛ばして、それを標的に攻撃する訓練をしたんですよ」〈引19〉

一回目の訓練は宮野隊長らが訓練に上がった。二回目の訓練では、一番機神田佐治飛長、二番機杉田、三番機人見喜十飛長が入れ替わりに離陸した。二〇四空の戦闘行動調書には三機と書かれているが、実際は四機だった。小福田はこのときの詳細を自著『指揮官空戦記』に記述しているが、それによると、もう一機は古参の日高初男飛曹長であった。

Ｂ17代わりの目標隊に日高と人見が、訓練隊に神田と杉田が組んで指定した訓練空域に向かう。目標隊はいち早く訓練空域に入って訓練隊を待つ。しかし、同時に離陸したはずの訓練隊が姿を見せない。

実は、杉田が旋回上昇中、遠くに本物のＢ17を発見し追撃していたのだが、無線が使えないことが連絡不都合を起こしていた。神田も杉田がいなくなって慌てていた。

小福田は、この場面を『指揮官空戦記』の中に章を割いて具体的に解説している。

「零戦とB17が、戦闘状態で向かい合って接近する場合を計算してみると、だいたい一秒間に二百五十メートルくらいの速さで接近する。しかも、射撃は、実際は百メートルか百五十メートル以内でないと、二十ミリ機銃は命中しない。だから引き金を引いてから、照準をやめて退避するまでに、二分の一秒くらいしかない計算になる」〈引13〉

迫る巨大な機体に杉田はひるまなかった。全機銃を撃ちながら突進する。双方の機体が触れ合ってすれ違う。杉田の右主翼翼端及び垂直尾翼がB17の右主翼を切り裂いた。さすがのB17もバランスを崩して墜落する。杉田の零戦も方向舵が潰れていた。第２０４海軍航空隊編による『ラバウル空戦記』には、この光景を地上で見ていた整備員の相楽の記録が描かれている。

「垂直尾翼をやられたため、旋回が思うようにできないのだが、地上ではそんなことを知らないから、杉田と親しい相楽はいささか心配だった。

『おかしい、何かあったな』

果たして、やっと垂直旋回で方向を変えて着陸した杉田機の垂直尾翼先端と方向舵は、もののみごとにつぶれていた」〈引12〉

杉田はエンジンを切って操縦席から降りると「やった！　やった！」と大はしゃぎであった。神田も着陸すると大喜びで「おい、B公を一つ落としたぞ…」と集まってきた整備員たちに叫んだ。その日の戦闘行動調書には、「二番機（杉田）攻撃の際尾翼垂直安定板及右翼端を以て敵の右翼を切断す」と記録された。

連日のように基地を襲撃し、たとえ命中弾を当ててもなかなか墜ちない、手をこまねいていたB17を単機撃墜したのだ。基地ではたいへんな大騒ぎになった。しかし、連絡のないまま待ちぼうけを食らった日高飛曹長たちの目標隊は、いつまでもやって来ない訓練隊を旋回しながら待ち続けていた。普段は温厚な日高であるが、「あの野郎、いくら訓練とはいえ敵機（仮想）を見失うとはけしからん」〈引12〉と、カンカンであった。

米国の記録と突き合わせながら作成した梅本弘著『海軍零戦隊撃墜戦記』〈引19〉に、このときの米軍機側の記録が紹介されている。このB17は、早朝ヘンダーソン基地を出撃した第四十三爆撃航空群第四〇三爆撃飛行隊のウィリス・E・ジェイコブス大尉率いる「ザ・プラスター・バスタード」機で、ブーゲンビル島の写真撮影任務に就いていた。偵察の帰途に、高度五〇〇〇メートルで六機の零戦と空戦になり、二機を撃墜撃退している。その後、二〇四空が訓練中の空域に入り、杉田に発見された。同書に次のように書かれている。

「ニュージョージア島の上空に達した時、突然もう1機の零戦が前方に出現、4発の空対空爆弾を投下した。だが、それは効果なく、その零戦は突進をつづけ無線士席付近に衝突した。B17はまっ二つに切断され、前方部分は炎上。全員が戦死した。後部にいたジョセフ・E・ハートマン伍長だけが機外に放り出され落下傘降下。現地人に保護され、67日後に生還した」〈引19〉

同書には「日本側の記録と米軍の記録は、空対空爆弾を投下されたという点を除いてはほぼ一致する」〈引19〉と書かれていて、「杉田機が使った（あるいは杉田機と神田機が使った）弾薬は20ミリ160発、7・7ミリ850発。遠距離から全銃を撃ちっ放しで突進したのであろうか」〈引19〉とある。戦闘行動調書の杉田の消耗兵器の欄にも確かにそのように記述されている。無我夢中で突進したことの証しであろう。

ところで、くだんの二人はいざ小福田に報告となったとき、ニコニコと笑いの止まらない神田に対し、最初はしゃいでいた杉田が神妙な面持ちに変わっていた。「飛行機を壊すな」と日頃から小福田にうるさく言われていたことを思い出したのだ。これはぜったい怒られる。杉田は意気消沈し、肩を落として小福田に報告した。『指揮官空戦記』にその場面が記載されている。

「彼は赫ら顔の、かわいい、まだ少年の面影の残ったパイロットであるが、このときばかりは、平素から、『空中衝突は絶対いけない。パイロットの恥である』と、やかましくいわれている手前、今日はきっと、隊長から叱られるにちがいないと思ったらしい。しょんぼりと、肩を落としてやってきた。私は彼の報告を聞き終わると、『よし、よくやった。杉田飛行兵。

衝突、接触は絶対にいけないというのは、味方同士の場合のことで、相手が敵となれば話はべつだ。落とし方がどうであろうと、敵をやっつければこっちの勝ちだ。とくに相手がB17爆撃機となれば、殊勲の手柄だ』と杉田飛行兵をほめた」〈引13〉

『島川正明空戦記録』にも、そのときのことが描かれている。

「訓練中の杉田上飛（当時は飛長）が飛来した敵機にたいし、斜め上方から攻撃をかけたが、きわめて接近の早い反航のため、避退が遅れ、垂直尾翼が敵機に接触し、敵機は空中分解して墜落していったという。

彼は己れの空中ミスを恥じ、おそるおそる報告していたが、おとがめを受けるどころか、逆におほめにあずかり、照れていたようである。以後、しばらくの間、敵の定期便は基地上空に姿を現さなかった。杉田の大手柄である。

彼はリンゴのような紅い頰っぺタをして大声で笑う好青年で、ラバウルに引き揚げた後、多数の敵機を撃墜したと聞いたが、攻撃精神の旺盛な好青年だった」〈引15〉

夕方には宿舎の天幕に小福田から清酒が一本届く。さらに小福田は搭乗員を全員集め、次のように訓示している。

「戦闘機の射撃は、一にも二にも、『肉薄攻撃』に尽きる。敵に向かって、つねに衝突するつもりで突入、肉薄することだ。そして、もう一秒か二秒で衝突という直前に機銃の引き金を引け。引くと同時に、力いっぱい退避しろ、これでいいんだ。なまじっか、普通の射撃訓練の要領で、敵影を照準器に入れ、適当な距離に入ったところで射撃開始などというお行儀のよい優等生型の射撃では、実戦では、敵は落とせない。実戦における射撃は、一にも二にも接近肉薄、ぶつかる寸前に引き金を引け。今回の杉田飛行兵のように、本当に敵に衝突しなくてもよいが、衝突するぐらいの肉薄攻撃の闘志は、じつにりっぱだ。明日からみな衝突するつもりでやれ…」〈引13〉

杉田の衝突撃墜は隊の士気を高めるものになったと小福田は記述している。

このときから「肉を切らせて骨を断つ」のような高速での肉薄攻撃は杉田の空戦スタイルになった。名人芸と呼ばれた回り込みを重視する、これまでの空戦とまったく違う一撃離脱法だった。この一撃離脱を用いた編隊空戦は、ヨーロッパの航空戦から広まり、米軍もこの時期には取り入れていたスピード重視の空戦法だった。

「超接近、短射撃、高速離脱」の空戦法は杉田の性格に合っていた。この当時の杉田について、同僚たちの杉田評が『歴史群像 太平洋戦史シリーズVol.12 零式艦上戦闘機』の特別企画の中で記載されている。

「杉田は柔和な顔つきだが、敵には闘志をむきだしにした。杉田は戦場の把握の仕方がうまかった。敵がこちらを見たとき、どう対処すればよいか直感できる。攻撃されたとき、退避するか突っ込むか敵の上方に行くか、列機との連携も考え瞬時の判断がすぐれていて、度胸もよかった」(大原飛長)、「豪傑で大物の風格があった」「戦友が未帰還になっても杉田は『くよくよするな。一杯飲もう』とおおらかに盛り上げた」(柳谷飛長)〈引2〉。

ガダルカナル島増援輸送隊

十二月三日、二〇四空では午前中に四機の零戦が「ガダルカナル島付近敵艦船捜索偵察」任務で出撃、午後も四機の零戦で「ガダルカナル島増援部輸送隊上空警戒」任務でブイン基地から出撃している。いずれも敵とは遭遇せずと報告が書かれている。乗機を壊してしまったからか、杉田の名前は編成に入っていない。

日本軍はルンガ沖夜戦で本来の目的であった輸送に失敗していたため、この日再び駆逐艦十隻で第二次輸送作戦を実施した。零戦が去ったあと、米軍機による断続的な空襲を受けたが、夜までに千五百個の補給物資の入ったドラム缶をガダルカナル島の日本軍に向けて流せた。しかし、体力の消耗したガダルカナル島の日本兵は、ドラム缶を夜間のうちに回収することができず、翌朝の米軍機の銃撃で大半が沈んでしまうことになった。

同四日、二〇四空の零戦四機が四時頃から輸送隊上空警戒任務に就いたが、敵とは遭遇できなかった。

同七日、十隻の駆逐艦による第三次輸送作戦（ドラム缶補給作戦）が実施される。この日は魚雷艇による妨害に遭い、ドラム缶の投入は断念された。また、米軍機の空襲で駆逐艦一隻が大破した。二〇四空では一直四機の零戦が十四時から、二直九機の零戦が「ガダルカナル島増援部隊上空哨戒」任務に就いている。杉田は一直の二番機として出撃している。気象条件の欄に驟雨《しゅうう》と書かれており、敵と遭遇していない。

このあとも連日ガダルカナル島方面への上空支援が続いているが、成果を上げるような空戦は行われることなく、戦闘行動調書には「敵ヲ見ズ」という報告が多い。海軍としては、これ以上の駆逐艦による補給は実施しないといったん決定するが、陸軍第八方面軍司令官の今村中将から連合艦隊への強い要請があり覆された。山本司令長官も今村の要請には断ることができなかった。

前述のように十月からガダルカナル島には新発田連隊（歩兵第十六連隊）が入っていた。ともに人情に厚い二人の思いは、ガダルカナル島の陸上部隊に強く関心が向いていたと思われる。

十二月十二日、前日に第四次輸送作戦が駆逐艦十一隻によって行われる。山本からも直々に激励電文が出され、海軍としては威信をかけた作戦となった。しかし、七日と同様に魚雷艇と戦闘機によって補給が妨げられ、ドラム缶千二百個のうち届けられたのは二百二十個だけであった。このときは十六隻の潜水艦による補給も実施されたが、一隻が撃沈され輸送効果は薄かった。

二〇四空では、早朝三時三十分から六機の零戦がガダルカナル島増援部隊上空警戒任務に就いた。杉田は、第一小隊二番機として出撃しているが、「敵ヲ見ズ」であった。同じ日の七時四十五分から別動の零戦九機がムンダ上空哨戒任務を行ったが、やはり「敵ヲ見ズ」だった。

同十三日、陸海軍参謀たちが集まり輸送作戦について協議した。その結果、輸送による被害が大きいにもかかわらず効果が少ないため、今後の補給は中止となった。

二〇四空は年末まで、ガダルカナル島方面での陸海軍の作戦に合わせて毎日出動を続ける。杉田は、十五日の「索敵攻撃隊援護並ビニムンダ基地上空哨戒」任務、十六日の「ムンダ基地ニ来襲ス敵機撃退」任務、二十一日の「ブイン基地上空ニ飛来ス敵機追撃」任務、同じく二十一日の「ムンダ増援輸送船団上空哨戒」任務、二十八日の「ブイン基地上空ニ飛来ス敵機撃退」任務に就いている。いずれも二番機あるいは三番機としての出動である。

十二月中旬頃から、二〇四空に陸軍の百式司偵二機を使った偵察隊が配置された。ラバウルの各航空隊も同様に偵察隊が配置されている。陸軍と海軍の協同作戦に基づいて貸与されたものである。

十二月十七日の二〇四空戦闘行動調書に初めて偵察隊の記録が記載されている。六時十五分にラバウル基地を出発し、八時三十分からブナ方面の航空写真を撮る偵察活動に入っている。九時には高度を上げて、第二の目的地ガダルカナル島方面に向かったが、右エンジンが油漏れによる白煙を引き始めたので、偵察を中止し無事帰着している。このあとも、さまざま作戦の前には偵察隊が飛んで情報収集に当たっている。

十二月二十七日、大本営で行われた図上演習で「ガダルカナル島奪回の成算無し」という結果が出た。それを受けてガダルカナル島撤退の方針が決まり、各部署で撤退に向けての動きが始まった。

南東方面では、陸海軍航空部隊による初めての共同作戦が行われた。海軍の零戦十二機と陸軍の一式戦闘機三十一機の護衛で、九九艦爆十二機がブナの飛行場を攻撃した。米軍戦闘機約二十機と交戦し数機を撃墜したが、零戦が一機自爆、一機不時着、一式戦も一機が失われた。

ニューギニア方面の陸軍航空機の進出は、空母をもたないため輸送船で戦闘機を輸送し、一式陸攻によって地上勤務者を輸送した。これまでも島伝いでの空中輸送では、海軍も陸軍も殉職者を出す事故を起こしていた。特に陸軍では大量遭難事故を起こしている。

十二月中旬からブナ方面では激戦が続いており、二十八日にブナ地区の陸海軍部隊は北西方のギルワに撤退することが決められ、ブナ基地の放棄が決定となった。同日、第五特別陸戦隊司令安田大佐は最後の電文を打って突撃する。

ブナを放棄したことは、ポートモレスビー攻略を目的としていた作戦の破綻を意味している。南東方面の航空作戦は、ガダルカナル島からの撤退作戦を容易にするために、ソロモン群島やニューギニア南東部の米軍航空部隊に打撃を与えるものへと変化した。マッカーサーが進めているニューギニア島北岸の連合国軍本隊の進撃も、同時に押しとどめなければならなかった。

日本陸海軍は、ニューギニア中部北岸にあるウエワクとマダンを攻略するム号作戦を計画する。ニューギニア作戦の強化のためである。ウエワク方面では、ラバウル航空戦の初戦で六空と行動を共にした空母隼鷹飛行隊が上空哨戒に出動し、艦爆隊と艦攻隊が対潜水艦への警戒を行い、攻略部隊の上陸を支援した。マダン方面には支援できず、軽巡洋艦天龍が敵潜水艦の攻撃で沈没した。翌一月に入るとウエワクの攻略が始まり、ニューギニア最大の航空基地が築かれることになる。

十二月三十日、第十一航空艦隊参謀長酒巻宗孝少将が連合艦隊司令部に状況を報告する。『海軍航空隊全史』によると次のようなものであった。

「ガダルカナル戦開始から十月末までのわが航空部隊の戦果は、撃墜三百七機（ほかに不確実八十三機）、被害は地上におけるものを含んで二百三十三機であったが、十一月一日から十二月二十四日の間の戦果は百二十五機（ほかに不確実三十五機）で、被害は地上におけるものを含め百五十九機であった」〈引11〉

戦果も被害も減っている。実は飛行機そのものが減っていっている過程をこの数字が表している。また、搭乗員の技量についても報告があった。

「現在における搭乗員の技量は従前の三分の一程度と見るべきである。新到着の戦闘機航空隊の全搭乗員六十名中零戦の経験のなきもの（九六戦のみの経験者）

が四十四名もいた。したがって、第一線に到着後、戦闘の合間を見て、零戦での訓練をしなければならなかった」〈引11〉

同三十一日、前述のように御前会議でガダルカナル島の撤退の方針が決定され、一月四日に大命が下されることになる。連合国軍との激しい消耗戦で戦線が膠着《こうちゃく》しているものの、これ以上補給を維持できなくなっていた。

ブイン基地では、暑い中での大晦日を迎え、正月準備が行われる。第204海軍航空隊編による『ラバウル空戦記』によると、南国らしく、松の木に椰子の葉で門松を立てて、ふんどし一丁の隊員たちが餅つきを行ったという。さすがに敵の定期便もやって来なかったため、夜にはビールで乾杯して新年を迎えている。

昭和十八年、明ける

一月一日、ブイン基地では敵襲もなく、この日は隊員たちも正月気分を味わっていた。ただし、前日の三十一日、正月用物資を運んできた輸送船がバラレ沖で潜水艦によって撃沈されてしまい、餅も雑煮もなかった。

ブインに駐留していた陸軍将兵百四、五十名は食べるものすらままならず、せめて正月くらいキャラメル一個でも与えたいので分けてくれと陸軍の中尉が海軍指揮所に相談に来て、主計科士官に断られている。主計科士官は、一箱の一個と勘違いしたのだが、相談に来た陸軍中尉は一粒の意味であったことが分かり、すぐに分け与えたということがあった。前線基地であるブインは穏やかな元旦であったが、ラバウル基地ではB17による爆撃が行われていた。

同二日、二〇四空は増援輸送物資を送る輸送船団の上空哨戒を二直に分けて実施した。二直目に当たったた宮野大尉以下の七機が、船団上空でF4FやSBDの編隊と空戦になった。宮野大尉が二機、日高初男飛曹長、大正谷宗市二飛曹、藤定正一飛長、杉田庄一飛長が各一機、川田彦治飛長と西山静喜飛長が協同で一機を撃墜と、戦闘行動調書に記録されている。

同三日、陸海軍中央協定で、南東方面における航空作戦の分担が改められ、陸軍は在ニューギニア部隊の地上作戦及び防衛協力ならびにニューギニア方面における補給輸送の援護、海軍は陸軍の担任する以外のソロモン群島及びニューギニア方面の航空作戦ということになった。

同六日、零戦十二機でラバウル基地からポートモレスビーに出撃しているが、途中天候不良のためグットイナフ付近で引き返している。帰途にB24を発見し、共同で攻撃して撃墜している。B24からの反撃で二機が被弾している。杉田は第二中隊第二小隊二番機として編成メンバーに入っていた。それとは別に午前九時、B17八機によるブイン基地への空襲があった。「警報ニヨリ発進B17八機追撃セルモ雲中ニ突入、攻撃セルニ至ラズ」と記録されている。

一月七日から二〇四空は、連日のように輸送船団護衛に出動する。日本陸海軍のガダルカナル島からの撤収は二月からとなり、それまで前線を維持しつつ撤収の準備に取り掛からねばならなかった。そのため輸送船団の動きは活発になり、それにともなって敵機の攻撃も熾烈《しれつ》になってきていた。空戦もしばしば起きていて、戦果も上げているが二〇四空にも損害が出ていた。杉田は七日から十七日まで編成表に入っていない。

船団護衛任務

一月十七日、二〇四空は午後から零戦九機で、水上機母艦香久丸上空哨戒任務に就いた。十四時三十分に出発し、哨戒中なにごともなく十六時五十五分に帰着した。この日から杉田は久しぶりに編成に入り、第二小隊二番機として飛んでいる。ところで、着陸の際に丸山武雄二飛曹が滑走路の窪みに脚をとられて転覆した。ブインの滑走路は、相変わらず離着陸が難しかったのだ。丸山の意識はしっかりしていたが、首の骨を折っていて四日後に死亡した。

一月十八日、早朝に香久丸上空哨戒任務が行われたが、杉田はこの編成に入らず、午後に来襲した敵機の追撃に上がっている。昼頃にＢ17が八機、Ｐ38が六機、基地南方に現れた。野田隼人飛曹長を指揮官として三小隊九機が迎撃に上がった。杉田は第一小隊二番機として出撃している。敵機を発見したものの追いつけず基地に引き返している。

一月十九日、輸送船護衛任務は相変わらず続いていて、この日は特設艦阿蘇丸の上空哨戒を三直交代で行った。一直は、十時十五分から十三時二十五分まで宮野を指揮官として三小隊七機が行った。二直は、十二時から十五時三十分まで小福田を指揮官として三小隊七機が任務に就いた。杉田は第一小隊二番機として出撃している。三直は、十四時十五分から十七時十五分までで三小隊八機が出撃した。

この頃の杉田は、指揮官機の二番機についていることが多い。編成は、その日の指揮官が決めるのだが、第一小隊二番機は指揮官の護衛が主任務となる。指揮官機は隊全体の空戦を見なければならないため、自身の安全を任せられる二番機が必要となるのだ。

一月二十日、早朝、Ｂ17が十五機、Ｐ38が四機、基地南方に来襲した。森崎中尉を指揮官として十七機が追撃に上がっている。戦闘行動調書にはＰ38を二機（不確実一）、Ｂ17を一機（不確実）撃墜と記録されている。

この日の護衛任務は輸送船旺洋丸で、一直と三直を二〇四空で、二直は二五二空と分担して行っている。一直は十時四十分から十三時二十分まで。野田飛曹長を指揮官として三小隊九機で出撃している。三直は、再び森崎中尉を指揮官として十四時三十分から十七時までで、三小隊八機が上がっている。杉田は第二小隊二番機として飛んでいる。この日の三直も着陸時に大破する零戦が出た。

同二十二日、ラバウル基地から二〇四空の偵察機がノルマンビー島、グットイナフ敵航空兵力偵察に出撃している。偵察は翌日もエモ、グスンダに行われている。二十五日から予定されているケ号作戦に向けての情報収集活動と思われる。

同二十三日、十二時から十七時にかけて駆逐艦大潮、輸送船第二東亜丸の上空哨戒を二直に分けて行っている。二直目の澁谷隊がグラマン二十機と空戦し、五機を撃墜（一機不確実）したが、二直指揮官の澁谷清春中尉と福田作一飛長が自爆と記録されている。杉田は編成に入っていない。

ケ号作戦発令

一月二十四日早朝、敵艦船攻撃に向かう艦爆隊の直掩に二〇四空の三小隊が出撃した。ルッセル島上空は雲に覆われており、敵艦船を発見することはできなかった。

同日午後、明日から始まるケ号作戦のための偵察を二〇四空は命ぜられる。ケ号作戦はガダルカナル島に残されている兵員を撤収する作戦で、「ケ」は捲土《けんど》重来《ちょうらい》から付けられた。偵察場所はガダルカナル島の北に位置するツラギ島周辺である。このあたりは、すでに敵艦船が警戒行動をしていると思われ、九機の零戦による強行偵察となった。戦闘行動調書には「シーラーク水道強行偵察任務」と書かれている。指揮官は宮野大尉、杉田は第一小隊二番機―指揮官機の護衛として編成表に入っている。シーラーク水道は、フロリダ諸島とソロモン諸島の間の海域である。

十四時にブイン基地を出発し、十五時二十五分にシーラーク水道に到着している。ツラギ島泊地には、戦艦らしきもの四隻、巡洋艦もしくは輸送船一隻、駆逐艦または小艦艇数隻、その他小船艇多数、シーラーク水道上にも輸送船が一隻、確認することができた。敵飛行機の出現は記録されていないが、七・七ミリ機銃と二〇ミリ機銃の消耗が戦闘行動調書に記録されている。おそらく艦艇に機銃掃射を行ったのだろう。被害は無であった。十五時三十五分には偵察終了。十七時二十分にブイン基地に戻っている。

一月二十五日、ケ号作戦が始まった。およそ一万三千人の将兵及び軍属をガダルカナル島及びルッセル島から撤退させるため、一月下旬から二月上旬にかけて三次の作戦として行う計画が立てられていた。撤退作戦を隠すために、これまでどおり航空攻撃や物資輸送は続けられる。撤退に従事する部隊をあえて増援部隊と呼び、その行動を秘匿した。米軍は最後まで気付かず、日本軍の増援作戦と誤判断していた。結果としてこの撤退作戦は成功するのだが、まずはこの日のガダルカナル島航空撃滅戦から始まった。敵の航空勢力を排除し、撤退作戦を容易にするためである。

二〇四空は、九時三十分に二十二機の零戦でブイン基地を出撃、他の隊と合流、十一時四十分にガダルカナル島上空に到達し、十一時五十五分にＦ４Ｆ三機と交戦、一機を撃墜して十五時十五分にブイン基地に戻っている。杉田は第二中隊第三小隊二番機として編成に入っている。

航空撃滅戦は、陸海軍航空機による協同作戦の一環として実施されていて、この日は一式陸攻十八機をガダルカナル島北西海域まで飛ばし、敵戦闘機をおびき出して零戦五十八機をもって叩くという計画だった。二〇四空の他にもラバウルを基地とする五八二空、二五三空が参加している。しかし、誘導されて出動してきた敵機は少なく戦果はわずかだった。にもかかわらず、悪天候のため零戦六機を失うことになってしまう。さらにぬかるんだブインの滑走路で、六機大破という後味の悪い結果になってしまった。

この航空撃滅戦に参加した二五三空の本田二飛曹は帰路、眠気と闘いながら飛んでいた。長時間飛行で血液の循環が悪くなり、尻の感覚がなくなってくる。そして、天候が激変した。積乱雲の中で編隊がばらばらになり、その後は単独飛行で帰投する。この日のことを『本田稔空戦記』にある本田の記述から追ってみる。

「コロンバンガラ島を過ぎてしばらくすると行く手に一面の雨雲が立ちはだかっていた。避けられるものならば避けて通りたいのだが、連綿と続くこの雨雲は避けようがなく編隊はそのまま雲の中に突っ込んでしまった。はじめは霧のような雲で風に流れており、時折僚機も確認できたが、しだいに雲層が厚くなり、やがて、もくもくと盛り上がる南方独特の積乱雲にわれとわが身をもて遊ばれるように激しく揺られ、（これはいかんなんとか脱しなければ）と、次から次へと盛り上がってくるおびただしいエネルギーを含んだ雲を、上下左右に体をかわして、一つ避け、また一つやり過ごしながら飛行を続けた。

敵につかれるのも怖いが、この未知なる自然の恐怖もこわかった。実際には大した時間ではなかったであろうが、随分長い間雲の中にいたような気がした。やがて積乱雲の壁は抜けたがまだしばらく雨雲の中を飛んだ。僚機は全然見えなくなった。一体正しいコースを飛んでいるのかどうかすら見当がつかない」〈引9〉

本田はあと十五分くらいしか飛べないと覚悟した時点で海原の中に山が見え、ようやく助かったと思う。ラバ九時間も飛び続けた末のラバウル帰着であった。ラバウルまでたどり着いたのはわずか七機。あとは、ブインかバラレに不時着したか、未帰還になったかであった。

戦闘行動調書によると、この作戦に参加していた杉田も同じように積乱雲の中に突っ込んでいたはずである。どのように飛んでどの基地に降りたかは不明であるが、無事生還している。

一月二十六日、前日の不時着未帰還機の捜索に早朝から六機の零戦が飛んでいる。ブランサエ水道上空で、高度二〇〇〇メートルに敵大型機一機を発見するが交戦せず、捜索活動を行っている。八時三十分にヴィックハモで「不時着機零戦一機発見」、八時四十五分に「中攻不時着搭乗員発見」と記録されている。

同二十七日、陸軍航空隊の一式戦闘機五十七機と軽爆撃機がガダルカナル島へ攻撃を行うが、反撃に出てくる敵機が少なく、戦果は撃墜六機だった。

同二十八日、エスペランス岬の北西にあるルッセル島の確保が急務となり陸上部隊が動いていた。二〇四空は、午後から零戦十五機でルッセル島攻略部隊の上空哨戒任務に出撃している。全体の指揮官は宮野大尉、杉田は第二中隊第一小隊二番機として編成に入っている。敵と遭遇しないで任務を終えている。

その日の夕刻、B17が七機ブイン基地を襲い、空襲によって爆発に巻き込まれた搭乗員が戦死した。

陸海軍合同で取り組んだガダルカナル島航空撃滅戦は、米軍にほとんど損害を与えることができなかった。

レンネル島沖海戦

一月二十九日、前述のようにケ号作戦を「ガダルカナル島への増援作戦」と誤判断した米軍は、第十八任務部隊（護衛空母二隻、重巡洋艦三隻、軽巡洋艦三隻、駆逐艦八隻）を北上させた。また艦隊決戦を予期して、正規空母二隻や新鋭戦艦三隻による任務部隊も急遽出動させた。

日本軍偵察機が第十八任務部隊を捕捉し、南東方面艦隊司令長官草鹿中将は第十一航空艦隊（ラバウル航空隊）による攻撃を発令する。ラバウルから一式陸攻七機、バラレから一式陸攻六機、ショートランドから二式飛行艇が二機出撃した。遠距離のため零戦隊の護衛はつけられなかった。

夕方からソロモン諸島レンネル島沖を進む米艦隊を発見し雷撃を行い、翌三十日にかけてブカに進出していた七五一空の陸攻隊によってさらに攻撃を行った。戦艦二隻撃沈、巡洋艦三隻撃沈、戦艦一隻中破、巡洋艦一隻中破、戦闘機三機撃墜の大戦果として報道された。しかし、戦後に発表された米海軍公式報告では、米巡洋艦シカゴが損傷のため放棄沈没、駆逐艦一隻が雷撃による損傷だけだった。日本側の損害は、自爆七機、未帰還機三機で、またしても過大な戦果報告がなされ、その後の作戦に影響することになる。

また同日、連合艦隊司令長官からの発令で、ケ号作戦強化のため空母瑞鶴の全飛行機隊（零戦二十六機、九九艦爆二十一機、九七艦攻二十一機）がトラック島を出発、ラバウルに到着している。そのうちの一部はさらにブインまで進出している。二〇四空では、十四時三十分から六機の零戦で出撃し、五八二空と共にコロンバンガラ海域にいる輸送船能代丸の哨戒任務に就いている。杉田は編成には入っていない。記録されている全体の指揮官は五八二空の角田飛曹長だった。

ケ号作戦実施

二月一日、早朝七時、ブイン基地にB17が四機来襲し、二〇四空の零戦十二機が迎撃に上がった。杉田は第三小隊二番機だった。一時間以上追撃し、四機全機を撃墜した。基地に戻ったのは八時三十分であった。

この日の午後も十二時十五分から十五時五十分まで、零戦十一機による船団護衛任務があった。護衛艦船名も方面も書かれておらず、単に船団上空哨戒とし か記録されていない。一日からガダルカナル島撤収の第一次作戦が実施されていて、ラバウルの基地航空部隊と応援で派遣された瑞鶴戦闘機隊が輸送船の上空哨戒を行うことになっていた。二〇四空の船団護衛任務もこの作戦の一環と思われる。全体の指揮は小福田少佐。杉田も午前に引き続き編成に入っている。第二小隊二番機だった。空戦はなかった。

ケ号作戦における第一次撤退作戦は、本来一月三十日に予定されていたが、レンネル島沖海戦のために一日延期され、この日から動き出した。第二水雷戦隊の駆逐艦二十隻による輸送部隊が、航空部隊の支援を受けつつ、ガダルカナル島に停泊した。敵の攻撃を避けて陸海軍将兵五千四百余名を収容し撤退した。

二月四日、ケ号作戦の第二次撤退作戦が実施される。駆逐艦二十隻による輸送船団がガダルカナル島泊地に突入、航空部隊の協力により敵機の攻撃を排除し、四千九百七十名を収容した。

二〇四空では、森崎中尉を中隊指揮官として二中隊十二機で船団上空哨戒任務を行っている。この日は、敵機七機を発見、攻撃し、四機を協同撃墜している。杉田は第一中隊第一小隊の二番機として飛んでいる。

同七日、第三次撤退作戦では、駆逐艦十八隻でガダルカナル島から二千二百四十余名、ルッセル島から零戦十七機で約三百九十名の撤退を完了した。三回の撤退作戦によるガダルカナル島からの生還者は約一万三千名になった。ガダルカナル島で戦死あるいは病死した者は、二万四千六百名に上る。生還した者もほとんど骨と皮だけの姿になり、一人で歩くのも容易でない状態だった。ブインの海岸通りは、顔じゅう包帯を巻いている者や戦友の肩にすがっている者など、惨憺《さんたん》たるありさまだった。第204海軍航空隊編の『ラバウル空戦記』には次のように記述されている。

「服はボロボロ、飢餓による栄養失調と極度の疲労から、幽鬼さながらの陸軍の兵隊たちに、収容の艦船乗組員たちは思わず息をのんだ」〈引12〉

三回にわたったガダルカナル島からの撤退作戦（ケ号作戦）はこれで終了したが、「駆逐艦の損害は四分の一くらいになるだろう」という作戦会議での予想にもかかわらず、延べ五十八隻の出動に対して失われたのは駆逐艦巻雲一隻だけだった。皮肉なことに、ことごとくうまくいかなかったガダルカナル島攻防戦で唯一大成功だったのが、このケ号作戦であった。しかも、撤退を支援する部隊に対して増援部隊と呼称し、ガダルカナル島の戦線を拡大すると見せかけたことを、米軍が誤認した結果によるものだった。

これまで米軍の暗号解読によって翻弄されてきた日本軍であるが、このとき米軍が緊急時に平文通信することを逆手にとって「敵艦見ユ、空母二、戦艦二、駆逐艦十」という偽電報を米軍に発する。この電報によって米軍の爆撃機全機に待機命令が出されたのである。偽電報と気付いたときには、撤退は終わっていた。

政府はガダルカナル島からの撤退を「転進」という言葉で発表する。「作戦が片付いたので次の作戦に向かうもの」という意味で、真実から国民を離す言葉であった。

米軍新鋭機登場

二月九日、ムンダ上空での制空権を巡る攻防はまだ続いており、二〇四空はこの日の早朝から宮野大尉を指揮官として三小隊九機で哨戒任務を行っている。杉田は編成に入っていなかった。

同十日、十時二十五分から森崎中尉を指揮官として、二〇四空の二中隊五小隊十四機で艦爆隊直掩任務に就いている。杉田は第二中隊第一小隊二番機で編成に入っている。敵機との遭遇はなかった。

同十一日、『ラバウル空戦記』〈引12〉によると、この日は紀元節であり式を行ったあと、飛行隊全員による演芸会が行われている。椰子の丸太で特設舞台を作り、芸達者な者たちがグループで余興を披露した。戦闘機隊の神田佐治二飛曹をリーダーとする搭乗員オーケストラが一等をとっている。また、この日は輸送船から新鮮な玉ねぎやキャベツも入ったり、冷たい水が支給されたりした上、敵の爆撃もない穏やかな一日となった。

同十二日、この日も十三時三十分から船団上空哨戒任務に就いている。日高飛曹長を指揮官として三小隊九機で出撃していて、杉田は第一小隊二番機に入っている。敵とは遭遇せず、船団にも異常はなかった。

同十三日、二〇四空は、早朝四時三十分から船団上空哨戒任務に四小隊十二機が出撃した。指揮官は小福田少佐。敵とは遭遇せず八時にブイン基地に戻っている。

その後、九時三十分に敵機が来襲し、十二機で追撃に上がっている。B24を三機、P38を二機、P40を四機撃墜したと記録されている。山本飛長がP38にやられて戦死した。杉田はこの日の編成には入っていなかった。

コンソリデーテッドB24リベレーターは、B17同様の四発エンジンの大型爆撃機で高速、しかも爆弾搭載量も多かった。もともと大型飛行艇用として開発された細長く厚型の主翼が、長距離飛行を可能にしていた。第二次世界大戦中に一万九千機が生産され、同一機種生産数としては世界最多となる。この記録は今も破られていない。

太平洋戦域では、当初B17が唯一の重爆撃機として使われていたが、B24が増えてくると次第に姿を消し、輸送機などに少数が使われるだけになっていく。ヨーロッパ戦線で戦っていた米第8空軍が、高高度性能の優ったB17を強く要望し、そちらに回されたためである。

B17と同じくB24も難敵だった。B17同様に乗員を守る厚い装甲板と、弾が当たっても自動的に穴を塞ぐゴム張りの燃料タンク、さらに自動消火装置が装備されていた。米軍の編隊でのフォーメーションが格段と良くなり、爆撃機と戦闘機、戦闘機同士の連携は米軍が優ってきた。戦争初期の頃の、日本軍における格闘戦優位の時代は確実に終わりを告げ、四機による編隊空戦の必要を搭乗員たちも感じていた。

この頃から二〇四空も、編隊空戦を実戦に取り入れていくようになる。爆撃機に対する邀撃《ようげき》には速度がやや増している二号戦の方が有利であり、若手搭乗員たちは好んで二号戦を使っていた。

同十四日、B24九機による連日の空襲があった。護衛はP38数機とF4U戦闘機十二機だった。

ロッキードP38ライトニングは、米陸軍の三胴双発の単座戦闘機で、中央胴の機首に機銃を集中配置でき、軸線上での攻撃力が強力だった。また、双発（発動機が二つ）であるため時速六五〇キロメートル以上の最高速度を誇った。航続距離も長く、爆撃機の護衛機として活躍した。構造上、格闘戦に向いておらず、当初は日本の戦闘機の餌食になることもあったが、格闘戦を避け編隊空戦に持ち込むにようになると日本機は追いつけず、苦戦を強いられるようになっていく。

チャンスボートF4Uコルセアは、開発が難航していた高速の艦上戦闘機である。二千馬力エンジンのパワーを最大限生かすよう大直径プロペラを採用したため脚の配置が難しく、極端な逆ガル翼を採用している。試作機段階で時速四〇〇マイル（六四四キロメートル）を超えた最初の米軍機となった。後期型での最大速度は時速七二四キロメートルにもなっている。しかし、空母での離着艦の安定不足、前方視界不良で当初は艦載機として使えなかった。そのため、保険機として造られたグラマンF6Fヘルキャットに主役の座を譲ってしまう。操縦も難しく、「未亡人製造機」とか「少尉殺し」とまで呼ばれたが、その高速性と有効搭載量の多さは他の機種に代え難く、問題点を克服した後期型は朝鮮戦争まで現役で使われた。

八十一号作戦

二月十六日、二〇四空は、森崎中尉の指揮下、三小隊九機で十一時十五分から十三時十五分まで船団上空哨戒任務に就いている。敵は現れなかった。杉田は第二小隊二番機で飛んでいる。

ガダルカナル島攻防とは別に、ニューギニア方面からマッカーサー将軍率いる連合国軍が押してきて、ニューギニア方面の防衛線を守るためラエ、サラモア、マダン地区への兵力増強が必要になった。また、ニューブリテン島とニューギニアの間にあるダンピール海峡の制空権も失われる可能性があった。

ニューギニア方面は、陸軍が主として担当し、海軍が協力することになっていた。海軍の南東方面艦隊は、可能な限りの海上及び航空兵力を投入し、大輸送作戦を行うこととした。名称は八十一号作戦で、次のような三段階で構成された。「第一作戦（丙三号作戦）」、パラオ島から陸軍第四十一師団をニューギニアのウエワク基地に移送する。「第二作戦（八十一号作戦ラエ輸送）」、ラバウルの陸軍第五十一師団をラエに輸送する。「第三作戦（八十一号作戦マダン輸送）」、陸軍第二十師団の残留部隊をマダンに輸送する。

これらの作戦を成功させるために航空撃滅戦が行われた。二月十七日以降に海軍航空隊は東部ニューギニア方面、ポートモレスビー、ラビを、陸軍航空部隊はワウとブナの攻撃を分担した。

ガダルカナル島方面での敵の動きも活発になっており、ムンダ、ショートランド方面は敵の空襲を受けていた。そのため航空撃滅戦には十分な兵力を割くことができなかった。ラバウルにある航空機の約半数に当たる戦闘機六十機、九九艦爆十機、一式陸攻二十機、水上機十機を八十一号作戦に充てることとなった。

二月十七日、二〇四空は四小隊十二機で八時十五分から十一時三十分まで、船団上空哨戒任務に就いている。敵は現れなかった。杉田は編成に入っていない。

同十八日、二〇四空は、久しぶりに小福田少佐が中隊指揮を執り、五小隊十五機で十四時十五分から十七時十五分まで船団上空哨戒任務に就いている。敵は現れなかった。杉田は第二小隊二番機だった。

このあと月末まで船団上空哨戒任務や基地上空哨戒任務が続くが、ほとんどが少数機によるもので、敵とも遭遇せず、小康状態だった。二〇四空は三月に入ったら「八十一号作戦ラエ輸送」を受け持つことになっており、航空撃滅戦からは外され戦力の温存を図っていたと思われる。

同二十日、丙三号作戦の第一次輸送が実施される。空母瑞鳳戦闘機隊の援護のもとで計画は順調に運んだ。このあと、二十三日の第二次輸送、二十五日の第三次輸送、二十六日の第四次輸送と無事終了することができた。陸軍将兵一万三千六百五十七名と物品の輸送が成功する。

同二十一日、米軍はガダルカナル島から一歩駒を進めて、ルッセル島に上陸を開始した。米軍はブルドーザーなどを使ってすぐに飛行場を造り上げる。

同二十四日、二〇四空では、この日は久しぶりにムンダ方面へ敵機追撃任務で三小隊九機が出撃した。杉田は第二小隊二番機だった。十二時出撃、十五時三十分帰着になっている。敵を発見できなかった。

同二十六日、二〇四空はブイン基地を離れラバウル基地の五八二空と交代する。何もない劣悪な環境のブイン基地から、久しぶりに大規模なラバウル基地に戻り、隊員たちは羽を伸ばすことになる。

ラバウル基地での宿舎は、元英国人が使っていた洋館が充てられていた。昔は英国領の保養地だったラバウルには、広々とした道路の両側に洋館の別荘が並んでいた。山の上には海軍病院があり、大規模な航空廠《しょう》もあった。また、士官用、下士官用と慰安所も並んでいて、飲食など娯楽施設も用意されていた。慰安所はクラブのようなもので、女性に酌をさせて飲食できる唯一の施設だった。

ところで杉田は、激戦の日々から解放され、大いにはめを外していたようだ。『私はラバウルの撃墜王だった─証言・昭和の戦争』の中に、二〇四空の加藤電信員が慰安所で見た杉田をラバウルの思い出として書いている。

「二階の方がなにやらばかに騒々しいので、二人(加藤と戦友)がぎこぎこするような階段をのぼって行くと大勢の戦闘機隊員が一室のなかを見ながらにやら騒いでいる。

なにごとかと思ってのぞいて見ると、なんと杉田兵曹が戸を開けたまま、ベッドの上に大あぐらをかき、右手に女を抱き、左手にサカヅキを持って、女に酌をさせているところだ。その杉田兵曹はもう目がすわって、そうとうに酔いがまわっているようだ。われわれがひやかすと、『おい、くやしかったら、やってみろ！』と反対にやりこめられてしまった」〈引20〉

二月二十八日、東部ニューギニア方面の戦略体制強化のため、第五十一師団の主力約六千九百名の陸軍将兵が、ラバウルからニューギニア島ラエに進出する第二作戦が動き出した。

午後十一時、陸軍輸送船神愛丸（三八〇〇トン）、帝洋丸（六八七〇トン）、愛洋丸（二七四六トン）、建武丸（七〇〇〇トン）、旭盛丸（五五〇〇トン）、大井川丸（六五〇〇トン）、太明丸（三七五〇トン）の七隻、海軍運送艦野島一隻がラバウルを出港した。

この頃、陸軍にも兵員輸送のために相応の陸軍輸送船があった。操船は民間海運会社からの派遣船員が中心にやっていて、船舶砲兵連隊が兵器を扱っていた。護衛は駆逐艦荒潮、朝潮、時津風、白雪、浦波、雪風、朝潮、敷波の八隻である。

日本陸海軍司令部は、この方面での敵航空兵力は、ガダルカナル島方面ほど強力ではないと見込んでいた。また、制空権はまだ日本軍側にあると甘い考えを持っていた。

ラエに向かう船団であるが、ニューブリテン島北方を時速九ノットで西進していた。この日の午後には米軍のB24に発見されてしまう。幸いこのときは天候が悪く攻撃は受けていない。実は、二月二十六日付の米太平洋艦隊司令長官情報報告に「六隻の輸送船が三月五日頃にラエに到着の予定。人数不明の陸兵を乗せた駆逐艦がこの船団以前にラエに到着する予定」〈引14〉という暗号解読情報が記載されていて、米軍は慎重に哨戒を行っていた。やはり事前に、日本軍の作戦は暗号解読されていたということである。

ダンピールの悲劇（ビスマルク海海戦）

三月一日、この日、海軍の定期人事異動が発表され、二〇四空司令の森田大佐、飛行隊長兼分隊長の小福田少佐が内地転勤となった。代わりの司令に杉本丑衛《うしえ》大佐が発令された。飛行隊長は発表がないまま、しばらくは宮野大尉がその任を負うことになった。後日、宮野は兼任で飛行隊長を任ぜられることになる。
同二日、早朝から雲の切れ間をぬってB17、B24、P38、豪軍のボーファイター双発戦闘機など延べ四十機あまりが船団を攻撃するが、すでに上空哨戒中だった零戦十八機で撃退に当たった。敵四機を撃墜するが、陸軍輸送船旭盛丸が航行不能になり、第五十一師団長中野中将以下の将兵が護衛駆逐艦二隻に分乗してラエに先行することになった。二〇四空も八時十五分から十五機で哨戒任務に当たったが、敵機が去ったあとだった。二〇四空は十三時まで哨戒に当たり、午後は陸軍機が哨戒する担当になっており交代したが、再び敵機約二十機が襲ってきた。しかし、天候が悪くなり損害は軽微で済んだ。この日、杉田は編成に入っていなかった。

三月三日、日本軍は「第八一号作戦」のもとに、ニューギニアのラエに陸軍第五十一師団の上陸を行うため輸送船で移動していた。そこに米陸軍第五空軍の爆撃機延べ百数十機が襲撃し「ダンピールの悲劇」と呼ばれる大きな被害を出してしまう。

この日、二〇四空は船団哨戒任務に当たっている。五時三十五分に一直の四小隊十二機が飛び立っている。指揮官は宮野大尉。空戦が行われ、九機撃墜（不確実二）という戦果を上げているが、西山静喜二飛曹が行方不明と記録されている。九時五十五分に森崎中尉のもと二直九機が出撃しているが、すでに戦いが終わったあとであった。杉田は第一小隊三番機に編成されていた。

『ラバウル海軍航空隊』には、次のように記述されている。「三月三日にわが船団の攻撃に参加したのは第一次がP38三十機、B17十五機、A20四十機で、第二次がP38二十二機、B26六機、A20数機であった。

なお連合国軍の魚雷艇は、三日夜、損傷した輸送船を攻撃し、四日には残存していた駆逐艦一隻を撃沈したとのことである。そして、この攻撃の成功により、日本軍はラエやサラモア方面への輸送に輸送船や駆逐艦を使いにくくなったので、その後は潜水艦や小型船舶によるほかはなくなったと見ていた」〈引10〉

この日の敵が艦船に行った攻撃は、スキップボミングという爆撃法であった。米軍機が行ったスキップボミングというのは、爆弾を海面近くから水切りのように投下角度を浅くし、水面を跳ねていって命中させる方法である。米軍の行ったスキップボミングは格段に命中率が良く、二回の攻撃で約九十機が二五〇キロ爆弾を投下し、四七パーセントの命中率だった。通常の急降下爆撃の命中率が一五パーセント前後であることから、格段の効果だったことが分かる。後日、日本海軍航空隊も反跳爆撃として取り入れるが、これはまったくうまくいかなかった。

この攻撃により、輸送船七隻、運送艦一隻、駆逐艦荒潮、朝潮、白雪、時津風が沈められた。わずか十数分で、陸軍の上陸部隊三千六百名が戦死する。目的地のラエに到着したのは、第五十一師団長を含め八百五十七名だった。翌日の駆逐艦乗員などを含めると五千名以上が失われ、輸送作戦は失敗した。

この作戦が完全に失敗したことで、関係者はそれぞれ敗因を分析しているが、航空兵力に圧倒的な差がついたことが共通認識であった。特に、この日の攻撃は豪軍を除けば、すべて米陸軍機だったことが注目に値した。奥宮正武は、『ラバウル海軍航空隊』の中で次のように指摘している。

「第三次ソロモン海戦が象徴しているように、わが輸送船団を全滅かあるいはそれに近い状態にしたのは、主として米海軍機であった。が、今回は全く事情が異なっていた。攻撃に参加した敵機には一機の米海軍機も含まれてないと判断されたからであった。この点に連合艦隊司令長官山本五十六大将の眼は鋭く注がれた（戦後の調査によれば、米海軍索敵機が若干数参加している）。当時、南東方面に展開していたわが陸海軍航空兵力が著しく微力であることが、今回の事件によって改めて明白になったことが重視されたことは言うまでもない」〈引10〉

米軍は陸軍機を増加してきていたのに対して、南東方面における日本軍航空兵力の損耗が激しかった。ラバウル、ブイン、ブカ、カビエンに展開している各航空隊の定数は三百四十八機であるのに、相次ぐ損耗で作戦可能な実数は零戦九十機を含んでも約百六十機までに減っていた。

もともとこの輸送作戦は航空の劣勢から無理と思わ

れていたのに、甘い状況判断のまま作戦を押し切ったことが各方面から指摘された。これまでもガダルカナル島での輸送に使うなど駆逐艦のみが牛馬のごとく使われていて、現場の不満も高まっていた。しかし、すでに主力艦艇を動かすための石油が十分にはなくなっていたことも考えねばならない。

三月四日、この日も二〇四空は二直に分けて船団上空哨戒任務に就いている。このときの船団名は戦闘行動調書に書かれていないが、二十四機の零戦を派遣していることから、前々日にラバウルから出港していた駆逐艦村雨と峯雲の護衛と思われる。

一直は早朝五時三十分から小福田少佐に率いられて四小隊十二機で、二直は入れ替わるように九時十五分から十三時四十分まで森崎中尉が指揮をして四小隊十二機、計二十四機の出撃であった。杉田は一直の第一小隊三番機だった。一、二直ともに敵機とは遭遇していない。

翌日から、連合国軍機がダンピール海域で沈没し漂流している生存者と、その救助活動を行っている日本軍艦艇に対して掃討戦を行っている。このとき、数日間にわたって連合国軍の航空機ならびに魚雷艇が漂流中の日本軍生存者を機関銃で掃射し、のちに連合国軍内で問題となった。

三月六日、「ダンピールの悲劇」のあとも米軍は攻撃の手を緩めなかった。前日、ラバウルに戻ったばかりの駆逐艦村雨と峯雲が沈没する。両艦は早朝ラバウルを出発、補給物資として米入りのドラム缶や弾薬などをブインで積載し、コロンバンガラ島へと向かったところ、米巡洋艦三隻、駆逐艦三隻の攻撃を受けた。米軍側はレーダーと哨戒機によって日本軍側の動勢をつかんでいて、待ち伏せ攻撃を仕掛けたため一方的な展開となった。この一連の敗北は、連合国軍が勢いを付けて南東方面を攻め上がってくる危機感を深めた。山本長官に、次なる手を打たねばと圧力をかけることになる。

三月七日、この日、小福田少佐が二〇四空隊員たちの「帽フレ」に見送られ、輸送機でラバウルを発ち内地へ向かった。小福田と宮野が二人で築いてきた新しい空戦への改革時代もこれで一区切りとなった。二人が育てた若い搭乗員たちは確実に力を付けてきていた。

三月十四日、二〇四空は、午後から川原茂人中尉を指揮官として、零戦二小隊六機が船団上空哨戒任務に出撃した。哨戒任務は異常なしであったが、今井飛長が行方不明になっている。川原は、小福田と入れ替わりに着任したばかりであった。闘志をあらわにした青年士官で、手を抜いているとすぐに鉄拳で気合を入れられるので杉田たち下士官兵たちも緊張を強いられた。

この頃の二〇四空は、零戦も搭乗員も消耗していた。最激戦地ということで、このあとベテラン搭乗員たちが補充されてくる。

第三段作戦

三月十五日、大本営海軍部は陸軍部とともに第三段作戦を詰めていた。この日、軍令部総長永野修身《おさみ》大将が山本連合艦隊司令長官に「大東亜戦争第三段作戦帝国海軍作戦方針」を指示した。作戦方針には「東亜海域に来攻する敵艦隊及航空兵力を撃滅し、且敵海上輸送路を破壊すると共に、速に帝国自彊《じきょう》必勝の戦略態勢を確立し、以て敵の戦意を破摧する」と書かれていた。ミッドウェイでうまくいかず、ガダルカナル島も退いてしまった今、敵艦隊と航空兵力と海上輸送路を撃滅して和平交渉に持ち込みたいという意味が、そこにあったのかもしれない。「連合艦隊司令長官の準拠すへき作戦方針」にも次のように書かれていた。

「一、速に航空兵力を捕捉撃滅し、制空権を確立するに努む。二、基地航空兵力の主力を南太平洋方面に、一部兵力を南西方面に配備して、敵航空兵力及進行部隊を捕捉撃滅すると共に、敵の前進基地に対する補給輸送路の攻撃遮断を徹底す、一部兵力を以て本邦東方及北方を警戒す。三、母艦航空兵力の主力を太平洋方面に、一部兵力を機宜《きぎ》南西方面に配し適時機動作戦を実施すると共に、集散離合を適切ならしめ、激撃作戦を以て敵の艦隊を撃滅するに遺憾なきを期す」

具体的には基地航空兵力をもって制空権を取ること

が先決であり、そのために南東方面での航空戦が最重要となるということだ。母艦航空兵力を動かすための燃料がギリギリとなっていて、もはや機動作戦を行えないという事情があった。南東方面における海軍航空部隊（基地航空部隊）の実動機は約百六十機しかない。ちなみに陸軍戦闘機の実動機は一式戦闘機四十機を含む八十機程度であった。そして、日本軍への新造機の補給は定数を満たすことはなく、日本軍側の搭乗員の損失へのカバーも十分でなかった。

一方、米軍側はガダルカナル島方面とニューギニア方面のそれぞれに約三百機を配置していた。しかも米軍には、本国から続々と新型機が送られてきている。米海軍機が活躍していた南東方面であったが、前述のように「ダンピールの悲劇」は、これまで軽視してきた米陸軍機だけによるものだったことが、連合艦隊司令部に衝撃を与えていた。米軍側の実力が増加してきていることは確実だった。

「速に航空兵力を捕捉撃滅し、制空権を確立する」という命令をどう展開するか、山本長官は、連合艦隊の母艦搭載機を派遣し、基地航空兵力と合わせて南東方面の敵航空兵力を叩くことを決断する。今叩かねば、今後はますます戦力に差がついていくことが明白だった。

小澤治三郎麾下《きか》第三艦隊の航空兵力は、空母瑞鶴、瑞鳳、隼鷹、飛鷹に搭載する零戦百三機、艦爆五十四機、艦攻二十七機の計百八十四機である。前述のように第十一航空艦隊（基地航空部隊）の実動機は百六十機で、その内訳は二〇四空、二五三空、五八二空、七〇五空、七五一空合わせて零戦九十機とその他七十機の計百六十機あまりであった。母艦航空兵力に基地航空兵力を合わせても、三百五十機に満たない機数だった。真珠湾攻撃のときは、六隻の母艦航空兵力だけで三百五十機は超えていた。しかし、数は少なくなっても、まだいくさ慣れした搭乗員が各部隊には残っている。山本は、起死回生の作戦にかけた。

作戦名は「い号作戦」と名付けられた。新しい出発点を期すという願いから、「いろは」のいの字を当てた。そして、この作戦実行のために、山本は連合艦隊司令部を戦艦武蔵からラバウル基地に移し、自ら陣頭指揮を執ることにした。作戦は四月三日から実施することにして、さっそく準備に取り掛かった。

三月十八日、二〇四空は、三小隊九機が敵機追撃に上がったが、敵を発見できず一時間後に基地に戻っている。内地から来たばかりの川岸一飛曹が第三小隊一番機となり、杉田はその二番機として飛んでいる。

同十九日、二〇四空は、朝八時半くらいから宮野の指揮のもと、七小隊二十一機の大部隊で敵船団攻撃隊直掩任務に出撃している。杉田は、第二中隊第一小隊の三番機として飛んでいる。一番機は森崎中尉であった。長時間の直掩であったが敵とは遭遇せず、ラバウルに戻ったのは十三時三十分であった。

二〇四空日常

この頃の二〇四空搭乗員の日常生活が、第２０４海軍航空隊編による『ラバウル空戦記』で紹介されている。

「飛行場で待機しているとき、よくトランプやオイチョカブをやった。いったん出動すれば死が待っているかも知れない。いやなひとときのはずだが、タバコをかけたバクチに彼らは打ち興じた。中には大前田英五郎とか、清水次郎長とか、有名な親分衆の名前を付けて、よろこんでいるものもいた。出動ともなれば、『帰ってきたら続きをやろう』と言い合って出て行くが、そのまま帰ってこない戦友もあった。飛行場から宿舎に帰るときはトラックの荷台だが、トラック上ではいつも大合唱がはじまる。今日も生きのびたという喜びが、彼らをよりいっそう解放感にかり立てた」〈引12〉

彼らが育った時代、ラジオ放送が最大の大衆娯楽であった。昭和十六年でのラジオの世帯普及率はほぼ五〇パーセントに上っていて、特に大人気だったのが浪曲である。二代目玉川勝太郎の「天保水滸伝」〈大前田英五郎が出てくる〉や二代目広沢虎造の「清水次郎長伝」などの名シーンは、たいがいの若者はそらんじていた。広沢虎造の「国定忠治」の中には「ニッコリ笑って人を斬る、鬼よりこわい国定忠治」という名台詞がある。杉田が三四三空時代に口にする「ニッコリ笑へば必ず墜す」もこのセリフからきている。

夜になると若手の搭乗員たちは、酒盛りをしたり脱柵をして慰安所に遊びに行ったりして、束の間の青春を謳歌していた。第二〇四海軍航空隊編の『ラバウル空戦記』から続けて抜粋する。

「そのうち『今晩、行こうか』ということになる。お目当ては慰安所、もちろん正式の外出許可などないから無断で脱柵。といって宿舎の外に柵はないし、さいわい慰安所はそんなに遠くない。どういうわけか二〇四空の搭乗員連中は要領がよく、それぞれちゃんと彼女をつくってあった。事前にうまく連絡がとれていれば、彼女たちは時間をあけて待っていてくれたし、戦闘機の発着を見ていれば、今晩来てくれるかどうか、予感でわかったらしい。男女の仲は、たとえ明日をもしれぬ戦闘機パイロットと、さすらいの慰安婦の間であっても通じ合えるものがあったのだ。数人でドカドカと部屋に上がり込むと、彼女はすでにキレイに化粧して待っていた。彼女の仲間たちも二、三人集まって来て、落下傘の袋に入れてきたビールや缶詰類をさかなに、若い者同士の団らんがはじまる。あまり遅くなるとまずいので、午後十時ごろにはさっと引き揚げる。途中警戒の巡邏《じゅんら》にぶつかると、士官の襟章を付けてごまかしてしまう。皆二十歳前後、はち切れんばかりの若さのままに、奔放に生きた毎日であった」〈引12〉

慰安所では遠慮せずに酒が飲めた。搭乗員たちはある程度わがままが許されていて、脱柵での夜遊びも黙認されていたらしいが、翌日には四時、五時に出撃しなければならない日もあり、羽目をはずして大騒ぎというのはなかった。しかし、整備員や基地員たちはそういうわけにはいかない。

戦闘機隊の出発は早朝が多い。前日、被弾したり故障を起したりした零戦の整備は、どうしても夜中までとなる。日中は日中で敵襲がある中での通常業務が待っていた。

烹炊員《ほうすい》の河原田主計科兵曹が、第２０４海軍航空隊編の『ラバウル空戦記』の中に次のような記録を残している。

「不安と期待をもってラバウルの二〇四空に入った。それからというもの、先輩に追い回されての烹炊作業、物資受領のための軍需部行き、風呂当番に食事当番、洗濯（自分のではない）などに明けくれる毎日の生活だった。しかも、海軍独特の『総員整列』という制裁が、ここ第一線に来ても昼夜を問わず行われた。バッタでなぐられ、寝床に入ってからも激痛の走る尻のため、眠れぬ夜を過ごした」〈引12〉

命をかけて戦闘に明け暮れる搭乗員がかなり優遇されていたのに対し、兵種によっては海軍の閉鎖的な日常があった。

潜水艦による補給物資輸送

三月二十日、二〇四空は、早朝五時から「遭難潜水艦上空哨戒」任務に三小隊九機の零戦で出撃している。おそらく米軍に襲われた潜水艦の救助要請によって出動したものと思われる。潜水艦は発見できず、敵とも遭遇せずに九時五十分に基地に戻っている。

前線への補給物資輸送は潜水艦の任務になっていた。本来は、米軍の本国からの戦線への補給物資輸送を断つことに働かねばならないはずの潜水艦が、輸送艦のような任務のために動かざるを得なかった。このことは、戦略的にみれば潜水艦作戦の大失敗である。米軍にとっても日本軍より遠距離での補給を確保しなければならず、南方作戦での最大の弱点であったはずである。『ニミッツの太平洋海戦史』の中にある「太平洋戦争と潜水艦」という章にこう描かれている。

「第一次大戦においてドイツのUボートがあげた戦果や、また第二次世界大戦の大西洋戦における連合軍船舶の大損害にもかかわらず、日本側は通商破壊兵力としての潜水艦の大きな価値を頑として認めようとはしなかったのである。日本側はただに連合国の船舶攻撃に対する潜水艦兵力の使用計画をもっていなかったばかりでなく、自国の商船隊を護送する計画もまた同様に持ち合わせていなかった。日本の潜水艦用法の第一義は、もっぱら艦隊作戦の支援にその兵力を注ぎこむにあった。」〈引14〉

ここでも日露戦争来の艦隊決戦でこそ勝敗が決まる

という成功体験が、日本海軍首脳部に根付いていたことがうかがわれる。

実は、開戦前に山本長官は潜水艦の運用についてはこのように海軍経理局長の武井大助に述べていた。このとき、武井の部屋に入るなり鍵を閉めさせてから、「僕は、あれだけ戦争に反対して、本来なら海軍辞めるべきなんだが、どうしても辞めるわけにいかなかった。こうなったら、一つの手は、とにかく南洋に潜水艦をうんとばらまいて、相手に蜂にたかられるような思いをさせることだ。蜂にブンブンやられたら、牛でも馬でも参りはしないが、閉口するだろう。アメリカは、例の通り世論の変わり易い国だから、こんな熊ン蜂みたいなものと、戦ってもしようがないという気持を、早く相手に起こさせるよりほかは無い」〈引3〉と言っている。

しかし、ガダルカナル島への補給物資輸送を最優先せざるを得ない状況で、すべての策が封じられてしまう。米海軍は日本の潜水艦の行動について暗号を解読してつかんでいた。そして、駆逐艦によるハンターグループを組織し、常に日本潜水艦の動きを追いかけ攻撃を仕掛けていた。撃沈された潜水艦は十八隻に及んだ。

日本軍よりも遠距離から補給物資を運ばねばならない米軍であったが、日本軍の潜水艦が手薄になったこともあり、オーストラリアとのシーレーンはしっかり確保され、ガダルカナル戦の一大補給基地が築かれていた。ガダルカナル島攻略戦のあと、米軍の補給は弾薬、兵器、糧食、衛生用薬品などを四十五日分は保持しておくよう計画されていた。

三月二十二日、二〇四空は、この日も二直交代で「潜水艦上空哨戒」任務に就いているが、潜水艦を発見できなかった。一直三機は朝五時から八時まで、二直三機は七時三十分から十時十五分までである。どの直も敵とは遭遇しなかった。杉田も編成に入っていない。

三月二十八日、二〇四空は早朝からオロ湾敵艦船攻撃艦爆攻撃に出撃し、敵三十機と交戦し大戦果を上げている。第204海軍航空隊編『ラバウル空戦記』に次のように書かれている。

「川原茂人中尉指揮の二〇四空零戦隊十二機は、二五三空とともにブナ付近の敵艦船を攻撃する艦爆十八機の直掩隊として、攻撃を成功させたばかりか、かなりの敵戦闘機を墜とし、艦爆一機をのぞき全機無事帰ってきたのだ」〈引12〉

艦爆隊の戦果は、軽巡洋艦一隻大破、大型輸送船一隻撃沈、戦闘機隊の戦果は撃墜十二（二〇四空は撃墜六）、不確実一であった。この日、杉田は編成に入っていない。

四月一日、ルッセル島航空撃滅戦に十二機で出撃するが、敵三十機と遭遇し、川原中尉と杉山二飛曹が未帰還となる。

川原は三月初めに着任し、初陣で大戦果を上げてから四日後の戦死であった。

第五部　山本長官護衛

い号作戦

昭和十八年（1943）四月三日、連合艦隊司令部がトラック島の戦艦武蔵からラバウルに移された。い号作戦の指揮を、艦隊司令部自ら前線で執るためである。山本長官は、トラック島から幕僚を引き連れ、飛行艇二機に分乗して、ラバウルに向かった。

司令長官の将旗が、ラバウル市内の臨時司令部に掲げられた。艦隊司令部が艦隊の旗艦から離れて陸上基地に置かれるのは、海軍七十年の歴史で初めてのことであった。ラバウルに着いた山本は、搭乗員たちを集め直々に訓示を行っている。

「今、われわれはもっとも苦しい戦いを続けている。だが、こちらが苦しいときは敵も苦しいはずである。貴重な母艦の航空勢力をラバウルに進出させたのも、この苦しさを乗り越えて血路を切り開かんがためである。諸子に期待するもの、すこぶる大である。健闘を祈る」〈引12〉

い号作戦は、四月七日から十五日にかけて四つの攻撃作戦で組み立てられていた。

X攻撃作戦は、攻撃予定地がガダルカナル島方面で、攻撃参加部隊は第三艦隊と第十一航空艦隊。

Y攻撃作戦は、攻撃予定地がポートモレスビーで、攻撃参加部隊は第三艦隊と第十一航空艦隊。

Y1攻撃作戦は、攻撃予定地がラビ方面で、攻撃参加部隊は第十一航空艦隊。

Y2攻撃作戦は、攻撃予定地がブナ方面で、攻撃参加部隊は第三艦隊。なお、第三艦隊は母艦航空隊、第十一航空艦隊は基地航空隊である。両航空隊の零戦、艦爆、艦攻を合わせても三百五十機弱であった。

ラバウルに進出していた連合艦隊司令部は、各飛行部隊の出発を連日見送った。山本長官は、トラック島でもそうしていたように、毎回白い二種軍装を着て指揮所に立ち、白手袋で敬礼を行って零戦隊を見送っていた。

X攻撃作戦

四月七日、X攻撃作戦初日。二〇四空は、九小隊二十七機の零戦でルッセル島及びガダルカナル島に出撃した。指揮官は宮野大尉。当日は、生還を期さない決死の覚悟を示すため全員落下傘バンドをつけず、新しいふんどしと真っ白なマフラーで離陸した。杉田は第三中隊第二小隊三番機であった。

第２０４海軍航空隊編による『ラバウル空戦記』〈引12〉に、この日の空戦の詳細が掲載されているので、これを参考に戦闘行動調書と併せて以下記述する。

スコールの降る中、基地員たちの「帽フレ」に見送られ早朝に離陸。一足早く離陸した艦爆隊八十機は、ブインに着陸し燃料を補給して待機。戦闘機隊もラバウルからブカに移動し燃料補給、二五三空と合流後、指揮官からの指示を受けて十時十五分ブカを発進した。

ガダルカナル島までは片道約五百浬《かいり》（約九三〇キロメートル）ある。途中でブインからの艦爆隊と合流、二百五十機の大編隊となる。高度五〇〇〇メートルの艦爆隊とその上を飛ぶ戦闘機隊がそのまま約一時間半飛行し、チョイセル島あたりから戦闘区域と判断し、徐々に高度を下げていった。

十二時三十分、ガダルカナル島手前のルッセル島上空から米軍の対空砲火が始まり、被弾して墜《お》ちていく機も出てきた。十二時四十五分、エスペランス岬直前で編隊は大きく左に変針する。Ｆ４Ｆ及びＰ38数十機を発見するが敵飛行場上空の制圧、攻撃支援をすることが任務のため、構わず高射砲の弾幕の中を進む。高度を下げていきツラギ、ルンガ地区に接近、先行する制空隊が空戦している中を艦爆隊は敵艦船をめがけて攻撃を行った。あたりは火炎や黒煙に包まれた戦場となり、あちこちで空戦が見られた。やがて次第に雲が広がりはじめて、視界が悪くなり、艦爆の動きも見えづらくなる。

そのまま中隊単位のばらばらな空戦が始まり、

二〇四空も約三十機の敵戦闘機を発見、うち十機と交戦し五機撃墜した。野田飛曹長、白川二飛曹、小林飛長が各一機、日高上飛曹と今関二飛曹が協同で二機撃墜と報告されている。初陣の村田飛長が空戦で炎上、自爆した。戦果は、巡洋艦一隻撃沈、駆逐艦三隻撃沈、大型輸送艦十一隻、敵機撃墜四十一機と報告されたが、過大な報告であった。この日の戦いはフロリダ島沖海戦と名付けられた。

Y攻撃作戦

四月十一日、い号作戦のY2攻撃作戦（ブナ方面オロ湾への攻撃）が母艦航空隊によって行われた。七十二機の零戦と艦爆二十一機による攻撃で掃海艇一隻撃沈、貨物船一隻大破という戦果であった。この戦果報告も過大であった。米陸軍のP38やP40約五十機が迎撃に上がってきたが、連日、日本陸軍機と交戦していて練度が高く、攻撃隊の零戦二機、艦爆四機が撃墜された。二〇四空の零戦九機が、朝五時半からフィンシュ輸送駆逐艦上空哨戒任務に就いていたが、敵と会うこともなく任務を終えている。この日、杉田は出撃していない。

同十二日、Y攻撃作戦が実施された。ラバウルから陸攻隊を援護してポートモレスビーへ攻撃を仕掛ける作戦で、零戦百三十機と一式陸攻四十四機が出撃する計画である。

戦闘行動調書によると、二〇四空は、早朝四時三十五分からポートモレスビー方面の敵航空兵力及び艦船の偵察を行っている。同、四時五十分に敵機が偵察のため来襲し、追撃に上がった杉原繁弘飛長がガゼル岬付近海上に不時着、戦死している。六時二十二分になると、再びモレスビー方面へ「攻撃前ノ敵情並途中進撃時天候偵察」の任務に偵察機が発進している。六時四十五分、宮野大尉指揮下で零戦八小隊二十四機が出撃した。杉田は第二中隊第一小隊三番機に編成されている。小隊長は野田隼人飛曹長である。モレスビー上空で敵戦闘機十六機と空戦になり、齋藤章飛長、黒沢清一飛長、坂野隆雄飛長が各一機、尾関行治上飛曹と中根政明飛長が協同で一機を撃墜した。

同十三日、この日も朝から二〇四空は大忙しだった。早朝四時三十分から「基地上空哨戒」に三小隊九機が出撃しているが、敵とは遭遇していない。続いて、九時頃から「駆逐隊上空哨戒」で再び二小隊六機が出撃したが、やはり敵と遭遇していない。午後になると敵機来襲の警報で、三たび三小隊九機が「敵機追撃」に飛び立っている。このとき、杉田が第一小隊二番機として飛んでいる。敵を発見できずに四十分で基地に戻っている。

この日の追撃は戦闘行動調書に記録が残っているが、敵機来襲時の追撃は準備のできた零戦に早い者順で飛び乗って出撃しており、調書の記録も詳細に書かれていない。

前線視察の電報

同じく四月十三日、第八艦隊及び南東方面艦隊司令部より、ブインの第一根拠地隊、二十六航戦、十一航戦、九五八空の各司令官とバラレ守備隊指揮官宛に山本長官前線視察の連絡が無線で通知される。

「四月十八日、六時中攻（一式陸攻）二機にてラバウル発。八時バラレ着。八時四十分、駆潜艇でショートランド基地を視察。九時四十五分ショートランド発、十時三十分バラレ着。十一時中攻でバラレ発、十一時二十分ブイン着。十四時中攻でブイン発、十五時四十分ラバウル着」

調整時間も取らない分刻みの行程で、滞在時間も少なく駆け足での視察激励であった。事前準備するように極秘暗号で各視察先に連絡を送っているが、このとき、米軍もこの暗号無線をしっかり傍受していた。

米軍は日本海軍の暗号（米軍は「JN－25」の名称を付けていた）を、電動式暗号解読機によって即時解読できるようになっていた。全文解読できていたわけではないが、穴空き文くらいまで精度を上げており、日本に精通している研究者たちによって、最後の穴を埋める作業が行われていた。そして、たとえ解読した内容に基づいて作戦を行う場合でも、解読したことを日本側に悟られないように偶然を装い、暗号解読によることをひた隠しにしていた。

この山本長官の前線視察についてもすぐに解読チームが動いて、その行程をつかんでいた。日本軍側は、暗号が解読される恐れはないと信じていたが、それは米軍が暗号解読についての情報を前記のように徹底的に漏れないようにしていたことによる。

もう一つ日本側に気の緩みを与えた要素として、四月一日に乱数表を更新したことがある。乱数表が変わると、暗号解読機でも数日間は対応できなくなる。日本軍司令部は、暗号が解読されているとは思わなかったが、それ以上に乱数表を変えたばかりという安心感を抱いていたに違いない。

暗号解読については別の説もある。昭和十八年の一月に、イ号第一潜水艦が米艦と交戦した後に座礁してしまう。このとき、「補足乱数表」が米軍の手に渡ったのではないかという説である。「補足乱数表」があると、乱数表の改訂による変更点をより早く解読できる可能性が高くなる。

米軍の記録によると、詳しい行程や護衛機の機数まで解読していたことが分かっている。視察日が近づくと、暗号による指示が頻繁に出されていたようだ。第204海軍航空隊編の『ラバウル空戦記』の中に護衛機搭乗員の一人だった柳谷飛長の懸念が語られている。

「三十分ないし四十分おきぐらいに、視察する基地の司令あてに、ひっきりなしに無電を打っていたのが、わたしの心に一抹の不安を抱かせた」〈引12〉

この無電が当日なのか事前なのかは不明であるが、連合艦隊司令長官を粗相のないよう迎えるようにという日本式忖度《そんたく》が強く働いていたのではと推測できる。

訪問先宛ての暗号電文が届くと、各基地では宿舎や基地内の清掃を行っている。当然、基地の隊員たちはその意味を知ることになる。朝、昼、晩と空襲がある合間をぬって、基地や滑走路の大清掃を行っていれば、上部からの視察があるのでは、とうわさが出るのは当然だ。ラバウルには連合艦隊司令部が置かれている。「い号作戦が大成功に終わった」という文脈から、連合艦隊司令部の幹部が来るに違いないと推測ができる。視察の数日前には兵隊まで筒抜けだったようである。そして、最前線基地では出入りする地元住民による情報漏洩《ろうえい》も日常的にあった。緊張感のない極秘視察になっていたのだ。

日本軍側の気の緩みを感じさせる最後の要素は、ブインと米軍基地のあるガダルカナル島の距離だった。この間を往復して戦闘までできる航空機は、米軍には存在しないという思い込みがあった。事実、どんな米海軍戦闘機もブイン上空まで来ることはできなかった。しかし米陸軍のP38戦闘機だけは例外で、増槽《ぞうそう》(落下式燃料タンク)を付ければかろうじてこの距離を往復して戦闘時間を十分ほど確保することができた。また、P38による単独偵察飛行も日常的に行われていた。そこまで可能性を検討したかどうかは分からないが、ヘンダーソン基地のP38戦闘機は数機しか残っていないと報告されており、懸念は無視されていた。実際には第三三九戦闘機大隊にはP38十八機が配置されていて、急遽《きゅうきょ》、特別な増槽を取り寄せ準備に入っていた。

四月十四日、い号作戦も最終段階に入る。この日、ミルネ湾及びラビ飛行場に対する基地航空部隊の攻撃(Y1攻撃作戦)と、同じく母艦飛行機隊の攻撃(Y2攻撃作戦)が同時に実施された。二〇四空は九時にラバウルを出撃し、ミルネ湾への攻撃を行う陸攻隊の直掩《ちょくえん》を行っている。隊長は宮野大尉である。七小隊二十一機の零戦が参加した。杉田は第二中隊第二小隊三番機で飛んでいる。

追撃に上がった敵戦闘機三十四機と空戦になった。野田隼人飛曹長一機、尾関行治上飛曹二機(不確実一)、岡崎靖飛曹一機(不確実)、柳谷謙治飛長二機(不確実一)、中村佳雄飛長一機、齋藤章飛長一機、中根政明飛長一機、田中勝義飛長一機(協同)、そして杉田も一機の計十一機の撃墜戦果だった。十四時二十分に全機無事帰着している。

過大な戦果報告

四月十七日午前、ラバウルの第八根拠地隊司令部で、い号作戦の研究会が行われた。戦果が報告されたが、芳しいものではなかった。奥宮正武の『ラバウル海軍航空隊』に山本長官の評価が載っている。

「戦争の前途が楽観を許さないこと、その勝敗は一にかかって航空戦の成否にかかっている」〈引10〉

山本にとっては、もどかしい思いを持っていたと思われる。奥宮自身も次のように評価している。

「私が最も注目したことは、その戦果に比してわが方の被害の大きいことであった。空中戦闘での四十三機の他に、四月十二日、B17三機の空襲により、ラバウルの地上で五機以上が、使用不能になっている。僅か十日ばかりの間に約五十機の損害は、作戦開始前の予想よりはるかに大きかった。また、機材の損失にもまして気掛かりであったのは、搭乗員の質の低下であった」〈引10〉

実際はもっと深刻であった。相当数の戦果があったと分析をしていたが、米軍の被害は軽微だったのだ。戦闘機や艦爆からの戦果報告は、実際の米軍の被害をかなり上回るものだった。特に毎日のように敵機と空戦を行っていた基地航空部隊よりも、前線に出ることの少ない母艦搭乗員の戦果確認が過大になっていた。煙を吐いて落ちていく米軍機を見て撃墜と報告しても、実際は被弾して煙を吐きながら米軍機はそのまま飛び続けていく。日本機なら潔く自爆の道を選んでしまうのだが、米国では最後まで諦めないで生き延びていることが多い。

基地航空隊の搭乗員たちは、タフな米軍機を嫌というほど見てきた。しかし、母艦搭乗員にはベテランがあまりおらず、士官も経験が少ない者ばかりで再編成したばかりだった。士官が撃墜を確認しなければ撃墜不確実となるのだが、敵味方が高速で飛び交う空戦の場での確認は難しく、どうしても戦果は過剰になってしまうのだ。『修羅の翼』の中で当時五八二空分隊士だった角田飛曹長は次のように述べている。

「そのあまりにも現実離れした勇ましい勝報に寒心に耐えなかった。X作戦は、決して私は勝ち戦だったとは思えなかった。空戦に限っては、あるいはこちらの被害のほうが多かったのではないかとさえ思っていたので、これでは上層部の判断を誤ることにならない

かと心配だった」〈引16〉

宇垣纏《まとめ》の『戦藻録』に記録された戦果では、「日本側が撃沈した敵艦だけでも大型輸送艦六、中型輸送艦九、小型輸送艦三、巡洋艦一、駆逐艦二、撃墜した航空機は百三十四機」だった。米軍の実際の被害は『ニミッツの太平洋海戦史』によれば、「駆逐艦一隻、コルベット艦一隻、給油艦一隻、輸送船二隻を撃沈し、二十五機の破壊」〈引14〉である。また、米軍は日本機を四十機墜したと判断していたが、実際の日本の航空機の損害状況は戦闘機二十五機、艦上爆撃機二十一機、陸上攻撃機十五機の計六十一機だった。日本軍は機、戦果を多く見積もり、米軍は戦果を実数よりシビアに判断していたことになる。

反対はなかったのか

山本の前線視察に対して、「無謀と思える計画を誰が計画したのか、反対はなかったのか」と多くの本が触れている。計画の立案者は不明であるが、具体的な視察計画は南東方面艦隊航空乙参謀の野村了介少佐が立てたといわれている。当初から司令部内で反対の声が出たが、山本が自身で反対を押し切って遂行したともいわれている。計画を知った幹部や部下たちが、止めさせようと動いたことが記録に残っている。しかし、それだけ多くの人に知られていたということは、情報管理の甘さをも露呈していることになる。

視察前日に山本は、ラバウル地上部隊の最高指揮官である第八方面軍司令官の今村均中将と昼食を共にしている。前述のように山本と今村は心を許せる友としての付き合いをしていた。その席上で、今村は視察の中止を進言している。今村は、二カ月前の二月十日、山本の視察と同じコースでブーゲンビル島南端のブインへ飛んだ際に、襲撃に遭いかろうじて難を逃れた経験があった。その日、今村は海軍の一式陸攻に乗せてもらい、糧秣《りょうまつ》なしで長い間戦っていた部下の将兵を見舞うためにブインへ向かう。あと十分で着陸というときに不意に米戦闘機が現れた。一式陸攻操縦員の咄嗟《とっさ》の判断で雲の中に突っ込み、雲中で旋回を続け、かろうじて逃げおおせたのだ。山本受難の行程と同じである。しかし、この忠告にも山本は、そのときの海軍の操縦員の処置に満足した様子を見せたが、ブイン行きを止めるとは言わなかった。

また、山本の長年の友人でもあった第十一航空戦隊司令官城島高次少将も「狂気の沙汰」と言って、任地のショートランドから急遽ラバウルに戻り止めさせようとした。阿川弘之の『山本五十六』の中にその場面の描写がある。

「城島高次少将は、四月十三日の電報を見ると、自分の幕僚たちに、『こんな前線に、長官の行動を、長文でこんなに詳しく打つ奴があるもんか。君たち参考のために言っとくが、こんな馬鹿なことをしちゃいかんぞ』と言い、山本長官出発前日の十七日、ラバウルに帰って来て、『長官、危険ですから、やめて下さい』と直接山本にそう言ったが、山本は、『いや、もうあちこち通知したし、みんな用意して待ってるから、行って来るよ。あしたの朝出て、日帰りで夕方には帰って来るんだから、待ってろよ。晩飯でも一緒に食おうや』と言って、やはり諾かなかった」〈引3〉

戸川幸夫は『人間提督山本五十六』の中で次のように描いている。

「山本長官が決定をひるがえさないので小沢長官は、連合艦隊幕僚の黒島先任参謀に、『なんとか中止させるように、宇垣参謀長あたりから言わしてみてくれ』と言った。『宇垣さんでも無理でしょう』と黒島先任参謀が答えると、小沢長官はうーんと沈黙に黙り込んだが、やがて『それなら護衛戦闘機が六機なんてことではだめだ。もっとふやさなければ…。その飛行機は俺のところからなんぼでも出すから、参謀長にこっそりそう言っといてくれ。山本長官の耳に入ると、その必要はないと言われるからな』」〈引21〉

そのとき、宇垣参謀長はデング熱のために寝込んでいため、せっかくの小沢長官の申し出も宇垣のところまで届いていなかった。

ところで、高城肇による『六機の護衛戦闘機』に、立案者といわれる野村少佐の戦後の証言が掲載されている。

「最初の計画は、私の原案どおり十八機だった。ところが、イ号作戦の結果、ラバウルの戦闘機隊の整備が間に合わず、当日になって九機しか出せないということになり、連合艦隊参謀と相談した結果、ソロモンの敵も弱ったようだし、ブインの味方の零戦もいるのだから、九機でもよかろうということになった。

当日、東飛行場を離陸したのは、九機であったが、離陸後十分ぐらいで第二小隊長機エンジン不調で引き返したために、列機までがそれについて引き返して、結局、ブインまで擁護していったのは六機だけだった。

ブイン上空で空戦がはじまったのを見て、ブイン基地を急速離陸したのが四機で、結局、空戦に参加したのは十機だったようである」〈引22〉

このあと同書には、護衛機でただ一人戦後まで生き残った搭乗員の柳谷の証言をもとにこの内容に疑問を投げかけ、「野村氏の記憶が、あるいはなにかとダブっていられるのかもしれない」〈引22〉としている。護衛が九機だったということは、野村の証言以外には出てこない。残されている戦闘行動調書にも初めから六機としか書かれていないし、米軍が解読した暗号文にさえも六機と書かれていた。また、たとえ故障で引き返したとしても、戦闘行動調書などを見ると通常は一機が随伴するだけである。ましてや司令長官の護衛ということが分かっていて、三機とも引き返すことは考えにくい。

六機の護衛戦闘機搭乗員たちは、護衛失敗の責任を死ぬべき戦いで償わなければならなかったという記述がいくつかの文献で見られるが、反対にそのようなことを強いられることはなかったという内容の記述もある。ただ、そのような雰囲気はあったのだろう。杉田は、死ぬまでその重荷を背負っていたと思われる。快活で開けっぴろげである性格なのに、山本長官護衛の話は限定された人物に漏らした以外は一切誰にも伝えなかった。また、戦い方に変化も出てきたと思われ、隊長機の護衛を務めとする二番機として信頼をおかれるようになる。

ところで、そもそもなぜ前線視察を行ったのかという疑問も多くの文献が投げかけている。

前線視察を考えていたのは、宇垣参謀長だったという説がある。ガダルカナル島攻防戦は、海軍が立てた米豪遮断作戦の一環として行われ、陸軍が協力する形で上陸した。その陸軍第十七軍が大苦戦を強いられたことに宇垣は大いなる責任を感じていて、撤退が決まった今、ブインに駐屯する十七軍司令部に直々に視察激励に行きたかった。その宇垣の思いを山本長官も察し、寝込んでいる宇垣が行けなくても自分だけでも行くつもりになっていたという説だ。死に場所を求めていたという説もあるが、前後の動静からそれは考えにくいと思う。

護衛を任ぜられたのが二〇四空であった。米軍が傍受した暗号電報に、すでに護衛機は六機とあったことから、早い時期に護衛機数が連合艦隊司令部によって決められていたことが分かる。二〇四空飛行長の宮野大尉は護衛機を六機出せと言われたときに、稼働機全機の二十機で出動すると進言したということが隊員たちの記憶にある。しかし、それには及ばずという司令部からの返答であった。大切な飛行機を割くのは心苦しいという山本直々の却下と伝えられた。

現場にはどう伝えられ、現場責任者である宮野はどう考えていたのか、護衛戦闘機六機の搭乗員で、ただ一人戦後まで生き残った柳谷の証言が、『六機の護衛戦闘機』の中で語られている。

「司令部からの命令がきたとき、われわれの隊長であった宮野善治郎大尉が、ブインには零戦隊もいることだし、こっちからは二十機もつけてやろう、といわれたといいます。ところが、その返事を聞いた連合艦隊司令部から、いや、そんなにたくさんいらない。六機も出してくれればいいといってきたんだそうです。自分の家の庭の空みたいなところを飛ぶのに、そんなに多数の戦闘機を連れていかなくともよい、という考えだったではないでしょうかね」〈引22〉

視察前日

四月十七日午後三時頃、六名の搭乗員に対して杉本丑衛《うしえ》大佐から命令が伝えられる。

「明十八日、連合艦隊司令長官ほか幕僚一行が前線視察のためと兵隊たちの士気を鼓舞するため、一式陸攻二機で出発される。われわれが直掩を命ぜられた」〈引17〉

「わが隊に直接命令が来たとき、二十機を直接に付けることを進言したが、山本長官はたいせつな飛行機をたかが護衛のために、そんなに飛ばせる必要はない、と退けられた。そこで長官のお言葉にしたがって、直掩機は六機にとどめることにした。

しかし、いやしくも援護するのは連合艦隊司令長官である。万一をおもんぱかって、本来ならば二十機どころか数十機もの大編隊で援護すべき場合である。だから選ばれた六名の責任はきわめて重い。諸子は、自重してよくその任務を遂行せよ」〈引12〉

「指揮所黒板に直掩機六機の編成を書いておいたから、搭乗者は今日はゆっくり休め」〈引17〉

書かれていた編成は次の通りである。

第一小隊一番機（全体の指揮官兼第一小隊長）森崎武中尉、二番機辻野上《つじのうえ》豊光一飛曹、三番機杉田庄一飛長、第二小隊一番機日高義巳上飛曹、二番機岡崎靖二飛曹、三番機柳谷謙治飛長。

第一小隊一番機の森崎中尉は大正七年生まれ、神戸高等工業学校（旧制）で在学召集され、飛行科予備学生に志願した。六空に配属され、空母蒼龍に乗り組んでミッドウェイ海戦に参加、負傷している。当時、二〇四空では他に士官がいなくなり、宮野と助け合って二〇四空をまとめていた。辻野上一飛曹は、甲飛予科練五期生で、四月に二〇四空に来て零戦に転換したばかりであった。第二小隊一番機の日高義巳上飛曹は、巡洋艦足利の乗組員としてヨーロッパへの遠征経験を持っていた。その後、操練四十八期として霞ヶ浦航空隊を経て、台南空の搭乗員となる。六空に入ってからは、島川正明と仲が良くなり、ラバウルに出発する前、二人でスッカラカンになるまで飲み明かしている。岡崎二飛曹は、甲飛六期生で任官したばかり、まだ大きな空戦の経験はなかった。柳谷謙治飛長は、昭和十五年に徴兵されてから操縦員を志願し、丙種予科練三期生として杉田の同期になった。年齢は二十四歳になっていた。

前日のことを柳谷は『伝承零戦空戦記2』の中で次のように証言している。

連日の激戦で機数が少なくなっていたが…「それでも二十五機から三十機ぐらいは、常時とべるように整備されていた」〈引23〉。また、ブイン、バラレ基地方面が制空権内にあり、日常的に飛行していて敵機を見たこともないからまったく心配していなかったとして、次のように述べている。

「明十八日の長官機直掩といっても、われわれの気持としては特別の緊張もなかったが、ただ、いくらか名誉的な気分があったかもしれない。まして帝国海軍のシンボルである連合艦隊司令長官が行動するのであるから、危険などということは考えられなかった」〈引23〉

柳谷のこの証言によれば二十五～三十機の零戦が飛べる状態であり、宮野も二十機を提案していたことが分かる。また、制空権内という安心感を隊員たちも持っていて、ブインへ飛ぶことにあまり緊張感を持っていなかったことが伝わる。

四月十七日午後二時、ラバウル西飛行場七〇五空でも一式陸攻二機の編成が発表され、搭乗に際しては服装を整えておくようにと伝達があった。

襲撃

四月十八日六時、快晴。ラバウルの東飛行場の輸送機発着所に、七〇五空の一式陸攻三機が機首を滑走路に向けて直角に並べられていた。待機所の一番近くに山本長官搭乗機、その次が宇垣参謀長搭乗機、そしてトラック島に戻る第二航空戦隊司令長官角田覚治《かくたかくじ》中将の搭乗機という順である。角田は山本と同じく新潟県の槻田《つきた》村（現三条市）出身で、先輩後輩の間柄である以上に個人的にも懇意であった。角田は長官出発を見送ってから出発する予定にしていた。

その日、山本はいつもの白い第二種軍装ではなく、珍しくカーキ色の第三種軍装に身を包んでいた。その上に肩かけのついた革バンドに軍刀を帯びていた。前線に行くためであろうが、これまでの見送るための軍装とは違う覚悟がそこにあったのかもしれない。

六時五分。長官機が出発し、ついで参謀機が飛び立った。二〇四空の零戦は空中で合流した。柳谷は出発の様子を『伝承零戦空戦記2』の中で次のように語っている。

「明けて十八日はいい天候だった。未明に起床し、ただちに飛行場にむかった。朝食は、麦飯と塩マスと塩からい味噌汁で、待機所ですませた。

待機所のまえには、すでに搭乗機六機と予備機二機が、整備分隊員の手で入念に試運転されている。

われわれも飛行帽、ジャケット、落下傘帯、拳銃などを着用し、点検をすばやくすませた。」〈引23〉

当日の、戦闘行動調書には、任務「陸攻直掩」、指揮官「森崎予中尉」(予＝予備)と記入されており、行動経過概要の一行目に「〇五四〇ラバウル発進」と書かれている。

柳谷の証言を続ける。

「指揮官森崎中尉の前輪チョークがはらわれ、発進。つぎつぎと東飛行場を離陸し、所定の編隊を組んで西飛行場へとむかった。その間、何分を要したことか。高度五百メートルで編隊を組み眼下の花吹山に目を転ずれば、祝福するかのように硝煙を吹きあげている。やがて編隊が、西飛行場の上空にさしかかるころ、司令長官以下幕僚を乗せた一式陸攻二機が下方から離陸してきた。さっそくそれと合流した」〈引23〉

一式陸攻一番機の操縦員は、小谷立男飛曹長、二番機の操縦員は林浩信二飛曹で二人とも経験豊かなベテランであった。一番機には、高田軍医長、樋端久利雄航空参謀と副官福崎昇が乗り込み、二番機には宇垣纏参謀長、北村主計長、海野気象長、今中薫通信参謀、室井捨治航空参謀が乗り込んだ。

行程約三百五十浬(約六〇〇キロメートル)だが、ブーゲンビル島及びショートランド諸島の制空権はまだ日本にある。ブーゲンビル島でも敵機の空襲はあったが、それはいつも夜間か、単独または数機による高高度からの水平爆撃であり、戦闘機だけが現れることは通常考えられなかった。繰り返しになるが、米軍の陸上戦闘機が飛来するには、ガダルカナル島基地から遠距離すぎる。かといって近海にいる米空母の情報はなく、海軍機による飛来も考えられない。二時間弱の距離であるが、通常であれば敵に襲われる心配はほとんどない。しかも快晴である。午前中は太陽の方向に向かって飛ぶことになるのが一抹の不安を与えた。敵を発見しにくくなる。懸念はそれだけである。

七時二十分、一行の前にブーゲンビル島が水平線上に姿を現した。六機は高度二五〇〇メートルを保ち、一式陸攻が上位に位置していた。次は『伝承零戦空戦記2』にある柳谷の証言である。

「私は第二小隊長日高上飛曹機に右翼が重なりあうほどに近づいてみた。べつにいつもとは変わっていない。ただ出発のときに彼は白い絹のマフラーを強くしめすぎたのか、襟もとを気にしているようだ。二番機の岡崎兵曹は、相変わらずのヒゲっぽい顔で笑っている。第一小隊長の森崎中尉機は、やや前方にあり、その真下を長官機の一式陸攻ら二機がやや並んで、両翼の日の丸もあざやかに飛んで行く」〈引23〉

計画では七時四十五分にバラレに到着する予定であった。ここまで来ればあと数分で到着である。皆の心には安堵感がよぎった。

七時二十五分、突然、二機の一式陸攻機は編隊を組んだままで高度を下げ始める。敵機だ。高度を下げたのは、低空で進むことにより敵機からの攻撃を受けにくくするためだ。下からの攻撃は防げるし、上空からは狙いにくくなる。果たして、敵機が後方約一五〇〇メートルの高度に現れる。四機のP38戦闘機である。さらに上空高度六〇〇〇メートル付近にも、多数のP38が直掩しているのが見えた。待ち伏せだった。

米軍はP38を二つのチームに分けていた。一つは、長官を狙う攻撃隊でトーマス・ランフィア大尉を小隊長とする四機編隊である。他のメンバーは、レックス・T・バーバー中尉、ジョセフ・F・ムーア中尉、ベスビー・F・ホームズ中尉だった。もう一隊は、ブイン基地から迎撃に来るであろう多数の零戦部隊を迎え撃ち、攻撃隊の邪魔をさせない直掩隊の十二機。全体の指揮官でもあるミッチェル少佐が指揮をしていた。

米軍は暗号の解読で護衛機が六機であることを事前に知っており、ジャングルに紛れるように一五〇〇メートルの高度で攻撃隊四機を待機させ、直掩隊十二機は高度六〇〇〇メートルで待機していた。ブイン基地には多数の零戦がいることは確認済みで、これらに備えるためである。長官出迎えに、数十機の零戦が上空直掩をすると予想していた。直掩隊は出迎える零戦を抑え、攻撃隊は零戦に構わず一式陸攻を攻撃するという作戦だった。

しかし、ブイン基地からは零戦は上がってこない。実は、長官を出迎えるため地上では整列がかかっていた。敵が来ることをまったく予想していなかったのだ。

敵機の出現に一式陸攻の一番機も気付き、すぐに機首を下げて樹海の上空五〇〇〇メートルまで降下した。ブイン基地まで五、六〇キロメートルの距離、わずか数分で着く。しかし、山本長官たちの乗った陸攻が迎撃されるのには十分な時間であった。

七時三十四分、米軍が予定していた到達予定時間より一分早いだけだ。時間と場所を想定していたとはいえ、奇跡のような遭遇だった。一番機は右方向へ、二番機は左へと逃げた。すかさず銃撃を受け、一番機は火炎を上げて樹海に突っ込んだ。

二番機も炎を弾きながらモイラ岬付近の海上に不時着水し転覆した。五分あまりの出来事であった。モイラ岬はブインの基地の近くにあり、見張り員がすぐに大発で二番機の救助に向かった。岸に向かって泳いでくる者を救い上げると林操縦員だった。林は「沖にもう二人、海に放り出されて生きている人がいる。頼む」〈引3〉と、沖を指した。すぐさま大発は沖に向かい、宇垣参謀長と北村主計長を拾った。

P38の行動半径は、特別な増槽を付けて五〇〇マイル（約八〇〇キロメートル）である。ガダルカナル島からブーゲンビル島までは、直線距離で三〇〇マイル以上あり、途中の島嶼《とうしょ》部には日本軍の緊急避難基地が置かれていて直線飛行は難しいことが予想された。迂回航路の半径は四三五マイルとなり、これに空戦を行うとなるとＰ38といえども余裕はほとんどない。ブーゲンビル上空で待ち伏せしている時間は三十分ほどに限られていた。山本がいつも時間通りに行動することを考慮しての作戦で、分刻みで行動予定が立てられていた。日本軍の暗号電文にある時間通りに長官一行が動くことが作戦成功の鍵を握っていた。そして、遠征は時間通りに行われた。

柳谷証言

話を戻して『伝承零戦空戦記2』に書かれている柳谷の証言で撃墜時の状況を追ってみる。

「低く飛んで来たＰ38は、われわれの下を潜って次々と陸攻に斜め後方から殺到しようとする。直掩機は、それらのＰ38を先頭から各個に撃破しようと迎え撃った。それ以外に長官機を守る方法がないのだ。六機では、あまりにも少なすぎる。

Ｐ38はわき目もふらず直進し、一式陸攻の後方でグルリと向きを変えると射撃を浴びせた。零戦は一機ずつそれに襲いかかり、一瞬、激しい攻防が展開された。やっと一機を追い払い、機首を立て直すと、すぐ次のＰ38が長官機目がけて襲いかかる。そのため、ただ一機を追いかけているわけにはいかない。ましてや追撃戦をするには高度が低すぎる。思い切って急旋回上昇し、食い下がるＰ38に変則的な上昇射撃をするというあわただしさ。僚機がはるか彼方で巴戦をしているのが、瞬間だが、わたしの目をよぎった。

と、そのとき、ふと長官機の方を見たわたしは、ハッとした。すでに長官機は、片方のエンジンから黒煙を吐いているのだ。わたしは機首を立て直してＰ38に襲いかかっていったが、胸は暗く動揺した」〈引23〉

先頭のＰ38の群れを撃退している間に、長官機が攻撃を受けていたということである。

佐藤和正による『戦争の素顔』に遭遇時のＰ38と零戦の高度についての柳谷の証言がある。

「発見がおくれたのは、敵機がまさか下からくるとは思っていなかったからです。われわれの目は、常に水平線上を監視するように訓練されていましたから ね。あまり足元は見ません。まったく不意を突かれたわけです。敵機は迷彩をほどこしているし、それがジャングルのまだらな色と重なって見にくかったことは確かです。彼らが西方の海側から直角に侵入してきたことも、われわれの意表を突く戦法でした」〈引24〉

柳谷飛長の証言から、零戦隊の注意は上空の方に向いていて、下方のジャングルにP38が待ち伏せしていることにまったく気付いていなかったことが分かる。二小隊六機しかいないので、一式陸、攻二機の後ろ上方に位置し、目を凝らして上空監視のみしていたのだ。少ない人数での護衛にはどうしてもスキができる。攻撃隊が行動を起こしたことに気付いたときには、もはや手遅れだったということだ。高度五〇メートルまで降りる前に、一式陸攻二機とも火を吐いていた。

このあと、柳谷飛長は編隊から離れ、いったんブインの飛行場に戻って低空飛行でジャングルに向かって二〇ミリと七・七ミリ機銃を掃射し、緊急事態を知らせた。その後、再び敵を追いかけ、ショートランド島方面へ向かっているP38が一機水平飛行しているのを見つけ攻撃する。P38は命中弾を受けガソリンを吹いたが炎上せず、柳谷はそのままP38を追い越してしまう。墜落するところは確認していない。

敵機撃墜を報告しているのは柳谷だけでない。戦闘行動調書を見ると、杉田が二機、辻野上が二機(一機不確実)、日高も一機撃墜、合計六機撃墜と報告されている。詳細は不明であるが、一式陸攻が墜とされた後、零戦隊は死に物狂いでP38を追い回したものと思われる。米軍側の記録では確かに多くのP38が被弾しているが、未帰還機となったのはハイン中尉の一機だけである。

ブイン異変

空戦後、六機の零戦はばらばらにブイン基地に着陸した。柳谷は、このとき滑走路が砂塵を巻き上げないことに気付いたという。『伝承零戦空戦記2』に次のように書かれている。

「ふと着陸中に気がついた。この赤茶けた滑走路に、ほこり一つ立たないではないか。基地の兵士たちが長官への心づくしのために、その夜飛行場に撒水していたのだ」〈引23〉

五八二空の零戦隊は、まだこの時点で長官の巡視のことは知らされておらず、角田《つのだ》和男飛曹長はいつものように敵偵察機を追撃するため戦闘指揮所で待機していた。このときのことを角田は『修羅の翼』に書いている。

「〇五二五、櫓上の見張員よりP38一機、高度六千西南方の報告があり、ただちに待機の乗用車にとび乗り、列線に走った。

指揮所裏の搭乗員幕舎より駆け出した者が三、四人車のドアにぶら下がる。これは毎朝の行事で、とても追い付けないのは分かっているが、頭の上にいられてはわずらわしいし、いつ爆撃、銃撃を受けないとも限らないので、すでに発動されている飛行機に跳び乗り、一応全速力で追跡した。

しかし、高空を飛行機雲を引いて飛ぶP38は、たちまち視界外に去ってしまった。三十分くらいして着陸、司令に報告を済ませ、指揮所に上がり再び待機している。

〇六二〇、再び見張りよりP38一機、高度六千の大声。再び列線に走りながら、『珍しいな敵さん、何を考えているんだろう』と、ふと思った。連日定期便は一機、たまには二機編隊のこともあったが、一回に限られていたためである。今回も、前回と同様三十分ばかりで上空より追い払っただけでたいして気にせず例の通り視界外に見失った旨、報告して、指揮所で休憩していた」〈引16〉

七時くらいに三度目の襲撃があった。P38が六〇〇〇メートル上空に現れたのだ。角田は上空に上がるが追いつけないため、飛行場上空を哨戒してから基地に戻った。

このときのP38が長官襲撃の作戦部隊であった。追撃に出た零戦隊が基地に戻って三十分ほどたったところに、一機の零戦が海岸寄りから二〇～三〇メートルの高度で滑走路上空を全機銃を撃ちながら高速で飛び去った。そのあと左旋回をして滑走路に緊急着陸し、飛び降りた搭乗員が指揮所まで駆けてきて叫んだ。
「長官機が空戦中です。応援頼みます」〈引16〉
言葉は丁寧であるが怒鳴りつけるように言って、すぐにまた零戦に乗って飛び上がっていった。角田の記憶では、この搭乗員は第二小隊長の日高上飛曹と記述している。また、柳谷も前述のようにブイン飛行場を低空飛行と全機銃掃射で危険を知らせたと書いている。

六機のうち、岡崎二飛曹は長官遭難の報せを告げるためにバラレに降りていた。ショートランド付近まで敵を追っていたので、柳谷がブイン基地に着陸したのは最後だった。零戦から降りると、基地に駐屯している陸海軍の司令や指揮官たちは正装で飛行場にいた。すでに帰着している搭乗員たちによって、長官遭難の報告を受けていたのにもかかわらず、柳谷にも「本当に、山本長官は戦死されたのか」〈引12〉という問いかけがそのときあった。司令たちは信じられないという思いで、新しい情報を求めていたのだろう。

柳谷は、逡巡《しゅんじゅん》したのちに「あれほどの大火災を起こしながらの不時着ですから、あるいは長官はご無事ではないかも知れません。しかし、自分はそれを確認したわけではありませんから、断言することはできません」〈引12〉と、言葉丁寧に婉曲《えんきょく》な言い方で答えた。

ブイン基地では、重傷の宇垣と北村が航空隊の防空壕にある救護所で手当てを受けていた。長官の生死はまだ分からず、宇垣は顔中を包帯で巻かれながらも長官を探しに行けと言い続けていた。ブイン基地からは追撃の零戦が飛び立っていたが、虚しく帰還している。五八二空飛行隊長の進藤三郎大尉が墜落地点の確認に飛んだ。ジャングルの中で黒煙を上げている地点を確認してきている。一度着陸した森崎も一機を連れて現場確認のために飛び立った。

現場が特定されると、佐世保第六特別陸戦隊の古川少尉のもと九名の捜索隊が組織され、午前中からジャングルに入った。ブーゲンビル島の第十七軍所属部隊も墜落を見ていた。翌十九日朝に、墜落機が長官の乗っていた一式陸攻ということが分かり、捜索隊が出された。

最初に見つけたのは近くにいた陸軍の道路設営隊で、指揮官は濱砂《はますな》少尉であった。現地の住民に案内されて陸攻墜落現場に到着した。その後、連絡を受けた海軍の陸戦隊も合流した。一式陸攻は、機体の形を残しつついくつかに分散していた。山本の遺体は、機体から少し離れた場所に放り出された座席クッションの上に横たわっていた。左胸に血の流れた弾創があった。すぐ横に軍医長の高田少将の遺体があった。あとの九人は焼け焦げた機体の中で折り重なっていた。十一人の遺体をジャングルから運び出し、ブインに戻ったのは二十日の夕刻である。一晩安置して、通夜が行われ二十一日の朝に荼毘《だび》に付された。

緘口令

話を十八日の午前に戻す。六機の零戦は各自詳細な報告を済ませた後、ラバウルに戻ることになった。十二時にブイン上空で合流し、十三時五十分にラバウルに帰着している。ラバウル上空まで来ると、いつもと同じように港の岸壁で輸送船から軍需物資の陸揚げをしている様子が見えた。いつもと同じ日常の様子が見えることが、なおさらにこれまでとは違う状況の重苦しさを六人の搭乗員に与えた。身を挺して守れなかったという無念が、六人共通の思いだった。

着陸して、六人は指揮所前の杉本司令と宮野隊長に報告に行く。すでに長官遭難の報告は入っており、森崎の言葉に杉本と宮野はうなずくだけであった。第２０４海軍航空隊編による『ラバウル空戦記』によると、司令はご苦労と普通どおりの声で言ったあと、「このことは、上司から発表があるまでは、絶対他言してはならぬ。いま、このことが皆に知れては、全軍、いや全国民の士気に影響するところ甚大なものがある。誓って他言するな」〈引12〉と、厳しく言い渡している。

日本軍の最高指揮官である山本長官が戦死したとなると、大きな影響を与えることになる。とりわけ山本は全国民に愛されている英雄だった。山本の死は徹底的に秘匿されることになった。

基地に戻ってきた柳谷に、搭乗員仲間が無邪気に声をかけてくる。日常的な会話であったが、そんな言葉も刃となっていた。『伝承零戦空戦記2』に柳谷が次のように書いている。

「私のまわりには、いつの間にか多くの戦友がとりかこんでいた。

『おーい、どうした長官機は…』

『事故かい、いや、それとも不時着したのか?』

この質問に一瞬、私は返事をためらった」〈引23〉

たぶん脱出に成功していると、柳谷は内心の動揺を隠しながら答えるのが精一杯だった。直掩隊の六人の冴えない言動に、変だなと思った搭乗員は多かったが、あえて聞き出す者はいなかった。

その夜、大原亮治は杉田から長官遭難の話を直接聞いている。次のような記述が第204海軍航空隊編の『ラバウル空戦記』にある。

「大原は、同年兵の中村、杉田、坂野、渡辺清三郎、中沢政一飛長らと六人で一室に寝起きしていた。夜は日が落ちてもしばらくは日中の暑さがさめきらず、すぐには寝つかれないので、涼んでから部屋に入るならわしだった。この夜、部屋に入る前、杉田が思いつめたような表情で大原に話しかけた。

『大原』

『何だ? いやにこわい顔してるな』

『お前、黙ってろよ。実はな、今日長官の護衛に行って来たんだが、長官がやられた。

ブインに着くちょっと手前、五～六分のところで、P38の奇襲をくってやられたんだ』」〈引12〉

杉田は、大原に打ち明けたことで気が晴れたのか、話のあとはいつもの杉田に戻っていた。山本長官の戦死したこの戦闘は、「海軍甲事件」と名付けられた。

厳重な緘口令《かんこう》が敷かれたにもかかわらず、長官が戻ってこなかったことで搭乗員や基地隊員たちもそれとなく勘づいていた。第204海軍航空隊編による『ラバウル空戦記』〈引12〉には、隊員たちの証言が掲載されている。

見張り員の木川脩兵曹は、帰ってきた護衛機が被弾していたことと報告を受けている杉本司令の沈痛な顔を見て、何かあったと気付いている。中村佳雄飛長は、搭乗員たちがすぐに戻ってこないことと顔色がふつうでないことでわかったという。車輌隊の相川兵曹は、いつもと違って口をきかない搭乗員たちの様子に大変なことが起こったのではと直感している。

輸送機で東飛行場に着いた白布の骨箱を見て、勘づいた基地隊員たちもいる。草鹿《くさか》中将がその骨箱を白扇であおいでいたのを見たとか、内地への手紙が禁止されたとか、かなり上級者が戦死したことは間違いないと、ラバウル基地ではさまざまな憶測が飛び交っていた。直掩を行った搭乗員たちは、そんな空気の中でますます悔悟《かいご》の念を強く感ずるようになっていった。

このとき米軍側でも、ハルゼー提督がガダルカナル島基地に対して厳しい緘口令を出していた。「ニミッツ司令部の命により、この作戦は極秘として内容を報道機関に悟られないようにすること。暗号が解読されていることを、日本海軍に気付かれないようにすること」という指示だった。

ガダルカナル島基地の最高指揮官ミッチェル提督は、その後数週間にわたって毎日、戦闘機の一群をブインやバラレ方面に送り続けた。山本長官との遭遇が偶然であったと思わせるためである。

しかし、パイロットのランフィア中尉とある新聞記者によって山本撃墜のことが漏らされることになり、ハルゼーが大激怒するという事件となった。そのため勲章が見送られてしまう。また戦後になって、山本撃墜を主張するランフィア大尉とレックス・バーバー中尉の証言に食い違いがあり大論争となった。ランフィアは政治的野心を抱いており、この論争は当時の大統領予備選にまで影響し、長く解決しなかった。

ヴェンジェンス作戦

ところで、暗号解読によって連合艦隊司令長官が前線視察をするという絶好の機会を得た米軍は、どのように作戦を計画し、実行したのだろうか。

米太平洋艦隊無線部隊が最初に山本長官視察に関する無線を傍受したのは、四月十四日早朝となっている。E・B・ポーターによる『提督ニミッツ』にそのときの様子が描かれている。米軍情報主任参謀のエドウィン・レイトン中佐は、「耳を疑いたくなるような無線傍受に成功した」〈引25〉という連絡を受ける。解読され、翻訳された日本の通信文に書かれていたのは、山本長官が前線を視察するという内容だった。レイトンは、直ちに米国太平洋艦隊司令長官のニミッツのところに駆け付ける。即入室を許可されたレイトンは電文を渡して、「なつかしの友、山本の件であります」〈引25〉と伝えた。電文には「連合艦隊司令長官、四月十八日左記によりバラレ、ショートランド、ブインを巡視せらる。〇六〇〇中攻（戦闘機六機を付す）にてラバウル発、〇八〇〇バラレ着…（詳細な旅程が続く）」〈引25〉と書かれていた。ニミッツは電文に目を通した。まだ不明な部分も多い状態であった。

ニミッツは、巨大な太平洋全図を眺めながら考えていたが、すぐには「攻撃せよ！」と言わなかった。山本を失ったときの日本海軍、いや日本の戦争遂行への影響を慎重に考えていた。ニミッツにとって山本は旧知の仲だった。ニミッツは日本に何度も訪れており、天皇から御狩場に招かれたとき、山本は案内役だった。また、ニミッツは東郷元帥に対して深い尊敬の念を抱いており、国葬にも参加している。ニミッツほど日本海軍を知っている海軍の高級将官はいないと言ってもいい。日本海軍はどう動くのか、これまで米軍はやられっぱなしだった。真珠湾攻撃後の米海軍を立て直す役目をニミッツは負ってきた。寄せ集めの兵器や時代遅れの戦闘機も動員してなんとか日本軍を食い止め、ようやくミッドウェイで奇跡的に勝利を得た。「ここ」で山本を潰せばどうなるのか。逡巡ののち、決断した。「よし、やってみよう」〈引25〉

ニミッツが逡巡してから出した結論は、結果的には正解ではなかったかもしれない。早期講和のキーパーソンに山本五十六がなり得たかもしれない歴史のｉｆが「ここ」にあった。御者を失った馬車のように、その後の日本はブレーキをかけ得る人材がいなくなり、戦争という暴走を続けることになる。

レイトンにとっては、山本撃墜が敵にとって大きな打撃になることは疑いないと思われた。

「天皇を別にすれば、国民の士気にとって、彼ほど重要な人物は一人もいないと思います。また、彼が撃ち落とされれば、海軍の士気はがた落ちになるでしょう。日本人の心理をご存知でしょう。国民全体をぼう然とさせることになるはずです」〈引25〉

山本長官を攻撃するヴェンジェンス作戦は、かくして動き出した。

第十六任務部隊司令官ハルゼー提督は参謀たちと討議し、ガダルカナル島のヘンダーソン基地にあるP38ならば、迎撃が可能であるという情報を得る。暗号解読による作戦であるため、偶発的な攻撃を装う必要がある。また、パイロットにも詳細を知らせないようにしなければならない。

ニミッツからの通信文を受け取ったソロモン諸島航空部隊司令マーク・ミッチャー提督は、作戦計画立案をフィールド・ハリス海兵隊准将に命ずる。ブイン近くに空中待機し飛行中に襲撃するか、掃海艇でショートランド島に向かうところを襲撃するかで意見が分かれた。掃海艇を撃ちもらすこと、撃沈しても助かる可能性があることなどから、空中で待機し撃墜する作戦になった。作戦可能な飛行機は、海軍でも海兵隊でもない陸軍航空隊所属のP38しかない。しかも、ギリギリの燃料で待機しなければならず、作戦成功の鍵は日本側の時間の正確性にかかっていた。そして、予定通りぴったりの時間で司令長官機は動いたのだ。

山本長官戦死が与えた影響

山本長官遭難後、南東方面艦隊司令長官草鹿任一《じんいち》中将は、米軍に暗号が解読されていたのかと疑念を抱き、そのことを確かめるためのおびき寄せ作戦を立てる。草鹿は以前にも暗号が漏れているのではと思うことがあり、暗号担当の軍令部第四課に問い合わせをしていたが、絶対にあり得ないという返事をもらっていた。しかし、山本長官の遭難があまりに偶然すぎることから、疑念を拭い去ることができなかった。そこで、草鹿自身の前線視察を装って、囮《おとり》の百式司令部偵察機をガッカイ島に出し、護衛の零戦十八機で待ち構える作戦を立てた。もしP38に襲われても、百式であれば逃げ切れると判断しての作戦であった。作戦前日の十九日には、ムンダ基地に「草鹿中将以下幕僚がムンダ基地に向かう」と山本長官の時と同じような体裁で暗号電報を流した。

四月二十日、前回の長官機の当日の動きに合わせて八時にラバウルを出発し、ガッカイからウイックハム方面を飛んだが敵は現れなかった。暗号電報に釣られなかったのだ。九時四十五分にブインに着き、「作戦取止メ」となった。六小隊十八機の指揮官は森崎で、辻野上、日高、柳谷も編成に加わっていたが、杉田と岡崎は外れていた。十八日の戦闘で被弾した機体の修理が終わっていなかったのだ。

米軍では、山本長官襲撃は極秘扱いにしてあり、「偶然遭遇した日本軍機との単なる空戦」ということにしてあった。当然、餌に食いつくわけがなく、作戦は空振りに終わる。結局、暗号解読について日本軍は疑念を抱きつつも、そのまま使い続けることになる。

以後の二〇四空の動きを戦闘行動調書で追ってみる。

四月二十二日、二〇四空はノーウエ泊地上空哨戒、巡洋艦青葉上空哨戒、陸攻隊直掩と三方面への作戦を展開している。早朝七時三十分に零戦三機が青葉の上空哨戒任務に出撃した。搭乗機の修理を終えた杉田は二番機だった。三機は、八時三十分にカビエンに着き、十時に出発、十時四十分から十二時四十分まで任務に当たり、十四時四十五分にラバウルに戻っている。敵とは遭遇していない。

同日九時三十分に別動の零戦十一機が直掩任務に出撃したが、天候不良によってブインから引き返している。P38を待ち伏せするためなのか、この日から連日ブイン方面に十二〜十八機で出撃しているが敵機とは遭遇していない。杉田も翌日のブイン哨戒の編成に入っている。また、この日から野田隼人飛曹長以下九名がトラックまで新機受領に赴いている。二十四日までトラックにいて、新しい零戦で戻ってきた。

同二十三日は、五時五十分にラバウルからブインへ進出する。宮野のもと十八機で発進し、途中敵とは遭遇しなかった。このときは、辻野上一飛曹の二番機として杉田は編成に入っている。同日、九時から日高上飛曹を隊長としてブイン上空哨戒任務の一直に就く。二直は十一時三十分から宮野のもとで出撃しているが、このときは杉田は編成から外れている。

同二十五日、午後、後任の司令長官として古賀峯一《みねいち》大将がトラック島に停泊する戦艦武蔵に着任し、久しぶりに長官旗がマストに掲げられた。表向きは、横須賀鎮守府長官の前線視察ということになっていた。しかし、いつまでも秘しておくことはできない。ひと月後の五月二十一日に長官戦死が大本営から発表された。

山本長官戦死は、国民全体にも大きなショックと虚脱感を与えた。半藤一利は、『B面昭和史』の中に次のように書いている。

「五月二十一日はじつはわたくしの誕生日、おやじが中学校入学祝いも兼ねて両国国技館に生まれて初めての大相撲観戦に連れていってくれていたのである。夏場所の十日目。そして午後三時すぎ、山本長官戦死の報が館内に流され、ただちに取組み中止。協会役員や力士が整列、総員起立で一分間の黙祷、館内は粛然となった。思いもかけないことに遭遇したことになる」〈引26〉

六月五日に国葬が行われ、葬儀委員長は米内《よない》光政だった。多くの国民が山本五十六の国葬にショックを受けている。

第六部　ラバウルは搭乗員の墓場

連日の出撃

昭和十八年（1943）四月下旬、「戦闘行動調書」を見ると、長官遭難の日から二〇四空は連日、一日に何度も出撃している。

四月二十日「ガッカイ・ウイックハム方面偵察機直掩《ちょくえん》」十八機、二十二日「ノーウエ泊地上空哨戒」三機、「青葉上空哨戒」三機、「ブイン行陸攻隊直掩」十一機、二十三日「ブイン上空哨戒」十八機、「ラバウル・ブイン間輸送機直掩」三機、「ブイン上空哨戒」十二機、二十四日「ブイン上空哨戒」十二機、二十五日「ガッカイ島陸攻隊直掩」二十一機、「ブイン往復輸送機直掩」四機、二十六日「ガッカイ島攻撃（艦爆隊）上空哨戒」二十一機、「ブイン行輸送機直掩」三機、二十七日「ブイン行輸送機直掩」四機、二十八日「ズンゲン進撃哨戒」六機、二十九日「バラレ行輸送機直掩」五機、「敵機追撃」二機、「バラレ上空哨戒」十七機、「ルッセル島攻撃」十八機、三十日「レカタ上空哨戒」六機。

このうち杉田が編成に入っていたのは二十二日、二十三日、二十五日、二十八日、二十九日、三十日である。敵と空戦になったのは二十八日のズンゲン上空での哨戒任務時だけで、B17を攻撃し、左エンジンに黒煙を吐かせたが逃げられている。このとき杉田は第二小隊二番機として出撃している。この頃、杉田は二番機として編成されることが多かった。

小福田租《こふくだみつぎ》少佐の後任に、横山保少佐が飛行長として二〇四空に着任する。横山の自著『あゝ零戦一代』によれば第一声は次のようなものだった。

「横山少佐、ただいまより飛行長としての指揮をとる。諸君の大部のものは、開戦いらい、蘭印方面よりこのラバウルに転戦し、連日奮闘されていることは、まことにご苦労である。緒戦のあの華々しい戦闘にくらべ、今日では毎日が苦しい戦闘をつづける結果となっている。私が内地を立つときにいわれてきたことは、かならずパイロットも、零戦もラバウルの前線へ送り出すということだった。この内地からの増援兵力が到着するまで、もう少しがんばってくれ」〈引27〉

横山が着任したときの二〇四空は、指揮官となる搭乗員が不足しており、宮野大尉が一人で隊を支えている状態であった。毎日のように出撃をしており、隊員たちも疲労困憊《こんぱい》しているのが横山にも感じ取れた。次のように書いている。

「私が赴任したときは、山本連合艦隊司令長官が、ブーゲンビルで敵戦闘機の攻撃をうけて戦死された直後であった。それだけに戦闘機隊としての責任を感じていたと同時に、ズバリいうならば、彼らの士気が余りあがらない時期でもあったのだ。しかし、宮野大尉はそれでも、一言の不平もいわず、やせほそった顔を終始ニコニコさせながら、先頭に立って飛び立っていった。この基地の士気を高めるのは自分の責任だ、と考えたかのように…」〈引27〉

宮野もまだ二十代、強い責任感のもとで命を削るような毎日を送っていたように思える。リーダーとして常に信頼される振る舞いをしており、若い連中はこのリーダーだからこそ命をかけて戦えると思っていた。

着任早々、横山は杉本司令から爆装零戦による艦船攻撃ができないか研究してくれと頼まれる。速度の遅い艦爆による攻撃は敵の餌食になるばかりで死傷率も高く、新型の艦爆もまだ間に合わないこの時期、速度の速い零戦による爆撃ができないかということが懸案になっていた。横山は、以前に戦闘機による爆撃の経験者だった。『あゝ零戦一代』に次のような記述がある。

「私はじつは、中国方面の作戦に母艦『蒼龍』とともに参加したさいに、九六式艦戦で航行封鎖の任務で大陸沿岸の港を襲撃したことがあった。九六艦戦も零戦も爆撃は可能ではあるが、爆撃機用の照準器もなく、九五艦戦とちがってこの低翼単葉の戦闘機は、急降下すると過速におち入り危険で、緩降下爆撃しかできなかった。したがって爆撃の精度がわるく、とくに前後の誤差が大きかった」〈引27〉

艦爆の代わりという注文はかなりの難題だった。

ラバウル基地の倉庫には三〇キロ爆弾が使われずに多く備蓄されていた。さっそく、宮野たちとこの小型爆弾を使って、照準点と弾着点の関係や降下角度などを検討した。実際にやってみると弾着のばらつきが多く、命中弾を得ることが難しいことが分かった。それでも、艦船の首尾方向に沿って爆撃すれば、なんとか命中弾を与えられる可能性があることも分かった。

　ところが横山は、実戦で効果を見る前に着任ひと月あまりで、南東方面艦隊兼第十一航空艦隊の参謀として司令部に転勤することになり、慌ただしく異動していく。戦前の戦闘機無用論などが影響して、海兵出身航空隊将校の数はあきれるほど少なく、参謀ポストは常に逼迫《ひっぱく》していた。

嵐の前の静けさ

　五月一日、下士官兵の定期進級日である。杉田は多くの同期と共に二飛曹になった。

　部隊への補充も行われ、ベテラン搭乗員が異動してきた。そして大きな変化がラバウルの基地航空部隊全体にあった。第一基地航空部隊が前年のソロモン空域の戦いで戦力を消耗し内地に帰されていたのだが、二十五航戦の第五空襲部隊としてラバウルへ再進出してきた。二〇四空の属す第六空襲部隊と合わせて態勢を立て直し、ガダルカナル島、東部ニューギニア方面への積極的な航空作戦を展開しようという意図があった。

　五月上旬での二〇四空の出撃回数はやや減ったものの、ブカやブイン方面への出撃が続いた。四月下旬から五月上旬にかけて連合国軍が攻勢をかけてくることはなく、空戦はあまり行われていない。米軍も、山本長官襲撃のあとひっそりと騒ぎ立てないようにしていたのかもしれない。ただ、ガダルカナル島、東部ニューギニア方面での連合国軍の行動が活発化していることは、百式司偵や二式艦上偵察機による偵察や無線の解読などから判明しており、嵐の前の静けさだった。連合国軍は次の反攻の準備に忙しかった。

南西太平洋戦域最高司令官マッカーサーは、島伝いでニューギニアの北岸沿いに軍を進めることを提案していた。そのため南西太平洋軍に属す第七艦隊は、かなりの兵力を持つ大部隊に増強された。一方、太平洋戦域最高司令官ニミッツは、日本海軍のシンボルになっていたトラック島及びカロリン群島を占拠すべきと考えていた。そこで南太平洋軍も海上戦と陸上戦を同時に展開するため第四三歩兵師団の訓練を急ぎ、ガダルカナル島上陸戦で疲弊した第一海兵師団、第二海兵師団にたっぷり休養を与えていた。

統合参謀本部は、マッカーサーの率いる南西太平洋部隊とニミッツ率いる南太平洋部隊が、二方面から日本軍を追い詰めていく作戦を考えざるを得なかった。両司令官の間には対立があったが、ガダルカナル島を巡る攻防戦はニミッツが主導することになった。

ガダルカナル島のヘンダーソン飛行場にはすでに三つの戦闘機用滑走路があったが、爆撃機が発着可能な基地へと拡大し、四月一日から爆撃機の訓練が可能になった。当時、ガダルカナル島には各種飛行機が三百機以上あり、王立ニュージーランド空軍、米国陸海軍、海兵隊の爆撃機隊や戦闘機隊が集まっていた。寄せ集めではあったが、この隊はエア・コマンド・ソロモンズ（通称エアソルス）と称して士気が高かった。エアソルスと米陸軍第五航空部隊が協力して作戦を遂行した。豪州空軍も数個中隊が加わっていた。連合国軍航空部隊の協同目的は、今後二～三カ月のうちにソロモン空域の制空権を獲得することだった。

中部ソロモン諸島の日本軍の二つの飛行場は、ガダルカナル島のヘンダーソン基地と対峙しており、やっかいな存在だった。これらの飛行場を無力化するため、連合国軍はルッセル諸島に地上部隊と特殊部隊シービーズを上陸させ、小艇用の基地を造った。また、エアソルスの爆撃機専用滑走路が二つ建設された。ルッセル島上陸準備が着々と進められ、ニュージョージア島及びブーゲンビル島周辺海域に米軍艦艇と航空機が機雷を敷設し、エアソルス所属の爆撃機は昼夜を問わずムンダ及びコロンバンガラの飛行場に爆撃を加えた。

連合艦隊作戦会議

五月八日、戦艦武蔵艦上で連合艦隊作戦会議が開かれた。古賀峯一《みねいち》連合艦隊司令長官は、「日本海軍の兵力は米海軍のそれの半量以下で、勝算は三分もない。活路を見出すためにマーシャル、ギルバート方面で、玉砕を覚悟で艦隊決戦を行う」と、訓示した。現実をとらえ冷静に分析し判断しての言葉だった。古賀は海兵三十四期で軍令部畑を主に歩いてきたが、山本五十六や井上成美《しげよし》とも親しかった。井上は「ものの判断の正しい人」と評している。口数は少ないが信頼される提督であった。ただ、航空部隊の指揮経験はなかった。

作戦会議が開かれた日に、出鼻を挫《くじ》くような出来事があった。コロンバンガラ島に人員、物資を輸送していた第十五駆逐隊の三隻の駆逐艦親潮、黒潮、陽炎が、同島南西方面のブラッケット水道で米海軍の敷設した機雷のため三隻とも沈没したのだ。

二〇四空の五月一日から二十三日の記録を戦闘行動調書で追ってみる。

五月一日「ブインからラバウルへ帰投」二十四機、二日「リンデン往復飛行艇直掩」六機、三日「ムンダ方面敵機邀撃《ようげき》」二十四機、「飛行艇直掩」三機、四日「ブインよりラバウルへ帰投」十二機、「ブカよりラバウルへ帰投」十二機、八日「B17調査隊誘導兼上空哨戒」三機、九日「ブイン進出」十八機、十一日「ブインよりラバウル帰投」三機、十二日「ブナカナウ上空哨戒」二機、「ブインより帰投ラバウル」十二機、十三日「敵機邀撃」(ルッセル島上空大空戦)二十一機、十四日「不時着搭乗員救助水偵直掩」六機、十五日「基地付近敵機邀撃」二十二機、十六日「夕霧上空哨戒」五機、十七日「夕霧上空哨戒」六機、「カビエンよりラバウル帰投」五機、十九日「ワウ方面索敵邀撃」十二機、二十日「輸送機直掩」六機、二十一日「輸送機直掩」三機、二十二日「スルミ方面邀撃」十八機、二十三日「ニューブリテン上空移動哨戒」二十四機、「陸攻直掩」六機、二十四日「スルミ方面敵機邀撃」十五機、二十五日「陸攻直掩」六機。

このうち杉田が編成に入って出撃したのは、一日、九日、十五日、十九日、二十三日、二十五日の六回でいずれも空戦は行っていない。十九日は、ニューギニアの内陸部ワウにできた米軍の秘密飛行場の索敵であった。高原の森林地帯を切り開いた小さな飛行場に、双発機一機と小型機数機が待機していたのを確認したのち、フォン湾に停泊中の小型船舶を銃撃した。小型輸送船一隻炎上、内火艇二隻、帆船一隻撃破の戦果の記録が調書にある。

ラバウルは搭乗員の墓場

五月十二日、米軍がアリューシャン列島のアッツ島に上陸する。約一万五千名の米軍に対し、約三千名の日本軍は圧倒的な兵力差に苦戦し、五月三十日に残存兵力約三百名でバンザイ突撃をして全滅する。このとき初めて大本営は、「玉砕」という言葉を使う。しかしどんなに美辞麗句で飾っていても、いよいよ日本が負け出したという実感が国民に広がっていくことになる。

同十三日、前述のように米軍の航空部隊の動きが積極的になってきたことから、大規模な空戦が起きる。二〇四空は早朝五時から二十四機で出撃し、ルッセル島上空で敵と交戦、二十一機の撃墜と不確実七の戦果を上げた。損害は野田飛曹長と刈谷二飛曹の二機の未帰還であった。

五月中旬からは連合国軍の飛行場の整備が終わり、航空部隊による攻撃の激しさが増してきた。出撃するたびに空戦になる。米国の航空機増産体制が軌道に乗り、前線に新鋭機が続々と配置されるようになってきたためである。

連合国軍航空部隊は、ヘンダーソン基地に爆撃機用の滑走路が整備されたため、B17やB24などの爆撃機が配備された。また、F4UやP38なども増強されていく。これらの増強された航空兵力をもって日本軍基地に連日空襲をかけてくる。

そんな中、二〇四空も戦果を上げるが、次第に戦死者が増えていくようになる。「明日は我が身」という開き直りで、搭乗員たちは戦死者への思いを断ち切るようになる。出撃のあとは酒を飲んで気持ちを切り替え、翌日また出撃するという過酷な日々になっていく。「死ぬまでラバウルで戦わねばならない」「ラバウルは搭乗員の墓場」という言葉がささやかれるようになった。

劣勢を挽回するために、再度、い号作戦のような敵航空兵力の撃滅を図らねばならぬと第一基地航空部隊は六〇三作戦を立案する。

第五空襲部隊と第六空襲部隊の戦闘機隊、艦爆隊及び陸偵隊で、ガダルカナル島沖輸送船団攻撃を軸として米航空機を撃滅するという作戦である。母艦飛行機隊は内地で再編中であり、また、他方面へ投入予定もあって協力を得られないため、基地航空部隊のみで決行することとなった。

作戦は二段階で構成されていた。敵航空機を事前に誘い出し、戦闘機によって撃滅するソ作戦と、戦爆連合による敵艦船攻撃及び敵航空機を撃滅するセ作戦である。ソ作戦実施は六月七日、セ作戦はソ作戦実施後と決定された。

杉田、小隊長デビュー

六月二日の飛行機隊編成調書を見ると、四機編隊二小隊の八機で哨戒任務に就いている。第一小隊一番機は辻野上《つじのうえ》豊光上飛曹、第二小隊一番機は坪屋八郎一飛曹だった。四機編隊の編成がこの日から始まっている。

続く六月三日もブインでの輸送機直掩任務があり、このときも四機編隊で編成されており、杉田が第二小隊の小隊長として出撃している。そのときの編成は、第一小隊の一番機は鈴木博上飛曹で、第二小隊一番機が杉田になっている。

第二小隊の二番機は田中勝義二飛曹、三番機は田村和二飛曹、四番機は中村佳雄二飛曹である。六月二日と三日はブインでの輸送機直掩任務であり、比較的問題のない任務で四機編隊での試験的運用だったのかもしれない。二日とも敵機と遭遇することがなかった。

このあと、四機編隊での編成が標準になっている。

ところで十五志の同期が多くいる中で、同期だけでの編成とはいえ、杉田が最初に編隊指揮官に命じられている。以前の三機編隊では小隊長の左右に二番機と三番機がつき、攻撃時は隊長のあとを追って単縦陣になるので、小隊長は列機をあまり気にしないでも良かった。四機編隊の編隊長は二機ずつの動きも考えながら動かねばならず、これまで以上の技量が求められることになる。

六月の二〇四空の出動を戦闘行動調書で追ってみる。【　】内は杉田が出撃したときの編成位置。

六月二日「8F輸送機直掩」八機、三日「8F輸送機直掩」八機【杉田、第二小隊一番機】、四日「スルミ方面敵機邀撃」二十四機【杉田、一直第二小隊三番機】、五日「基地上空哨戒兼訓練」一機、六日「ブイン進出」三十二機【杉田、第三中隊第二小隊三番機】、七日「敵機追撃・空輸」三機、「ガダルカナル島方面敵航空兵力撃滅」二十四機【杉田、第二中隊第二小隊三番機】、九日「ブインラバウル往復」五機、十日「カビエン－ラバウル空輸」二機、十一日「ブイン進出」二十四機【杉田、第二小隊三番機】、十二日「ガダルカナル島敵航空兵力撃滅」二十四機【杉田、第二中隊第二小隊三番機】、十三日「カビエン－ラバウル潜水艦制圧」三機、十六日「ツラギ、ルンガ泊地敵艦船攻撃艦爆直掩」二十四機【杉田、第二中隊第二小隊三番機】、十八日「ラバウル、ブイン進出」十機【杉田、第二小隊三番機】、「カビエン空輸」二機、「敵機追撃」五機、二十日「敵機追撃」六機、二十一日「ラバウル、ブイン進出」八機、二十二日「輸送機直掩」二機、二十四日「ラバウル、ブイン進出」八機、二十六日「敵機追撃」三機【杉田、緊急発進】、「基地上空哨戒」三機、二十八日「輸送機直掩」二機、三十日「ラバウル、ブイン進出、輸送機直掩」六機、「レンドバ邀撃戦」十八機。

この頃の戦闘行動調書には、空戦時の各機の弾丸消費数や被弾数がまだ丁寧に記録されていた。記録者によって雑に書かれていたり、誤記があったり、さまざまであるが。この弾丸消費を拾ってみると、杉田は他の搭乗員に比べ、明らかに七・七ミリ機銃よりも二〇ミリ機銃を多用していた（後述するが十二日を除く）。

七・七ミリ機銃は、威力は小さいが直進性がある。逆に二〇ミリ機銃は、当たれば一発で相手を倒すこともできるが初速が遅く、ションベン弾《だま》と揶揄《やゆ》されるように弾道が放物線を描いてしまう。敵に接近して撃たなければまったく当たらない。双方が高速で空中戦を行っているとき、遠くからでも多くの弾丸をばらまける方が安全な上に命中弾を与える確率が高い。初心者は恐怖心のためもあり、早くから七・七ミリを撃ち始めたという。引き金を引いていることが安心感につながるのだ。

また、日中戦争当時に活躍したベテランの搭乗員の中にも弾道の良い七・七ミリの方を好む者がいた。その頃であれば、それでも敵機を墜《お》とすことができたが、この時期の米軍機は防弾構造がしっかりできていて、七・七ミリで命中弾をいくら与えてもびくともしないようになっていた。猛接近し二〇ミリ機銃の命中弾を与えないと確実に敵を墜とすことは困難になっていたのだ。梅本弘著『海軍零戦隊撃墜戦記』の中に次のように書かれている。「20ミリは命中の確信がある時にしか撃たない。7・7ミリをたくさん撃って20ミリをあまり撃っていない空戦は、搭乗員が命中の確信をもって射撃できていない場合が多かったのではないかと考えられる」〈引19〉。それには、胆力と操縦技術が伴わなければならなかった。

ガスマタ攻撃

六月四日は、スルミ方面敵機邀撃戦と戦闘行動調書に記載されていて、四時三十分から八時四十分までの一直、六時十分から十時四十分までの二直、十一時二十分から十五時三十分までの三直と哨戒任務に当たっている。敵出現の可能性の高い八時前後の直を重ねて機数を増やしている。

このスルミ方面には豪軍が築いたガスマタ飛行場がある。昭和十七年日本軍が占拠し、ラバウルから東ニューギニアへの前進中継基地として使われていた。豪軍は奪還を図っており、この時期、敵機の侵攻の勢いが激しくなっていた。この日も、地上での作戦行動があり上空からの支援を行っていたと思われる。この日の出動は、各直に零戦二個小隊の八機で行われ二十四機が任務に就いている。杉田は一直第二小隊三番機として出撃している。三直とも敵と遭遇することはなかった。

ソ作戦

六月六日、制空権を奪回する第一次ソ作戦が動き出す。翌日の作戦開始に合わせて、ブイン基地に二〇四空の零戦三十二機と五八二空の零戦二十四機が集結した。ブカ基地には二五一空の零戦四十機が進出した。ブイン基地は前線基地としてますます重要性を増してきており、第二飛行場の建設も行っていた。

同七日のルッセル島迎撃には二〇四空二十四機に五八二空、二五一空が出撃した。二〇四空だけがこの日から四機で一個小隊を組む新編成で臨んだ。

ルッセル島には複数の敵飛行場が急速に整備されてきており、ここから発進する敵戦闘機による被害が増加していた。零戦だけで攻撃すると敵戦闘機は退避してしまうことが続いたので、一部の零戦に爆弾を二個翼下面に付けて艦爆に見せかけ、敵戦闘機をおびき出す作戦を考えた。爆弾を落とすタイミングが遅れれば敵戦闘機の餌食になるし、爆弾を落としたあとも懸架装置が翼下面についたままなので空気抵抗が増して空戦に不利になる。

横山少佐によって研究をしてきた爆装零戦の初実戦である。宮野大尉が進んでこの役を引き受けると言い出し、二〇四空が危険な爆装を行うことになった。この日は米軍も相当数の戦闘機で迎撃に上がり大空戦になった。戦闘行動調書には、F４F八機、F４U八機、P38、P39、P40約三十機と記されている。

このときは、爆装隊と通常零戦による直掩隊の二つに分けて編成を行った。爆装隊は中隊長の宮野が率いて二小隊八機で編成し、直掩隊は森崎が率いる四小隊十六機で編成した。杉田は直掩隊の第二中隊第二小隊三番機を務めている。

宮野隊長の率いる第一小隊は、二番機大原亮治二飛曹、三番機辻野上豊光上飛曹、四番機柳谷謙治二飛曹で編成されていた。目標上空に達し、爆装隊は投下態勢をとるべき緩降下を始める。高度八〇〇〇メートルから六〇〇〇メートルへと降下していくと、隊長機の右側にいた大原が左前方に左旋回中のP38二機を発見する。爆弾投下を準備しているときに、敵機が急速に近づいて攻撃を仕掛けた。

柳谷は隊長機の左側を優先的に見張っていたため、右側から近づく敵機に気付くのが遅くなった。攻撃を受けてから柳谷は敵機に気付いている。このときの空戦の様子が、第２０４海軍航空隊編の『ラバウル空戦記』に記載されている。

「『敵だ！』はっとしたとたん、柳谷は全身にするどい痛みを感じた。先頭の隊長機を撃った敵の弾丸が、柳谷にも当たったのだった。本能的にからだを見回すと、操縦桿を持つ右手からひどい出血があり、まったく感覚がない。足もやられたらしく、飛行靴がめちゃめちゃになっていたが、足が動かないので脱ぐこともできなかった。頭が割れるように痛み、もうダメかと観念したが、エンジンが何ともないようだ。『とにかく、戦闘圏から脱出しなくちゃ』、混乱した思考の中でそれだけを思いついた柳谷は、操縦桿を左手に持ち替え、上空を飛びまわる敵機群から離脱すべく、エンジンを絞って急降下した。海面上数百メートルで引き起こし、敵が追って来たらさらに高度を下げるつもりで水平飛行に移ったが、痛みとひどい出血で、すーっと意識がうすれかかった」〈引12〉

柳谷の右手は、親指を残してほかの四本の指が吹き飛んでいた。左手に操縦桿を持ち替えて、痛さと出血で意識朦朧《もうろう》としながらも数百キロの海上を飛び続け、不時着場に指定されていたムンダの飛行場に着陸した。エンジンのスイッチを切ると同時に意識を失った。

陸戦隊員たちが柳谷を零戦から降ろしてテントに担ぎ込んだ。軍医が見ると、右手はぐちゃぐちゃになっている。このままだと破傷風になると判断した軍医が、麻酔薬もないままノコギリで右手を切断した。柳谷は、口に脱脂綿が詰められていたので叫ぶこともできず再び意識を失った。

この日の空戦は三飛行隊が同時に出撃する合同作戦だったが、他の隊もあわせて四十一機（不確実七）を撃墜したとされている。二〇四空では、田中勝義二飛曹がP40を一機、森崎武中尉がF4Fを一機、中野智弌二飛曹がF4Fを二機（うち協同一）、中村佳雄二飛曹がF4Uを一機（不確実）、P39を二機（うち一機は人見と協同）、人見喜十二飛曹がF4Fを一機（中村と協同）、日高初男飛曹長と黒澤清一二飛曹が協同でF4Fを一機、神田佐治二飛曹がF4Uを一機、中澤政一二飛曹は神田機と同じ行動（協同？）、鈴木博上飛曹がF4Fを二機撃墜と記録されている。

杉田は第二小隊三番機として出撃している。戦闘行動調書によるとF4U八機と遭遇したとき、小隊長である渡辺秀夫上飛曹機のエンジンが不調となり、編隊が解消された。渡辺は、二番機の中村佳雄二飛曹が付き添ってコロンバンガラに緊急着陸している。杉田は単独でF4Uと空戦し、二機撃墜（二機不確実）と記録されている。被弾四も記録されていて、激しい空戦を行ったことが分かる。

かつてない大空戦になり戦果を上げてはいるが、爆装零戦での攻撃にはやはり無理があったのか、柳谷二飛曹が被弾重傷を負っただけでなく、日高上飛曹が行方不明、岡崎一飛曹と山根二飛曹も戦死しており、他隊と合わせると九名未帰還、被害も甚大であった。爆装零戦の戦果はあまり得られなかったうえ被害が大きく、以後中止となった。『零戦燃ゆ3』に、このとき五八二空搭乗員として参加した平林二飛曹の言葉が書かれている。「急降下を開始し、速度が増していくと、機体がどうしても浮き上がってしまうのだ。艦爆の主翼にはエア・ブレーキ（空気抵抗板）がついていて、スピードを殺すことができるようになっているのだが、零戦は揚力がつきすぎて、真直ぐ突っこんでいくことができない」〈引28〉

第二次ソ作戦

六月十一日、翌日からの第二次ソ作戦のために二〇四空の零戦二十四機がブインに進出した。

六月十二日、第二次ソ作戦が実施される。前回と同じくガダルカナル島航空撃滅戦である。二〇四空に続いて二五一空もこの日から四機編隊で出撃している。杉田は今回も第二中隊第二小隊三番機に編成されていた。小隊長一番機は渡辺秀夫上飛曹だった。

戦闘行動調書に午前六時五十五分出撃、八時二十五分に接敵開始、八時三十七分敵F4F十二機発見、八時四十分空戦F4F二、F4U四、一中隊交戦とある。

二〇四空の戦果は、宮野がF4Fを一機、日高鉄夫二飛曹がF4Uを一機（協同）、神田佐治二飛曹がF4Fを二機（うち協同一機）、中澤政一二飛曹がF4Uを一機（協同）、鈴木博上飛曹が協同でF4Uを一機、渡辺清三郎二飛曹が協同でF4Uを一機、杉田もF4Uを二機（協同一機）、計六機を撃墜した。他隊とも合わせると、零戦七十七機で敵約七十機と交戦し、三十三機（うち不確実八機）を撃墜し、損害は六機であった。

この頃、杉田は確実に複数撃墜を重ねるようになってきていた。ところで不思議なことに、戦闘行動調書によると、この日杉田は二〇ミリ機銃を一切使わず七・七ミリ機銃しか撃っていない。おそらく二〇ミリ機銃が故障していたのであろう。

そもそもソ作戦は、米軍が航空勢力を増強してきたことに対する日本軍の押し返し作戦である。米軍は、ガダルカナル島ヘンダーソン基地を拠点として、ルッセル島に複数の前線基地を造り出していた。米軍の新鋭機が続々とヘンダーソン基地に届けられ、それらが分散して前線基地に配置されていく。そうはさせじと日本軍も前線基地を叩きにいく、という図式である。まずは、ソ作戦によって増強された戦闘機を潰し、その後、戦爆連合部隊で拠点を叩きのめすセ作戦を実施するという二段構えの作戦であった。日本軍も新鋭機の零戦三二型や二二型を送り込んでいたが、その規模はまったく違っていた。

また、搭乗員も米軍では新人パイロットが続々と送り込まれてきたのに対し、日本軍ではミッドウェイの生き残りのベテランと訓練期間を短縮して送り込まれた数少ない新人たちが、交代なしで戦い続けている状態だった。米軍ではローテーションを組み、一定の出撃回数をこなすと休暇や本国帰還が与えられる。ソ作戦時での米軍側の弱みは、まだまだ訓練不足と編隊空戦の戦術が未熟だったことだ。日本軍は、かろうじて戦果を上げてはいたが、失った搭乗員や飛行機の補充は期待できなかった。

セ作戦（ルンガ沖航空戦）

『零戦燃ゆ3』〈引28〉によると、ラバウルの第一基地航空部隊は二回のソ作戦で敵戦闘機部隊に大打撃を与え、迎撃能力を低下させたと判断し、セ作戦を実施することになったとある。六月十六日、五八二空の艦爆二十四機、二〇四空と二五一空の零戦七十機で攻撃隊が組まれ、五八二空の進藤少佐が総指揮官となった。目標はムンダ方面である。二〇四空の零戦隊は十六日早朝五時五分にラバウルからブインに進出し六時五十五分に着陸、十時にブインから攻撃に飛び立った。

この日、宮野隊長の編隊に大原が入っていたが、出撃前に指の怪我を指摘されて搭乗割から外されている。第204海軍航空隊編の『ラバウル空戦記』によると、「そんなケガでは、六〇〇〇も七〇〇〇（メートル）も上がれないからやめろ」「いえ、大丈夫です」「大丈夫といったって、気圧の低い高空に上がったら血が噴き出すぞ。今日はダメだ」〈引12〉というやり取りがあって、橋下久英二飛曹が代わりに行くことになった。この日の戦闘で宮野は行方不明になり、大原はこのことで悔いを残している。杉田は第二中隊第二小隊三番機に編成されていた。小隊長は渡辺秀夫上飛曹であった。

戦闘行動調書では、二〇四空は十一時五十五分にガダルカナル島西方で空戦に入っている。P38、P40、F4F、F4U約百機とある。

この戦闘で宮野編隊の四番機である中村二飛曹は、P40に左翼の燃料タンクと操縦席に撃ち込まれ、重傷を負う。零戦も燃料タンクからガソリンが漏れていたが、宮野の指示によってコロンバンガラ島の避難基地に向かった。なんとか自力で着陸したが、重傷で整備員によって引きずり出され、テント張りの野戦病院の宿舎に運ばれている。そして、この中村への指示をしたあとに宮野が行方不明になっている。『ラバウル空戦記』によると、相楽整備兵曹が杉田から聞いたその最後の状況を、宮野の兄に書き送っている。その内容は次の通り。

「（前略）昭和十八年六月十六日、ツラギ、ルンガ泊地敵艦戦攻撃艦爆隊直掩のため、戦闘機二十四機をもって出撃しましたが、敵の強力な反撃に会って味方に大分被害があり、あらかじめ決められた集合地点に戻って来たのは、宮野隊長をはじめ、杉田君のほか数機だけだったそうです。

機数が少ないし、集まりが遅いのを心配した隊長は、再び戦闘空域に戻って飛びはじめたそうです。杉田君もすぐあとを追って行ったのですが、そのとき上方からグラマンが現れ、一瞬にして隊長機の姿は、見えなくなってしまったとのことでした。そのときが、隊長戦死の瞬間だったのでしょう」〈引12〉

この日は森崎も未帰還であった。その日のうちにラバウルに帰投したのはわずか六機であった。翌日、ブインやブカに緊急着陸した十一機がラバウルに帰って来るが、宮野と森崎はとうとう姿を現さなかった。杉田の戦果は、「グラマン一機個人撃墜、G戦六機と交戦、三機を協同撃墜」と戦闘行動調書に記録されている。

『ラバウル海軍航空隊』によると日本側は敵輸送船大型一隻、輸送船中型三隻、駆逐艦一隻を撃沈、戦闘機三十二機（うち不確実五機）の戦果を上げている。しかし、零戦十五機、艦爆十三機を失い、零戦三機大破の損害も出している。

この日の大空戦は、大本営によりルンガ沖航空戦と呼ばれることになった。海軍が「航空戦」と呼称したのはこれが初めてであった。これまでは航空機のみの戦闘でも「〇〇海戦」と呼ばれていたが、以後は航空戦という呼称が使われるようになる。

宮野と森崎が戦死したことで、二〇四空には士官搭乗員がまったくいなくなってしまう。これまで宮野の優れたリーダーシップのもと、家族のような雰囲気で戦ってきた二〇四空の一つの時代が終焉した。

二人の士官を失った二〇四空は、一時的に指揮官不在の隊となった。六月下旬に越田喜三久中尉と島田正男中尉が着任する。幸いなことに、この間大きな空戦もなく月末まで過ごす。

六月末の杉田の動きであるが、頻繁にラバウル基地とブイン基地を行き来している。六月二十六日早朝には、ラバウル基地上空に現れたロッキード（P38か？）の邀撃に上がっている。「追撃スルモ雲中ニ逸ス」と戦闘行動調書に書かれている。

しかし、その間にも連合国軍は侵攻作戦を進めていた。連合艦隊司令部では、連合国軍側にそれなりの損害を与えたので、侵攻は早くても八月と踏んでいた。またしても甘い見込みだった。六月三十日、連合国軍はレンドバ島に上陸を開始し、次のステージに進むことになる。

南東方面艦隊司令長官の草鹿《くさか》中将はレンドバ方面の敵艦船攻撃を命ずるとともに、マリアナで再建中だった二十一航戦にラバウルへの進出を命じた。二航戦の空母隼鷹と龍鳳の母艦飛行隊（零戦四十八機、九九式艦爆三十六機、九七式艦攻十八機ほか数機）が南東方面に出動した。

連合国軍はガダルカナル島を奪取した後、二月にルッセル島を無血占領する。四月には飛行場を完成させ、侵攻拠点を一つ進めた。ここを拠点として、ニュージョージア島への侵攻は五月中旬に予定されていた。しかし、同時期に欧州戦線でイタリアへの侵攻作戦の準備が始まり、上陸作戦と船団護衛のため艦船や航空機が大量に回され、太平洋戦線での侵攻は六月三十日に延期になった。連合国軍の侵攻作戦は遅れていたにもかかわらず、それでも日本軍側の思惑よりもひと月早く進められていた。

それには、敵も相当被害があるはずという日本軍側の甘い戦況判断があった。一つ一つの作戦での敵航空機へ与えた損害が、過大に報告されていたことが遠因として挙げられる。撃墜報告は准士官以上が認定することになっているのだが、被弾システムがある米軍機は黒煙を吐きながらも海面近くまで急降下し、振り切ってそのまま逃げ切っていることも多かった。それに引き換え、日本軍機は燃料タンクに防御がなく、被弾すれば爆発するか火炎を上げて墜ちていく。零戦は降下速度に限界があり、炎を出した状態から急降下で火災を消すということは難しい。その時点で自爆を覚悟しなければならなかった。このように自軍基準で米軍を撃墜認定していたため、誤差が大きくなってしまったのだろう。

ブイン基地

二〇四空が六空としてブインに進出してから八カ月も過ぎたこの頃、ブイン基地には司令部も設置され、敵航空勢力との戦いの最前線基地になっていた。

第二航空戦隊航空参謀だった奥宮正武が、当時のブイン基地の様子を『ラバウル海軍航空隊』の中で書いている。

「ブインの航空基地は、ブーゲンビル島の南端にあった。海岸線に近く、それと直角な滑走路が一本しかなく、基地としてはおよそ、お粗末なものであった。長さ約一二〇〇メートル、幅約三〇〇メートルの滑走路のところどころから、まるでむかでの足のように、やたらに多くの誘導路が両側のジャングルの中に導かれていて、数十の飛行機置き場が、その途中のあちらこちらに、上空から見えにくいように隠されていた。夜間にはすべての飛行機を、昼間には使用しない一部の飛行機を、これらの飛行機置き場に分散しておいて、敵機の攻撃を受けても、同時には被害を受けないようにしてあった。

航空戦隊の司令部をはじめとして、航空隊の本部や宿舎は、そこから西方に約二キロ以上もはなれた海岸の近くにあった。多くはパネルを組み立てた簡単なバラックか天幕で、これまた分散して建てられていた。宿舎はいずれも床板を地上一メートルくらい高いところにつくってあった。こうしないと、暑さと湿気が防げないからであった」〈引10〉

また、七月から九月にかけてのブインの日課についても次のように記述されている。

「日の出の約三時間前には、飛行機の整備員と烹炊《ほうすい》員(炊事係)が起床する。整備員はそのまま飛行機置き場へ急ぎ、その日の使用予定機を暗闇の中から一機、二機と、エッチラオッチラと滑走路の付近まで運び出す。一台の牽引車もない悲しさ、すべてを人力にたよるほかはなかった。日の出の一時間前には、総員が起き出してきて各自の部署につく。搭乗員たちは滑走路のすぐそばにある搭乗員待機所へ集合し、待機する。そこで朝食が出る。

日の出前には、早くも偵察機(二式陸上偵察機あるいは陸軍から貸与を受けた百式司偵)がガダルカナル方面の日施偵察(毎日行う偵察)に飛び立つ。使用可能の全戦闘機は、基地の防空のためいつでも発進できるように準備を整えて、偵察機の報告や、ブインよりさらに敵方に近い島々にある見張所からの警報に耳をそばだてる」〈引10〉

柳田邦男の『零戦燃ゆ3』にも、当時同じブインを基地としていた五八二空の平林真一二飛曹の記述が掲載されている。

「前線基地になっていたブインの宿舎は、飛行場からトラックで十五分くらいの海べりにあって、パネル張りの急増建築でした。中には軽便ベッドが並んでいて、一つ一つに蚊帳が吊られていました。

三回も出撃した時など、ただひたすら綿のようになって眠るばかりでした。普通は、司令への報告がすむと、宿舎に戻り、食事をすませてから小一時間、その日の出来事について話し合い、明日は何時起こしという伝令がきますから、それを確認して寝てしまいます。

食事は、出撃中にとるときは、かんぴょう入りの海苔巻きと、いまでいうミルクコーヒーを一瓶持っていったものでした。

夕食は真暗な宿舎でとりました。搭乗員は優遇されていましたから、白米飯や罐詰、近くでとれた魚なども食べさせてくれましたね。精をつけるようにと、時には南洋でとれる特大のうなぎも出ました。あとは乾燥みそ汁に、内地から取り寄せた生卵。それに搭乗員は目の衰えを防ぐためにと、ビタミン剤も支給されて

いました」〈引28〉

他の資料には、高級品にもかかわらず、筍の罐詰《かんづめ》が続いていて食欲をなくす者もいたと書かれている。ただ、ブインにはガダルカナル島からの引き揚げ兵もいて、栄養失調で多くが死んでいったことも記述されている。

杉田は六月六日からブインに進出し、その後八月下旬まで、ラバウルとブインを作戦によって行き来している。杉田の日常もこのような日々だったと想像できる。

レンドバ島攻防戦

連合国軍にとって、レンドバ島上陸作戦はニュージョージア島攻略への第一歩だ。日本軍はこの時点では、ニージョージア島をガダルカナル島撤退後の防衛線と考えていた。連合国軍は、レンドバ島占領による作戦終了時期を七月四日と見込んでいた。

六月三十日早朝、連合国軍は駆逐艦八隻と輸送艦六隻で上陸作戦を開始する。空母サラトガとヴィクトリアスの支援で五千名の米国海兵隊が上陸すると、草鹿長官は、直ちに各部隊に攻撃命令を出した。

しかし日本側は、い号作戦後の航空機や人員の補充ができていなかった。この時点で、南島方面の基地航空部隊全隊で零戦約七十一機、陸攻三十八機、艦爆約十一機、百式司偵三機、二式陸偵一機という記録がある。レンドバ島の日本軍守備隊はわずか百二十名であった。

この日、敵機はレンドバ島以外にも周辺の島嶼《とうしょ》（ソロモン諸島、ニューブリテン島、ニューアイルランド島）の各航空基地に終夜攻撃を仕掛けてきた。そのため、翌七月一日には、基地航空部隊の全稼働機数が零戦三十五機、艦爆六機、一式陸攻十機まで減少してしまう。

レンドバ島へ敵上陸の報せを受け、基地航空部隊の攻撃はこの日三回行われた。二〇四空は五八二空と合同戦闘機隊として午前一回、午後一回参加している。二〇四空の指揮官は実戦の場を数多く経験してきた渡辺秀夫上飛曹であるが、この日杉田は編成に入っていなかった。また、下旬に着任した二人の中尉も編成に入っていない。

二〇四空は八時にブインを出発し、八時五十分にはレンドバ島上空で敵戦闘機数十機と遭遇し、五分後には空戦となった。三十分間の空戦で撃墜十八機（不確実四機）の戦果を上げている。

午後一時三十分頃には、零戦二十四機に護衛された陸攻二十六機がレンドバ泊地付近の敵艦船攻撃を行った。戦果は、米軽巡洋艦二隻に二本の魚雷命中、駆逐艦一隻炎上、輸送船四隻に損害を与えたとなっている。この攻撃には二〇四空は参加していない。

この日、午後二時頃二〇四空は二回目の攻撃のためにブインを発進した。飛び立ったのは二〇四空と五八二空の零戦及び艦爆だった。全体の指揮官は五八二空の鈴木宇三郎中尉であった。午後三時二十分から四十二分まで、零戦隊はレンドバ上空で敵三十機あまりと二十二分間の空戦を行っている。この攻撃での戦果は、米輸送船一隻、駆逐艦一隻炎上である。

この日の航空部隊による攻撃の成果は敵機撃墜四十九機（内不確実八機）、損害は零戦十三機、一式陸攻十八機であった。これらの攻撃とは別に水上機隊十三機がレンドバ泊地へ攻撃を行い、七機を失っている。米国側の記録では、日本機撃墜五十八機、被害は十七機と報告されている。

二〇四空は士官不在であるにもかかわらず、渡辺上飛曹の統率のもと被害を出さなかった。渡辺は人望があり、下士官兵にとっては信頼できる先輩だった。

五八二空零戦隊は大きな損害を出し、残っている分隊長は鴛淵《おしぶち》孝中尉、分隊士は林喜重中尉、磯崎少尉、近藤飛曹長だけとなってしまう。七月十二日に、艦爆隊だけの部隊となり零戦隊は解散する。また、飛行隊長だった進藤三郎少佐は二〇四空の飛行隊長となる。この激戦を生き延びた鴛淵と林は、のちに三四三航空隊の飛行隊長として共に活躍することになるが、詳細は後述する。

当時第一輸送隊長だった種子島洋二少佐が著書『ソ

ロモン海「セ」号作戦』の中で次のような証言をしている。

「一式陸上攻撃機二十五機をだして、敵艦船を雷撃にむかわせたが—これはまた、いったい、どうした事であろうか、その攻撃隊は敵の戦闘機というよりも、おもに敵艦船の対空砲火で十七機という多数が撃墜されて、一機が不時着大破し、わが方の戦果は、ほとんどなかった」〈引29〉

この頃から米軍は、VT信管（Variable-Time fuze＝近接信管）を使用していたという。VT信管は電波を発信し、ドップラー効果を判断して標的近くで爆発する仕組みを持っていた。直接命中しなくても目標物の近接で爆発し、被害を与えるという米軍の秘密兵器である。しっかり狙ってから撃たなくても、だいたいの方向を合わせて撃てばいいのだ。特に艦船を攻撃してくる航空機に対して非常に有効だった。

七月一日、この日も零戦三十四機、艦爆六機によるレンドバ島への攻撃隊が出撃するが、前日の損害が大きかったために規模は縮小している。特に陸攻隊の被害が大きく、この日は出撃できなかった。この日、二〇四空では渡辺秀夫上飛曹を指揮官として十二機で攻撃に参加している。やはり杉田は編成に入っていない。搭乗する零戦が減っていたことが考えられる。十一機撃墜（内不確実二機）と戦闘行動調書に書かれているが、辻野上上飛曹が未帰還となった。これで、山本長官護衛の六機のうち杉田のみが戦場に残っていることになる。

同二日、陸海軍航空機による協同作戦がスタートする。まず午前十一時四十分、零戦三十機がレンドバ島方面に出撃、敵十機と交戦し九機撃墜（内不確実三機）の成果を上げる。引き続き、陸軍の九七式重爆撃機十八機が一式戦闘機や三式戦闘機の援護のもとに艦船を攻撃し、輸送船を一隻炎上させ、陸上にも攻撃を行った。陸軍の戦闘機二機が未帰還となる。

二〇四空ではこの日も渡辺秀夫上飛曹を指揮官に十二機で出撃し、敵戦闘機数十機と空戦し、四機撃墜の戦果を上げている。この日、杉田は日高初男上飛曹の三番機としてトラック島まで零戦の空輸に行っており、攻撃隊に参加していない。
第二航空戦隊の空母龍鳳飛行隊（零戦三十一機、艦爆十八機、艦攻十二機）と七五一空の陸攻隊の一部がラバウルに進出する。米軍側はコロンバンガラ島とムンダ付近を爆撃する。夜間、軽巡洋艦夕張と駆逐艦六隻によるレンドバ島に上陸した連合国軍への砲撃がなされる。

日本軍側は、六月三十日からの三日間でかなりの戦果を上げたが損失も多く、結局上陸阻止はできなかった。米軍は物量と機械力を駆使し、上陸開始後二十七時間で重砲の砲台を建設してムンダ方面への砲撃を開始している。

七月四日、米軍はレンドバ島への輸送を増強する。日本軍側も陸海軍機合同で攻撃を行う。正午頃、零戦四十九機がレンドバ島上空で米軍機と交戦し、九機撃墜（内不確実二機）の報告がある。三十分後、陸軍航空隊の一式戦闘機に護衛された九七式重爆撃機十七機がレンドバ島へ攻撃し、輸送船五隻を沈め、その他の艦船に被害を与えた。また、米軍機三十機と交戦し十四機を撃墜したと記録されている。この日、二〇四空では島田正男中尉の指揮下で十二機が攻撃に参加している。三機撃墜（内不確実二）が記録されている。杉田は編成に入っていない。

この日の攻撃では陸軍爆撃機の損害が大きかった。九七重爆六機が自爆、二機不時着、戦闘機三機が未帰還となった。九七式重爆には七人が搭乗しており、一度の攻撃での戦死数の多さがこれまでの陸軍機の戦いでは見られなかったことだった。予想以上の損害のため、以後の陸軍機による攻撃は中止された

海軍司令部と陸軍司令部で作戦会議が開かれるが、「レンドバ島に支援部隊を送れ」という陸軍の主張に対し、海軍は「ラバウルの航空部隊は消耗しており、艦隊は燃料不足で出撃できない」と返答する。想像以上の海軍力の低下に陸軍参謀は驚く。陸軍第八方面軍はレンドバ島奪還を諦め、ムンダとコロンバンガラ島の確保に努めることにする。

クラ湾夜戦

七月五日、未明に連合国軍部隊がムンダの北北東にあるライス港に上陸を開始する。上陸を察知した日本軍は、零戦三十六機に護衛された艦爆七機による上陸地点への攻撃を行う。そのとき約四十機の米軍機と遭遇交戦し、十機を撃墜したと報告が記録されている。未帰還機が一機あった。

日本軍側は対抗するために、コロンバンガラ島への補強を行う必要が生じてきた。第三水雷戦隊の駆逐艦十隻がコロンバンガラ島へ向かうが、クラ湾で連合国軍の軽巡洋艦三隻と駆逐艦四隻に迎撃されてしまう（クラ湾夜戦）。日本海軍も軽巡洋艦ヘレナを撃沈し、駆逐艦による物資輸送は一応の成功を収めるが、駆逐艦新月、長月が沈没、多数の艦が損害を出した。司令及び司令部員も総員戦死した。

この日、二〇四空も大忙しだった。零戦十二機がラバウルから出動、ブイン上空で陸軍航空機と合流し、レンドバ島へ攻撃している。また、ムンダ攻撃を行う艦爆隊の直掩にも零戦九機がブイン基地から出動している。留守になったラバウル基地にも敵機が現れ、急遽《きゅうきょ》、零戦四機で迎撃に上がるが雲の中に逃げられる。大原二飛曹が一番機、杉田はこのとき四番機として搭乗している。夕方になってもブイン上空にB24が三機現れ、零戦四機で迎撃に上がり、相当の損害を与え一機は不時着確実と記録されている。

戦線が緊迫してきたためか、二〇四空の動きもラバウルとブイン間の連絡が多くなってきている。

六日午前中、機体移送のため杉田は八木二飛曹と共にラバウルからブインに移動している。同じく午前中、ブインの二〇四空はコロンバンガラにいる駆逐艦長月の上空哨戒任務に零戦十二機で出動し、F4Uを二機撃墜、不確実一機の戦果を上げている。さらに夕方、米軍の双発機三機（機種不明）とB24十五機がブイン上空に現れ、零戦十機（三機編隊二、二機編隊二）で迎撃に上がる。杉田は、第二小隊二番機として出撃する。戦闘行動調書には、「B25爆撃機二機撃墜、B24

爆撃機一機ニ相当ノ損害与フ。被害ハ着陸時ニ大破二機」の記録がある。

七月六日、南東方面艦隊司令長官の草鹿中将と第八艦隊司令長官の鮫島中将が、ともに戦闘指揮所をラバウルからブインに移した。海上作戦の経過が思わしくないことと、より前線に近くに進出することで、刻々変わる状況をとらえて作戦を速やかに実行することができるという理由からである。

ブイン基地では毎日のように敵機が来襲した。司令部とともにブイン基地に来た第二航空戦隊航空参謀の奥宮正武が攻撃の様子を『ラバウル海軍航空隊』に次のように書いている。

「敵機の来襲が方々の見張所から伝えられてくる。基地の指揮官は、これらの情報から敵機の来襲時間を推定し、その時までに防空戦闘機隊が敵編隊よりも高い高度に占位できるように早目に発進させる。空中戦闘では、敵機よりも高く飛んでいれば、降下速度を利用できるので、挑戦、避戦共に自由がきくからである。

戦闘機が飛び立ったあとは、基地はがら空きとなり、まるで留守の飛行場のようになる。敵機が南の空に現れる。敵の爆撃機隊は、地上の獲物を求めて、飛行場に向けて突進してくる。そうはさせじとわが零戦隊が襲いかかる、敵の援護戦闘機が反撃する。彼我入り乱れて、空にまんじ巴の格闘戦がはじまる頃、敵の爆撃機は滑走路といわず、飛行機置き場といわず、目ぼしい目標を定めて、所きらわず爆弾の雨を降らせる。口径八センチの高角砲が数門あったが、私はこの部隊が敵機を撃墜したのを見たことはなかった。

地上には多数の大穴があく。運悪く整備中の飛行機に命中して大火災が起こることもある。空では、敵味方いずれとも知れぬ戦闘機が、相手の機銃弾を浴びて、紅蓮《ぐれん》の尾を曳きながら、流れ星のように消えてゆく」〈引10〉

敵の爆撃が終わると、飛行場の設営隊、整備部隊が防空壕から一斉に飛び出して滑走路の穴埋め作業を行う。そこに傷ついた戦闘機から順に降りてくる。整備員は着陸した飛行機をすばやく滑走路の両脇に並べ、機銃弾と燃料の補給を急ぐ。着陸した搭乗員は指揮所に集まってきて空戦の結果を報告する。報告が終わると直ちに次の編成が決められ、黒板に書かれる。搭乗員たちはその編成を確かめてから、待機所へ戻る。日没後は大規模な空襲はなくなるので搭乗員たちは宿舎に引き揚げる。厳重な灯火管制が行われ、真っ暗闇の中でひたすら休む…と、搭乗員の日常が繰り返される。

七月に入ると船団護衛、艦爆隊直掩、島嶼攻撃支援、敵機追撃、上空哨戒と一日に何度も出撃をすることが日常化する。ラバウルとブイン間も頻繁に往来しており、杉田など二飛曹クラスも編隊を指揮して飛ぶようになる。

七月七日、連合国軍地上部隊がレンドバ島とムンダの中間にあるルビアナ島に占領地区を拡大したので、基地航空部隊の零戦四十一機と一式陸攻六機で攻撃し、邀撃に上がった敵機約四十機と交戦した。二〇四空では越田喜三久中尉の指揮で八機が出撃し、Ｆ４Ｕを六機撃墜（不確実二）している。杉田は渡辺秀夫上飛曹率いる第二小隊の三番機として参加している。

同八日、基地航空部隊の零戦四十四機と艦爆六機でクラ湾方面の敵陣地を攻撃している。二〇四空は、日高初男飛曹長の指揮下で十一機が艦爆隊直掩任務に就いている。上空に敵機はおらず、空戦はなかった。杉田は第三小隊の小隊長として参加している。

同九日、基地航空部隊の零戦三十八機でレンドバ泊地上空の制圧を行うために出撃する。二〇四空は、前日よりさらに朝早く三時五十分にブインを出発し、レンドバ島の敵大型上陸用舟艇への攻撃を行った。四時三十五分から攻撃を開始し、一隻炎上、一隻傾斜の戦果が報告されている。

この日は二機で小隊を組むという特別編成になっており、三小隊六機で出動している。杉田は第一小隊（小隊長、日高初男飛曹長）の二番機として記録されている。レンドバ島上空に敵機はいなかったが、実はこのときムンダが敵機約七十機の襲撃を受けており、地上部隊が攻撃されていた。

海上部隊にも動きがあり、駆逐艦四隻がクラ湾からライス港付近の敵上陸地点を夜間砲撃するために出撃した。二〇四空の六機がラバウル基地から出撃し、二五一空と合流して神口丸の上空哨戒任務に就いている。ブイン基地からも四機が二時間ごとの三直交代で、巡洋艦鳥海の上空哨戒任務を行っている。

同十日、レンドバ島の制空権確保を期して基地航空部隊が航空撃滅戦を行う。二〇四空では越田喜三久中尉を指揮官として十六機が出撃するも、天候が悪かったためか目的地に達しないで引き返している。杉田は第四小隊三番機を務めている。

ところがこの日も敵機約百機がムンダの飛行場周辺を攻撃し、呼応するように敵地上軍も飛行場を砲撃し、ムンダ飛行場に集中攻撃をしてきた。ムンダ方面の日本軍に増援輸送が行われたが、日中は敵機の攻撃が激しく夜間に実施せざるを得なかった。

同十一日午前中、ブイン基地から中攻隊直掩で零戦二小隊の八機が出撃し、午後はムンダの敵陣地攻撃でやはり零戦二小隊の八機が出撃している。杉田は午後のムンダ攻撃に第一小隊四番機として出動する。戦闘行動調書には「直撃効果大」と記録されている。

同十二日、基地航空部隊はムンダとライス港の間にあるエノガイ泊地付近を爆撃する。また、駆逐艦四隻でコロンバンガラ島へ陸兵千二百名を輸送する計画がされ、軽巡洋艦神通と駆逐艦五隻が護衛に当たることになった。これを察知した米海軍及びニュージーランド海軍の巡洋艦部隊（軽巡洋艦三、駆逐艦十）との間で夜戦が繰り広げられる（コロンバンガラ島沖夜戦）。この海戦で日本軍は勝利し、輸送任務も達成する。しかし、旗艦神通が沈没、第二水雷戦隊司令部は伊崎少将を含め全員戦死する。

同十三日、前述したが同じ二十六航戦の所属である五八二空が戦力の消耗が激しく解散されることになり、五八二空飛行隊長だった進藤三郎少佐は、この日付で二〇四空飛行隊長兼分隊長となった。また、五八二空分隊長の鈴木宇三郎中尉も二〇四空の分隊長に、その他多くの搭乗員も二〇四空に横滑りしてきた。

内地で再編していた二〇一空も、零戦五十機ととももにラバウルに戻ってくることになる。航空兵力の増強が慌ただしく行われ、集められるだけの零戦をラバウルに集めているような状況であった。

実は米軍もそれ以上に航空兵力の増強を行っており、ガダルカナル島の航空基地だけでなく分散するソロモン海域の島嶼にも飛行場を確保し、多方面での制空権を広げていた。日本軍が制空権を押さえているのはブインやバラレなど、零戦がスクランブル発進できる地域に限られていた。

七月十四日、ついに米軍はムンダ東方約五キロメートル地点に上陸を開始する。当日は天候不良やその他の条件で航空部隊での支援はできなかった。レンドバ島攻防戦は終わり、ニュージョージア島やコロバンガラ島に戦線が移る。

詰め寄る米軍

七月後半になっても、一日のうちに何度も出撃するような日が続いていた。空戦が行われる日も多く、戦果を上げるが仲間も次々と斃《たお》れていった。『ラバウル海軍航空隊』によると、次のような経過になる（奥宮はラバウル航空隊の飛行隊全体をまとめて記述している）。

「十五日、ムンダ方面の戦線は複雑となって敵味方の識別も困難であったので、零戦四十四機、陸攻八機はルビアナ島の敵陣地を爆撃した。そのさい敵機約五十機と交戦し、その十九機（内不確実十二機）を撃墜したと報告したが、わが方も零戦五機、陸攻五機を失った」〈引10〉

この日の二〇四空の戦闘行動調書には「ルビアナ攻撃中攻隊直掩」と書かれ、鈴木宇三郎中尉を指揮官に十二機が出撃した記述がある。しかし、杉田は編成に入っていない。

「十六日、ブカ基地は敵機六十三機に攻撃された。この日から、敵機のソロモン群島のわが基地に対する攻撃が次第に激しくなってきたので、基地航空部隊ではその要撃に忙殺されるようになっていた。これに対し、この日、陸攻五機がガダルカナルの夜間攻撃を

行っている」〈引10〉

この日の二〇四空の戦闘行動調書には「移動哨戒」と書かれている。島田正男中尉を指揮官に、十機がベララベラ島上空に出撃しているが、十五分の滞在で帰投している。杉田は編成に入っていない。

「十七日、ムンダ方面では激戦が展開されていた。この日、敵機約百二十機がショートランドに、別に約百七十機がブインに来襲したので、零戦四十六機が後者を攻撃し、その五十八機（内不確実十三機）を撃墜したと報告した（米軍の記録によれば、撃墜四十八機、被撃墜六機）。わが方の損害は自爆六機のほか、駆逐艦初雪がブイン沖で撃沈された」〈引10〉

この日の二〇四空の戦闘行動調書には「敵機追撃」と書かれ、「ブイン上空旋回中、敵機ヲ認メ泊地船団降爆中ノ艦爆ニ突入空戦」と記述されている。鈴木宇三郎中尉が指揮官で十八機が出撃し、敵大型機七機、戦闘機約三十機と空戦になった。ＳＢＤ一機、Ｐ38一機（協同撃墜三）、Ｇ（グラマン）一機、Ｆ4Ｕ五機（協同撃墜一機）、Ｐ40一機の記録があるが、越田喜三久中尉、竹澤秀也一飛曹が未帰還自爆、中野智弐二飛曹が空中接触で負傷と書かれている。杉田は、日高初男飛曹長指揮の別動隊八機の一人として、この日はブインに移動している。

「十八日にも敵機約百五十機がブインに来襲し、零戦四十機がこれを要撃した」〈引10〉

この日の二〇四空は日高飛曹長指揮で、十八機がブイン基地から邀撃に上がっている。杉田は、第一小隊の三番機として飛んでいる。戦果はＧ八機、シコルスキー（Ｆ4Ｕ）三機、艦爆一機、協同二機と書かれているが、中澤政一二飛曹が未帰還、井上末男二飛曹が自爆、大原亮治二飛曹が被弾している。

「十九日、コロンバンガラ島方面に行動中であった駆逐艦夕暮と清波は、同島の西方のベラ湾で敵機の爆撃を受けて沈没した」〈引10〉

この日の二〇四空は、鈴木宇三郎中尉の指揮下二十七機でブイン基地上空哨戒を行っているが敵機は現れなかった。杉田は、第二中隊第一小隊の三番機として飛んでいる。

「二十一日、基地航空部隊は零戦、艦爆計六十機でレンドバの敵艦戦を強襲し、駆逐艦一隻、輸送船中型一隻を撃沈し、その他の一隻を撃破したと報告したが、我が方も一機が自爆した。この日、潜水母艦日進は、陸軍部隊と重装備をのせて、駆逐艦三隻に護衛されながらブーゲンビル島の東方海面を南東方の針路をとりつつブインに向かっていた。この輸送部隊は、ラバウル出撃以来敵機に触接されていたので、ブイン所在の戦闘機隊はその上空警戒を命じられていた」〈引10〉

ここでいうブイン所在の戦闘機隊は二〇四空で、朝五時十分から一直として大上谷宗市一飛曹が七機を指揮して六時十五分まで哨戒をしている。その後、七時から九時までの二直を渡辺秀夫上飛曹が指揮して十一機が哨戒をしている。杉田は中隊長渡辺の三番機として飛んでいる。さらに十三時からの三直には再び渡辺が指揮官として十五機が哨戒にあたったが、杉田も再び第二小隊三番機として飛んでいる。十五時二十分にP38二機、F4F、P39十数機と交戦している。戦果は不明で十六時五分に戦場離脱をしている。帰投着陸時に基地に投下されていた時限爆弾が爆発し、人見喜十二飛曹が巻き込まれて戦死した。

「二十二日、日進は、わが上空警戒隊の間隙を縫って来襲してきた敵機約九十機の爆撃を受けて遂に沈没するに至った。零戦隊は敵機九機を撃墜したが、衆寡適せず、ついに敵機の攻撃を阻止できなかった。しかし同行していた駆逐艦三隻はショートランドに入泊することができた」〈引10〉

この日も二〇四空は三直交代で出撃している。一直は、七時三十分から石原進上飛曹を指揮官として、七機が基地上空哨戒を行っているが、敵は現れなかった。二直は、九時半から鈴木博上飛曹を指揮官として、日進上空哨戒を行っている。杉田は編成に入っていない。十二時に哨戒を終える。十四時十五分、空襲警報が鳴って搭乗員たちは緊急発進する。渡辺秀夫上飛曹を指揮官として十一機で敵機追撃を行っている。杉田は第二小隊三番機として飛んでいる。小隊長は、鈴木博上飛曹であった。しかし、すでに十四時頃に日進は沈没しており、間に合わなかった。日進は増援陸軍部隊と重火器を積んでいた。

二十四日早朝三時五十五分、二〇四空はブイン基地から駆逐艦上空哨戒で発進している。指揮官は渡辺秀夫上飛曹で八機が出撃している。杉田は鈴木上飛曹の指揮する第二小隊の四番機として飛んでいる。会敵せずに帰投している。

越田中尉戦死後は渡辺秀夫上飛曹、鈴木上飛曹、大正谷一飛曹が指揮官になって出撃することが多くなる。とりわけ渡辺上飛曹の名前が目立つ。事実上二〇四空の大黒柱となっていた。この間、杉田も十七日、十八日、十九日、二十日、二十一日午前、二十一日午後、二十二日、二十四日と出撃している。この頃、余裕がないためか戦闘行動調書への書き込みも詳細が書かれることがなかった。個人撃墜についてはまったく記録されず、隊としての撃墜記録だけとなっている。

赴任したばかりの飛行隊長横山少佐がこの時期のことを『あゝ零戦一代』に記している。

「この頃から敵は、わがブイン基地にある航空兵力をつぶさんものと、連日のように、夜間爆撃をしかけてくるようになった。ところが、わが方の補給量は前線からの強い要望にこたえるほどには到着せず、消耗はますます激しくなっていくばかりであった。

たとえば七月十五日の夜間爆撃の際には零戦二十機以上が被爆し、その修理のため翌十六日は全く航空作戦はできず、さらに十六日の夜にも来襲があって、これには無傷の戦闘機二十機までが被害を受ける、といったありさまであった。こえて七月二十日には、第二航空戦隊の航空機がラバウルに進出してきて、われわれの作戦に参加することになった」〈引27〉

敵の戦闘機の数が確実に増加していたが、ラバウルの各航空隊は零戦も搭乗員も少なくなるばかりで、彼我の差がますます開いていった。

羽切松男飛曹長、ラバウルへ

七月中旬、二〇四空に横須賀航空隊から羽切《はぎり》松男飛曹長が編入してきた。羽切は、日中戦争当時から数々のエピソードを持つ伝説の搭乗員であった。太平洋戦争が始まってからは、横須賀航空隊で新型機のテストを行っていた。前線の状況が逼迫してきており、満を持しての出番となったのだ。羽切は、空母翔鶴に便乗し、トラック島経由でラバウル基地に到着する。隊の搭乗員はみなブインに進出していて、戦闘指揮所に挨拶に行くと留守番として副長の玉井中佐が一人残っていた。羽切は、玉井中佐とは筑波航空隊で一緒に勤めた仲であった。開口一番、玉井から「君が横空から出てくるようでは、内地には古い搭乗員はもういないだろうなァ」〈引30〉と言われる。

羽切は、ラバウル基地の飛行場に二十機以上の零戦が並んでいるのを見て驚く。南方の前線では零戦が足りないと聞いていたのに、新品の零戦がずらりと並んでいる。玉井副長に尋ねると、内地から新品として送られてくるのだが、いざ飛ばしてみると振動が酷くて乗っていられないという。整備分隊士の報告でも、とても戦闘に使えたものじゃないとのことだった。そのとき玉井から提案があった。「そうだ羽切君、きみは横空から来たのだから、しばらく試飛行でもやりながら、早く戦場に慣れてくれ」〈引30〉

ベテラン搭乗員であっても、しばらく実戦から遠ざかっていることを心配した玉井の配慮でもあった。羽切は、玉井の思いも伝わり、自分でもその必要性を感じて、「わかりました。戦場になれるまで、しばらくやりましょう」〈引30〉と答え、使い物にならないという零戦に乗ってみることにした。

羽切は整備分隊士から、零戦の不調の説明を聞いてみた。整備の段階では心配する箇所は見当たらないが、飛行中に空中分解しそうな激しい振動が起こり、搭乗員も嫌って乗らないという。なんとか原因の追究に努力しているが、まだ原因が分からないということであった。

羽切は一機を選んで整備員に始動させ、座席に入って入念に試運転を試みる。地上での試運転には限度があり、スローから全力運転、その間プロペラピッチの変更、諸計器作動の確認ぐらいしかできないが、言われてみれば少し振動が大きいかなと思われる。それ以上の判断はできず、試飛行は翌日からにした。

この頃ブインを基地とする二〇四空隊は、毎日のようにソロモン上空で敵機との激しい空戦を行っていたが、ラバウルはまだ静かで敵機の来襲もなく、羽切は思う存分試飛行を行うことができた。

羽切は、長く務めてきたテストパイロットの眼で観察を行った。離陸からのエンジン全力回転、高度一万メートルまでの急上昇、その間に諸計器のチェック。さまざまな特殊飛行での機体の状況のチェック。全力上昇から小刻みな振動が始まり、次第に身体に応える振動となり、機体の安定が保てなく、高度六〇〇〇メートルまでの上昇がやっとであった。羽切は『大空の決戦』にこの件を次のように記述している。

「零戦試飛行は型式を問わず、数多く経験しているが、これほどの振動は初めてであった。振動過多の原因にはおよそ次の三つが考えられた。

第一に機体から来るもの、次はプロペラによるもの、そしてエンジンに起因するものである。まず機体から来るものについては、ちょっとした特殊飛行をすれば、エルロン、方向舵など操縦系統から来るものか、機体のねじれなどが原因か、大体見当がつく。またプロペラによる振動であるならば、プロペラピッチを変更し、エンジン回転を増減すれば判断できる。この二つについてくり返しテストをしてみたが、振動はまったく変わらなかった。

最後にエンジンによるものと断定し、キャブレターや燃料系統について綿密なテストをしてみた結果、どうやら燃料の濃淡に起因したものであることを突きとめた。

飛行機エンジンの燃料は、そのときの気温に応じて濃淡の調節をしなければならない。ＡＣ（キャブレターに入る空気をコントロールする装置）をレバーで調整してみた。高温の南方では、気温、気圧の関係から、内地より空気が薄いのに、燃料の方は一定量だけ送り込まれていたため、エンジンが不調となり振動の原因となっていたのだ。即ちキャブレターに送られる混合比が濃過ぎたので、整備員に指示して、燃料の濃淡を示す目盛を一・二から次第に下げて行き、〇・八にしたらたちまち振動が止まり、安定感をとり戻し、快適な飛行となった。翌日もまた別の機をテストしてみたが、やはり原因は同じであった。

次の飛行機からはこれを規準として調整し、試飛行した結果、二、三特殊な原因によるもののほかは、ほとんどこれで解決し、四、五日で二十余機をブインに送り出すことができた」〈引30〉

零戦を熟知している羽切であればこそのエピソードである。整備員がなぜ気付かなかったかが気になるところだが、ラバウルに着いた途端に整備員や搭乗員から大きな信頼を得ることになった。ベテラン整備員が足りなかったことは想像に難くない。なによりも副長の玉井は、力強さを感じたはずだ。「さすがは横空から来たベテランだけあるなあ」〈引30〉と絶賛し、その労をねぎらった。

羽切は次に、トラック島から五十二機の零戦をラバウルに空輸する任務を命ぜられる。補給基地だったトラック島には、内地から空母で運ばれてきた零戦がたくさんあり、それをラバウルまで空輸するのだ。トラック島には、二〇四空など南東方面に赴任する搭乗員も控えていた。彼らを引き連れ、編隊を組んでラバウルへ向かう仕事である。最古参である羽切が指揮官に命ぜられた。トラック島からラバウルまでは、海上を約一三〇〇キロメートル飛ばなければならない。途中に中継の島はなく、戦闘機での移動は容易ならざる任務であることが想像できる。羽切がトラック基地に着いてすぐに、陸軍の戦闘機の大量遭難事故の話を聞いている。大緊張の中、この仕事も無事やり遂げ、羽切はいよいよ太平洋戦線へデビューをする。

羽切出動

七月二十四日、羽切の名前が、初めて指揮官として二〇四空の戦闘行動調書に記載されている。二十五日に予定されているレンドバ島迎撃戦のために、零戦八機を率いてラバウルからブインに移動したのだ。その移動の折にB25と遭遇し、たちまち撃墜している。

七月二十五日、敵機二百機以上がムンダの日本軍基地を爆撃したため、地上部隊は大きな被害を出した。ムンダ基地からは、苦しいはずなのにいつも控えめな報告が上がってきていた。しかし、この日はムンダから航空部隊の支援要請があった。いよいよ耐え切れなくなったのだ。

『ラバウル海軍航空隊』の中に当時航空参謀だった奥宮正武の証言がある。

「ムンダ方面に直接増援部隊を送ることはほとんどできなかったので南東方面の陸海軍司令部では、まずそれをコロンバンガラ島に送り、そこから小舟艇でムンダ方面に向かわせるよう企図したが、敵機と敵艦隊に阻止されて思うようにはならなかった。いま少しく具体的にその理由を説明すると、わが海軍航空部隊の保有機数が著しく少なくなっていたばかりでなく、夜間の行動能力のあるものがあまりいなかったこと、わが艦艇の射撃指揮装置が、レーダーを持つ米艦のそれに劣っていたことなどがあげられる。二十五日、二十六日の両日、敵機約百機がブインとその付近にあるわが航空基地に来襲した。零戦隊はこれらを邀撃してその二十七機を撃墜したと報告したが、わが方も十二機を失った」〈引10〉

羽切は零戦八機を率いてムンダ上空での空戦に参加するが、仁平哲郎一飛曹と根本政一二飛曹が未帰還となった。

この日のことを羽切は『大空の決戦』の中で次のように記述している。

「ラバウルに来ての初陣は、七月二十五日のレンドバ島迎撃戦だった。この日、八機で出撃し、私は敵舟艇群を攻撃したのち帰途についたが、基地に着いて二機いなくなっていることを知った。地上の戦闘とちがい、せまい戦闘機の座席に閉じ込められている空中では、自分の機の発するものすごい爆音で何も聞こえないから、目で見ない限り、周りで何が起こっているかまったくわからない。機上電話が使えればいいのだが、よく聞こえないことも多いし、それに混乱を防ぐために、発信はたいてい指揮官機に限られている。そこで見張りを厳重にするわけだが、二機がいつやられたかわからず、改めてソロモンの空の戦いを思い知らされたのだった」〈引30〉

この日以降、羽切は二〇四空の大黒柱として連日のように出撃することになる。消耗も激しく、新しく搭乗員が補充されるが、出撃ごとに未帰還者が出ていた。『大空の決戦』に当時の編成についての羽切の証言が記載されている。

「このころは飛行隊長は岡嶋清熊大尉で、分隊長が鈴木宇三郎中尉だった。この人たちもかなり疲れておられたから、私の出撃回数がおのずと多くなった。分隊士だから、搭乗編成はわたしがやった。当時、零戦が四十機足らずで、搭乗員が五十から六十名。毎日少ないときで一回、多いときで三回位空戦があり、消耗率も高かった。飛行機の性能はともかくとして、若い搭乗員が多くなり、戦闘技量はこちらの方がかなり低下していたのではないか」〈引30〉

羽切は二番機の編成に苦労したとも記述している。指揮官機や自分の二番機には優秀な者をつけるようにしたが、毎日のように戦死者が出て編成が固定化しなかった。一カ月で七割くらいのメンバーが変わったと書いている。若い学生上がりの少尉や中尉が、一週間ほどで次々と戦死してしまう。一カ月、二カ月生き残ると強くなっていったということである。また、未帰還者についても『大空の決戦』で以下のように書いている。

「南方の天候は変わりやすかったが、飛行のできない日はほとんどなく、毎日どこかで空中戦が行われ、多いときは三回も出撃に参加した。毎回の戦闘に彼我の優劣はあったが、そのつど何人かの犠牲者を出し、多い日は数名の未帰還者を出すこともあった。

黒板に掛けられた名札が、そのつど赤札に返され、列外に掛けられていく。日増しに黒板が赤くなっていくのはいかにも淋しく、誰も口にしないが、搭乗員の士気も急速に低下していった。三十六人の定員を欠く頃になると、内地からどっと若い搭乗員が入隊してくる。しかし、心ははやっても経験の乏しい彼らは、一ヶ月もたてば自爆、未帰還で、その数も半減してし

まう」〈引30〉

七月二十六日、この日も午前と午後に羽切はブイン基地から出撃している。午前中は空襲警報による敵機追撃で、十機を率いて飛び立った。だが、警報が発令されるのが遅く、敵機を発見したのが高度四〇〇〇メートル付近で優位な高度を確保することができず、敵爆撃機ははるかに高いところにおり、さらにその上方に直掩戦闘機がついていた。不利な前下方からの攻撃を行うが、爆撃機に有効な射撃を行うことはできなかった。それでも敵爆撃機の攻撃を、飛行場から逸らすことができた。後方に取り残された戦闘機をベララベラ島付近まで追っていき、F4Uを一機撃墜している。

午後は駆逐艦の上空哨戒で、午後三時頃にブイン基地を出撃した。ガダルカナル島から撤収する陸軍部隊を輸送中の駆逐艦を追尾していたB24を発見、後上方攻撃を行って一機撃墜している。荒れている海で、揺れている駆逐艦上の兵隊たちが手を振っているのを確認して帰還している。

同二十七日、二〇四空の一部がブカ基地へ進出し、船団上空哨戒任務に就いている。七月後半、増強された二〇四空は、ラバウル基地、ブイン基地、ブカ基地に隊を分散しながら任務を広範囲に展開していた。

同二十八日、二〇四空はラバウル基地から出撃をしている。一次隊は午前五時に鈴木宇三郎中尉の指揮で八機、二次隊は午前七時四十分に渡辺秀夫上飛曹の指揮で八機、船団護衛任務に就いている。一次隊は敵との遭遇はなかったが、二次隊は高度五〇〇〇メートルの同高度上でB25とP38の敵戦爆連合と遭遇する。瞬時の差で発見が早く、後方に回り込むことができた。しかし、戦闘慣れした爆撃機はそのまま船団上空で爆弾を投下し、全速で退避していった。幸い爆弾は船団を逸れて被害はなかった。優位からの攻撃でB25撃墜一機、P38撃墜五機（不確実一）の戦果を上げるが、浅見茂正二飛曹が自爆となった。この日、杉田は鈴木博上飛曹の指揮する第二小隊三番機として出撃している。

同三十日、敵の大攻勢があり、十二時三十分にブカ基地とブイン基地の双方から敵機追撃戦を行っている。ブカ基地から出撃した島田正男中尉指揮下の零戦十機はB24七機、F4UとP38合わせて約三十機を発見し交戦している。戦果はF4U一機撃墜と記録されている。特筆すべきこととして、米軍は海軍機と陸軍機が連携して作戦を実施していることである。

ブイン基地からは鈴木宇三郎中尉指揮下で零戦十六機が出撃した。B24七機、F4U八機、P38十二機を発見し交戦となった。戦果はF4Uをベララベラ南方まで追撃し二機撃墜と記録されている。杉田が第三小隊三番機として搭乗している。第三小隊の小隊長は羽切松男飛曹長である。

同三十一日、レンドバ島を巡る攻防が激しさを増し、連合国軍の大攻勢が予測されるようになり、制空権を確保するため基地航空部隊による攻撃が計画された。二〇四空も参加、航空撃滅戦を行っている。

早朝五時五十分ブイン基地から鈴木宇三郎中尉以下、十五機の零戦がブインからレンドバ上空へ攻撃をかけた。六時五十五分に敵戦闘機十二〜十五機と会敵するも空戦にはならなかった。杉田は第四小隊の一番機、小隊長として出撃している。羽切が記したように、搭乗員の消耗が激しい中で杉田はすでに中堅となっていた。

コロンバンガラ島攻防戦

八月に入るとムンダ方面の戦況が急速に悪化し、敵の攻撃がさらに激しくなってきた。日本陸海軍はこの方面の戦線を整理し、移動可能兵力をコロンバンガラ島に移動させ、そこで敵を迎え撃つ策をとることにした。支援のため、南東方面司令部から基地航空部隊に攻撃をかけるように指令が出された。

そのため二〇四空の搭乗員たちは、毎日複数回の出撃が当たり前になってきた。八月第一週の戦闘行動記録を見ると、明らかに以前より出動回数が増している。敵機来襲による緊急出動では四機編隊が組めない編成も多い。空戦もたびたびあり、戦死する搭乗員も増えていた。

八月一日の「レンドバ港攻撃艦爆直掩」任務は、二〇四空と空母龍鳳飛行隊の合同で行われている。空母龍鳳の飛行隊は、そもそもは空母飛鷹飛行隊であった。六月上旬、ラバウルに向かう途中の飛鷹が潜水艦の攻撃で大破し、横須賀に戻ることになった。飛鷹飛行隊は内地に戻らず、龍鳳飛行隊に転用される。それも七月に入るとすぐにレンドバ島での航空撃滅作戦のため、ブイン基地に派遣されることになる。この時点での龍鳳飛行隊は零戦二十一機、艦攻九機であった。しかし、ブインで繰り広げられている激戦のため半数がすぐに失われてしまう。七月いっぱいで龍鳳飛行隊は解散、二〇四空に吸収されることになった。

この日のレンドバ島への一次攻撃は早朝四時三十五分出撃、六時二十分に敵機十数機と遭遇、空戦が行われ二機撃墜（不確実一機）と記録されている。一次攻撃隊の第三小隊一番機（小隊長）に杉田が編成されている。七時四十分にはブインに帰着するとすぐに飛行機の整備が行われ、二次攻撃に備えた。

二次攻撃は十一時五十分に出撃、十三時二十五分にレンドバ島上空で敵四機を発見するも、艦爆の援護を優先し空戦を避けた。帰途、ベラベラ島上空でP39とP40合わせて六機を発見攻撃しているが、戦果はなかった。この二次攻撃では杉田は羽切小隊の三番機として飛んでいる。

この日の午後、ブイン基地はB24二十一機、艦爆約二十機、戦闘機約二十機による空襲を受けている。迎撃によって艦爆一機、戦闘機一機を撃墜したが、飛行場が爆撃を受けて着陸不能となる。

同二日、前日のように敵戦爆連合による攻撃を警戒して、午前と午後の二回にわたって基地上空哨戒を行っている。午前の一次編成は十二機、午後の二次編成は十六機で、ともに指揮官は羽切である。杉田は、一次編成では第三小隊の一番機（小隊長）、二次編成でも第四小隊の一番機（小隊長）であった。八月に入ると、杉田は二飛曹ではあるが四機編隊の一番機（小隊長）を任せられることが多くなっている。

同三日、日本軍地上部隊がムンダの戦線を縮小し、兵力の大部分をコロンバンガラ島へ移動させる。この方面での地上戦闘は終息した。南東方面艦隊司令長官草鹿中将も、ブインからラバウルに引き揚げた。この日も二〇四空は基地上空哨戒を続けているが、敵機の来襲はなく、杉田も編成に入っていない。

同四日、早朝五時から島田正男中尉の指揮のもと零戦八機が基地上空哨戒に上がった。その後五時三十分、船団上空哨戒任務に就く一次隊の零戦八機が出撃する。指揮官は渡辺秀夫上飛曹、杉田も第二小隊一番機（小隊長）として参加した。六時から七時三十分まで上空哨戒を行い、その後二次隊と交代している。二次隊が帰着する頃にブイン基地に敵機が現れ、島田率いる零戦六機が追撃に上がった。敵との空戦はなく、十時には帰着するが、島田は四十五分後には船団上空哨戒任務のために零戦七機を率いて出撃している。島田にとって、この日三度目の出撃である。

同五日、朝七時四十分に発進し、零戦八機で船団上空哨戒を十時過ぎまで行っている。杉田はこの日も第二小隊一番機（小隊長）であった。敵機との空戦はなかった。

同六日、午前中に零戦十六機ずつ二回の基地上空哨戒を行っている。二次隊哨戒時に二十四機の敵戦闘機と遭遇し空戦になった。杉田は指揮官渡辺秀夫上飛曹の三番機として編成に入っていた。撃墜九機（不確実一機）の戦果を上げたが、黒澤清一二飛曹が自爆戦死した。

この日の夜間、コロンバンガラ島に輸送中であった駆逐艦四隻がベラ湾北口付近で敵駆逐艦六隻、魚雷艇、航空機の集中攻撃を受けた。駆逐艦荻風、嵐、江風の三隻が撃沈、時雨が損傷した。

八月七日、早朝から二〇一空とともに駆逐隊上空哨戒任務で四小隊十六機が出撃した。指揮官は羽切松男飛曹長で、杉田は羽切の三番機として飛んでいる。味方輸送隊を発見できないでいる間に、Ｆ４Ｕ戦闘機十

～二十機を発見するが空戦はしていない。この日の戦闘行動調書には「杉山庄一」と書かれている。調書はこのような名前の誤記がみられ、記入者が頻繁に変化していることが分かる。

同日十一時から二〇四空は、レンドバ港に入港する船団の上空哨戒に出動している。鈴木宇三郎大尉の率いる二小隊八機が敵機十八機と交戦している。二〇一空からも二小隊八機が合流している。

二〇一空との合同で出動することが多くなっているのは、敵と遭遇する空域が押されてきたことの表れであるかもしれない。また、搭乗員や士官の消耗が多く、出動機会が多い中でそれなりに機数を維持していくには、合同で出動する方法をとらざるを得なかったのだろう。

さらに午後三時、敵機来襲にともなって零戦七機が追撃を行ったが、発見できずに引き返している。別に楢原憲政上飛曹が率いる零戦七機が敵機を発見、ファロ島とチョイセル島の中間まで追撃し共同撃墜している。戦闘行動調書には「大ダグラスｆｂ」としか書かれていない。杉田は楢原小隊の二番機として追撃戦に参加している。

同八日、二〇一空の十二機と合同でショートランド島付近を哨戒したが敵とは遭遇せずに引き返している。指揮官は鈴木宇三郎中尉。杉田は第二小隊の三番機として出撃している。

同九日、コロンバンガラ島に敵機約百七十機が来襲したが、阻止できなかった。

同十日、二〇一空と合同で、島田正男中尉の指揮のもと零戦十六機がレンドバ島の航空撃滅戦で出撃した。Ｐ39十一機と空戦になり二機撃墜（不確実）するも未帰還機が一機出た。この日、杉田は編成から外れていた。

ブイン上空戦

八月十二日、午前中、Ｂ24によるブインへの大規模な攻撃があり、ブインに駐留する隼鷹《じゅんよう》飛行隊、二〇一空飛行隊、二〇四空飛行隊が邀撃に上がった。二〇四空では島田中尉の指揮下で二十六機の零戦が出撃している。杉田は第五小隊三番機として搭乗、小隊長は渡辺秀夫上飛曹であった。Ｂ24二十四機、Ｐ39十四機、ＶＦＣ（艦上戦闘機）五機と空戦を行っている。戦果はＢ24が二機（協同撃墜）、Ｐ39二機（不確実二）、艦戦が二機（不確実二）となっている。戦闘行動調書には具体的な機種名ではなく、単にＶＦＣとだけ書かれているものも多い。時期的にＦ６Ｆ、あるいはＦ４Ｕが考えられる。奥宮の記録では、敵機四十五機がブインに来襲し零戦隊はその三十三機を撃墜したということになっている。しかし、零戦一機が未帰還となり、地上で二十数機が破壊されたとも記されている。

同十三日、午後からレンドバ方面の敵航空兵力撃滅戦が行われた。指揮官は鈴木宇三郎中尉で十六機の零戦が出撃している。杉田は第二小隊三番機で小隊長は渡辺秀夫上飛曹だった。十四時、ムンダ上空でＰ39戦闘機二機とＰ40戦闘機四機を発見、直ちに空戦になった。戦果としてＰ39を一機撃墜と記載されているが、撃墜した搭乗員名は分からない。帰着は十五時三十分である。

ところで戦闘行動調書には、同日の十四時から羽切飛曹長の率いる十二機がブイン上空哨戒任務に就いていると記載されている。敵は現れず十六時三十分に帰着している。誤記と思われるが、この任務にも杉田の名前が記載されている。羽切小隊の四番機に杉田の名前があるのだ。この頃の戦闘行動調書の記載は粗く、名前のみしか書かれていない。余裕がなくなってきていることがうかがえる。

この日、九七艦攻六機が日没後に超低空でガダルカナル島沖の泊地に侵入し、輸送船三隻に魚雷を命中させている。日中は敵戦闘機のため出撃できなくなっており、久々の快挙となった。

同十四日、隼鷹飛行隊、龍鳳飛行隊、二〇一空と合同でレンドバ艦爆直掩任務に十六機の零戦が出撃した。指揮官は島田正男中尉である。Ｐ39三機、Ｐ40六機、Ｆ４Ｕ四機と交戦しているが戦果はなかった。杉田は編成に入っていない。米軍では、陸軍機と海軍機が合同で作戦行動をとっていることが調書からもうかがえる。

ベララベラ島上空戦

八月十五日、ムンダ方面を制圧した連合国軍がコロンバンガラ島を迂回して、ベララベラ島南端ビロア地区に上陸を開始した。その地には日本陸海軍は部隊を置いていなかったため、無血上陸となった。

ベララベラ島の上陸を知った日本の基地航空部隊は、総攻撃をかけた。この日の「ベララベラ艦爆攻撃直掩任務」は三次にわたって行われた。二〇四空、隼鷹飛行隊、龍鳳飛行隊、二〇一空、二五一空との合同攻撃となった。

早朝四時五十分、第一次攻撃は鈴木宇三郎中尉の指揮のもと二十四機で行われた。五時四十五分ベララベラ島上空で輸送船を発見、敵戦闘機と激しい空戦になった。戦闘行動調書にはＦ４Ｕ六機、Ｐ38十機、Ｐ40十二機を発見と記されている。杉田は第二小隊三番機で、小隊長は渡辺秀夫上飛曹だった。一次攻撃隊の戦果は、艦上戦闘機（Ｆ４Ｕ?）を六機撃墜（不確実三機）、Ｐ38を二機撃墜（不確実）、Ｐ40を一機撃墜（不確実）であった。未帰還二名、自爆二名の被害を出している。

第二次攻撃もやはり鈴木宇三郎中尉が指揮し、零戦十六機で九時二十分に発進した。九時五十分ベララベラ上空で艦上戦闘機九機とＰ38八機を発見、空戦となった。杉田は第一次攻撃と同じ編成で鈴木中隊の第二小隊三番機であった。この空戦での戦果はＰ38戦闘機一機である。

疲れ果てた搭乗員たちであったが、第三次攻撃をしなければならない。しかも、第三次攻撃では、隼鷹零戦隊が六番（六〇キロ爆弾）を二個積んで艦上爆撃機（艦爆）の代わりに爆撃を行うことになっていた。出撃できる艦爆がなくなっていたためである。

もともと零戦のような戦闘機は、爆弾を積んで攻撃できるようになっていない。以前二〇四空も宮野大尉の指揮下、爆装零戦で攻撃を行ったことがあったが、大きな被害を出している。そのときは三〇キロ爆弾だった。しかし、背に腹は変えられない。用意された零戦は八機であった。羽切飛曹長が、鈴木中尉にもう一回直掩に行ってくれと頼まれる。この三度目の出撃で、羽切は目にかけていた大事な部下を失ってしまう。このときの仔細を羽切は『大空の決戦』の中で次のように書いている。

「二回も出撃したので、第三次攻撃には羽切中隊は休みだと思っていたところ、鈴木中尉から『私はもう疲れた。羽切分隊士の中隊がもう一度行ってくれないか』と頼まれた。私は快く引き受けた。さっそく搭乗員休憩所に行ってみると、二番機の渡辺清三郎二飛曹はマッサージを受けている最中で、私の顔を見て『また行くんですか?』と疲れた様子で尋ねた。『そうなんだ。明日はたっぷり休ませるから、今日はもう一度頑張ってくれ』そう言って渡辺をはげましたものの何か引っかかるものを私は感じた」〈引30〉

実は昼食時に、渡辺二飛曹は同僚の八木二飛曹に「今日はオレは駄目だ。機体に弾が当たっているんだから、敵につかれたはずなんだが、わからなかった。今日は冴えないから、何となくやられるような気がする」〈引30〉とつぶやいている。羽切は、いつもは元気いっぱいの渡辺に弱気の影を見たのかもしれない。羽切中隊は十五時に発進、三十分後、ベララベラ島に八〇〇〇メートルから侵入するとF4U戦闘機と遭遇する。十数機のF4Uが、さらに上空から一撃離脱で三度襲ってきた。『大空の決戦』に次のようにある。

「高度優位からのこの戦法に対しては、いかな零戦も歯が立たない。中高度以下なら、得意の『ひねり込み』戦法で零戦の逆転勝ちとなるのだが、九千メートルもの高度になると、機体もエンジンもあまり自由が利かない。敵機の攻撃はこれが最後で、あとは上空には見当たらない。私はとっさに先の敵機を追って全速で降下に入ったが、これがいけなかった。低空に降りてみるとさらに沢山の敵機がうようよしていた。私は優速を利用してヒヨッと後ろをみるとなんと敵機が二機、射撃寸前でヒヨッと後ろをみるとなんと敵機が二機、私の後ろにピタッとついている。その後ろに渡辺二飛曹がついていた。と、思えば、その後ろにまた敵機が沢山ついている。これは渡辺が危いと思った瞬間、渡辺機は真っ赤な炎に包まれてしまった」〈引30〉

渡辺二飛曹はやはり帰らなかった。渡辺は杉田と同じく新潟県出身で、いつも元気いっぱいの張り切り者だったと書かれている。戦場の場数も踏んでおり、羽切もつい無理強いしてしまった。帰投した羽切は、気落ちしてすぐに報告に行けなかった。ビールで酔いが回ったところで、司令に状況を報告しに行った。この日の「ベラベラ艦爆攻撃」の戦果は巡洋艦二隻撃沈、輸送船四隻撃沈、戦闘機十一機撃墜（不確実四）であった。未帰還機は、艦爆八機、零戦九機である。

疲労を増す前線

八月十六日午後、ベララベラ島への攻撃が一定の成果を上げげたと判断したのか、幹部搭乗員を含めた一部の搭乗員たちがラバウルにいったん引き揚げている。杉田も指揮官鈴木宇三郎中尉の二番機として、ラバウルに戻っている。ブインに全員が帰ってくるのは二十三日で、それまでブインに残された搭乗員が通常の出撃を行っていた。ラバウルでは、司令や飛行長を交えて准士官以上が作戦会議を開いている。

准士官である羽切によると、作戦会議の内容は敵機に対する戦略、戦法よりも内地の航空本部、航空技術廠《しょう》、横空（実験航空隊）向けの苦情や要望が多かったという。特に最前線で活躍する羽切の意見は一目置かれ、その多くが取り上げられた。

羽切の意見の概要は、「零戦の機体は空戦性能本位に作られているので、ほとんど無防備に等しく、一発の焼夷弾が翼内タンクに当たれば、たちまち火ダルマになって落ちていくので、敵機は焼夷弾を多く使用するようになった」「（敵は）零戦の空戦性能を知り、攻撃方法を変え、高高度からの一撃戦法で深追いせず、決して劣勢からはかかってこない」「零戦の座席周辺の防弾装置はともかく、燃料タンクの防弾ゴムぐらいは早急に装備して欲しい」「零戦だけでは目先を変えられないので雷電を局地戦闘機として早急に戦地に送ってほしい」〈引30〉ということである。

羽切は、特に自分の古巣である横空の戦闘機隊長、分隊長に要望書とともに詳細な戦況を書いて送った。零戦の機体補強策は、即応は無理だったが十月頃から急速に整えられるようになった。

この頃（八月）、ブインやバラレなどの前線基地は毎日のように激しい空襲に遭っていた。米軍はシフト制を敷いて攻撃を繰り返すが、日本側は少ない搭乗員が休みなく出動していた。それも一日に何度も出動するようになり、疲労も溜まるし気力もなくなっていく。搭乗員だけでなく、整備員も基地隊員も疲れ切っている状態になっていた。「ラバウル快晴ブカ小雨、ブイン、バラレは弾の雨」という戯れ歌が前線で流行っていた。この頃の二〇四空戦闘行動調書にも、着陸時小破という書き込みがたびたびある。敵爆撃機の空爆で滑走路が穴だらけになっており、修復作業が間に合わないところへ燃料の尽きた零戦が降りざるを得なかった。敵の爆撃は特にバラレが酷かった。空襲に来たものの、悪天候や日本軍の攻撃に遭って落とせなかった爆弾を、置き土産に残さずバラレに落としていったのだ。バラレは「航空機の墓場」と言われるほど、飛べなくなった零戦、九九艦爆、一式陸攻の残骸が散乱していた。

八月二十一日、隼鷹隊の福田中尉指揮下、二〇四空は二〇一空と共にベララベラ島を攻撃する艦爆隊の直掩飛行を行っている。戦闘行動調書甲表には四機と書かれているが、残されている乙表の編成表では切り貼りで十四名が書かれているものの下が切れていて判読が難しい。

同二十二日、二〇四空の八機の零戦がラバウル基地から駆逐艦上空哨戒に出撃し、Ｂ24一機と交戦するが撃墜できなかった。杉田は編成に入っていない。

同二十三日、鈴木宇三郎中尉に率いられ十六日早朝にブインからラバウルに来ていた十六機がブインに戻った。渡辺清三郎二飛曹亡き後、杉田が羽切の二番機を務めることになる。

別にブインに残されていた零戦八機が空母隼鷹飛行隊、空母龍鳳飛行隊と共にベララベラ島方面の敵機と空戦を行い、Ｆ4Ｕを四機撃墜している。

同二十四日、二〇四空は隼鷹隊、龍鳳隊と共にブインからベラベラ方面の敵艦船を攻撃する艦爆機の直掩任務に就く。出撃した二〇四空の零戦は二十四機であった。第一中隊指揮官は日高初男飛曹長、第二中隊指揮官は羽切松男飛曹長である。羽切の二番機には杉田が編成されていた。

羽切は元気のよい渡辺二飛曹に目をかけていて、自分の僚機（編隊長二番機）としてつけることが多かった。自分を守ってくれる僚機に全幅の信頼を置かなければ全体の指揮など執れない。自分を過信しすぎて渡辺を死なせてしまったあとの編成では、すでに小隊長クラスで活躍していた杉田を二番機に戻し、自分の僚機につけるようになった。

八月二十五日、ブインに対して大規模な空襲があったのであろう。二五一空、隼鷹隊、龍鳳隊と共に二〇四空の十五機が敵機追撃に発進し、F4Uを一機撃墜した。杉田は羽切小隊三番機として出撃している。

基地に帰着後すぐに「E作戦部隊上空直掩」任務で、二中隊十六機の零戦が隼鷹隊と共に出撃している。杉田はやはり羽切小隊二番機を務めている。

杉田、被弾火傷

八月二十六日、十四時十五分、PBY二飛行艇十五機と敵戦闘機十数機による攻撃があり、二〇四空の零戦十六機が出撃した。この日杉田は羽切編隊から離れ、青木恭作飛曹長の二番機として飛んでいる。

空襲警報が鳴るのが遅かったため、出撃した零戦は高度を十分に取ることできず、不利な態勢のまま空戦に入った。そのため二機の被弾機を出してしまう。杉田と渡辺秀夫上飛曹である。

羽切は、『大空の決戦』の中で杉田の被弾時の様子について次のように書いている。

「昼下がり、空襲警報によって、二〇四空の零戦十数機がわれ先にとブイン飛行場を発進していった。警報が遅かったのでこちらは十分な高度がとれず、不利な態勢から空戦になり、見るべき戦果も挙げずに、こちらは二機の未帰還を出してしまった。その中の一機は被弾と同時に搭乗員（杉田）がパラシュートで降下、飛行場の端からわずか三、四〇〇メートルのジャングル地帯に降下した。私が着陸コースに入ったとき、上空から樹海の濃緑色に真っ白い傘体がはっきり浮かび上がって目撃された。

整備員数名がわれ先にと救助に向かい、ジャングルの中に消えていったが、いずれもわずか二、三〇メートルしか入って行けず、途中から引き返してしまった。こうなると重装備でなければ入って行けない。そこで整備分隊士を先頭に、十数名のにわか救助隊を編成し、それぞれ鉈や鎌を手に懐中電灯の光とコンパスを頼りに、ジャングルの奥深く侵入していった。しかし、なかなか落下地点に到着できず、空中からの案内を得て、数時間の捜索により、夏の日も沈みかかった薄暮にようやく探し当て、命からがら這い出してきたのであった。搭乗員・杉田庄一二飛曹は重傷を負い、しばらく戦列を離れた」〈引30〉

致命傷を負わず落下傘で脱出できたこと、降りた場所が飛行場から数百メートルしか離れていなかったこと、すぐに救助隊が編成されたこと、上空から仲間が救助作業を指示できたこと、夜になる前に探し出されたことなど、杉田の救出はきわどいものだった。当日の戦闘行動調書には軽傷と記されたが、実際は上半身を火に包まれており大火傷だった。ブインで応急処置をしたあと、ラバウルの海軍病院へ移される。

もう一人重傷を負ったのが渡辺秀夫上飛曹で、顔面の一部を吹き飛ばされ右目を失う重傷であったが、すさまじい気力で自機を基地まで操縦し、着陸させている。エンジンを止めるとそのまま気を失った。飛び出した眼球を手で押さえ血だらけの渡辺を、整備員たちが抱えながら零戦から降ろした。軍医大尉が「今夜は危ない。何かあったら起こせ」というほどの重傷だった。杉田も渡辺も緊急手術を終えた後、ラバウルまで輸送機で運ばれ海軍病院に入院する。

そのときの様子をラバウル基地の電信員だった加藤茂二兵曹が『私はラバウルの撃墜王だった』の中で次のように語っている。

「杉田兵曹も渡辺兵曹も、輸送機でラバウルに帰ってきた。それも白衣で担架に横たわり、いつもの元気いっぱいの杉田兵曹とはまったくちがう。かなりの重傷らしい。

指揮所ちかくに運ばれてくると杉本丑衛司令がかけよりかぶさるようにして『おお、杉田、よくやったなあ、傷は、大丈夫か…』と、おろおろと涙を流さんばかりに見舞っていた。杉田兵曹は全身に大ヤケドをしたとかで、顔や体じゅうを包帯だらけにし、目だけを出している。そして、われわれの顔を見ると無言のまま、目に大粒の涙をうかべていた」〈引20〉

「杉田兵曹は救助隊に拳銃を向け、敵か味方か、といって救助に応ぜず、隊員が手をやいたとのことだった」〈引20〉

渡辺も、南東方面艦隊司令長官草鹿中将から直々に見舞いを受け、「武功抜群」と白鞘《しろさや》に書かれた日本刀を渡される。その後、内地の海軍病院を転々とし、東京の軍医学校で胸の肉を首に縫合し、首に馴染んだ肉を次は頬にという難手術を経て顔を整形する。一年十カ月の入院の後、そのような体で現役復帰をし、空を飛ぶことはなかったが、航空隊の現場で終戦を迎えている。

その後の二〇四空

杉田と渡辺が負傷したあとの九月下旬、ブイン基地に第二飛行場が完成する。高さ二五メートルのやぐら式見張り所を持つ指揮所を中心に第一飛行場（二〇四空）、第二飛行場（二〇一空）を展開し、ジャングルの中には各種設備が整えられていた。南東方面艦隊司令部も置かれ、いまやラバウルをしのぐ最前線の重要な基地となっていた。

しかし、日増しに敵軍の勢力が増し、圧倒的な戦力の差がついてくる。二〇四空では、八月二十四日から九月二十五日までの間に戦死者二十一名、重軽傷者三名を出している。九月二十三日には、羽切も空戦で右肩を撃たれ、左手で操縦して基地に戻るという離れ技で生還している。羽切は横須賀の海軍病院に送られた。

九月二十日、ブイン基地に二〇四空司令として柴田武雄中佐が赴任する。柴田は、二〇四空の現状を見て驚く。搭乗員たちは真っ黒に日焼けし、やせて目だけがぎょろぎょろしていた。精神的にも肉体的にも疲労困憊しているのが一目で分かった。壊滅状態寸前だった。

杉田と同期の中村佳雄二飛曹は、宮野が未帰還になった日に指示通りにコロンバンガラ島に不時着し、野戦病院で二十日間入院したあと、さらに十日ほどかけてブインに戻る。そこで宮野未帰還を知る。その後も二〇四空で戦い続けるが、十月のある日、PB2Y大型飛行艇攻撃時に被弾し海上に落下傘降下する。三十時間漂流したあとで島に漂着、八日間放浪し日本陸軍部隊と合流する。さらに十日間陸軍部隊と共に歩き、潜水艦でようやくラバウルに戻るという経験をしている。落下傘降下してからひと月以上たっており、すでに行方不明、戦死となっていた。その間に六空時代から戦い続けていた大原たち同期が内地に転勤しており、唯一の最古参となってしまう。昭和十九年（1944）一月までラバウルで戦い続けたあと、厚木空に転勤した。

その後のラバウルであるが、昭和十八年末から十九年二月末まで壮絶なラバウル航空決戦を展開する。二月十七日のトラック島空襲で補給基地を失い、飛行機搭乗員だけは脱出させるが、残存部隊は事実上孤立状態となる。昭和十九年三月四日、搭乗員のいなくなった二〇四空は解隊となった。米海軍はその状況を把握していたが、これ以上ラバウルにかかわって戦死者を出すのを避けて迂回方針が決定される。ラバウルは、いわゆる「飛び石作戦」で無視される基地になった。

第七部　内地で療養

顔面前頸部前胸部左右上肢膝蓋部熱傷

昭和十八年（1943）九月三日、杉田はラバウルに設置されていた第八海軍病院に入院する。この病院は、戦争前まではオーストラリア人専用の旧ナマヌラ病院で、市街地から少し離れた丘の上にあった。横須賀海軍病院から医師や看護婦が送られ、手術や入院の施設も整備されていた。

杉田の履歴原票には「（第一種症）（戦傷）顔面前頸部前胸部左右上肢膝蓋部熱傷」と書かれ、證書作成者として中村の印が押されている。エンジンに被弾して火災を起こし、火炎が操縦席に広がって顔や手足、胸を焼かれたものの、風防を開けてかろうじて脱出したことが記載からうかがえる。

九月十三日、杉田は第八海軍病院には十日間入院し、ラバウルに来ていた特設病院船天應丸に転院し内地へ向かう。同時に舞鶴海兵団の所属となる。天應丸はオランダ客船であったが、昭和十七年のスラバヤ沖海戦で日本軍に接収され、そのまま日本海軍の病院船になったものである。オランダ船籍のときの名前オプテンオールをもじって天應と名付けたのだが、天皇に似ているということでのちに第二氷川丸と改称している。

九月三十日、第二回戦争指導大綱で「絶対国防圏」が決められ、圏域は「千島－小笠原－内南洋（中西部）－西部ニューギニア－スンダ－ビルマを含む太平洋－インド洋」とされた。海軍部内ではトラック島は当然圏域に含まれるものと考えていたが、見捨てられることになった。連合艦隊の泊地であり日本海軍の要衝だったが、石油の補給ができない状態ではトラック島に価値はなかった。

十月十三日、杉田は舞鶴海軍病院（現舞鶴医療センター）に転院、療養となる。

期日不明であるが、杉田が入院中のこの時期、たまたま舞鶴の五老岳山頂にある海軍の防空砲台に勤務していた弟正昭《せいしょう》が訪ねて来た。「おれは翼をもっているが、お前は亀と同じ。気をつけろ」〈引2〉と言っている。

杉田の顔や手足は火傷でケロイド状に腫れていた。両手指の間で癒着したところを切開したばかりのときで、「お湯に漬けていたら指が曲がるようになってきたよ」〈引2〉と、前線復帰の近いことを正昭はほのめかされている。

この防空砲台は、舞鶴鎮守府を敵機から守ることを目的に昭和十六年に造られた。十二・七センチメートル連装高角砲二門、八センチメートル高角砲四門、探照灯や指揮所、待避所、兵舎、弾薬庫、発電所、油庫、各種倉庫などがあり、五老山全体を防空砲台施設とした大規模なものであった。亀と同じというのは、たとえコンクリートの甲羅を被っていても、上空から狙われたら逃げることができないという意味である。

十一月一日、杉田は入院のまま海軍一等飛行兵曹に任ぜられた。

一時帰郷

十一月二日、杉田は退院して新潟の実家に一時帰郷することになった。舞鶴から北陸線で金沢、富山、直江津と乗り継ぎ、直江津駅の一つ先の黒井駅からは頸城鉄道の木製軽便列車に乗り換え、終点浦川原停車場から実家までは一〇キロメートルほど山道を歩いて戻る。当時の鉄道事情では、一日では着かない道程である。日本海側の十一月は、冬の気配が強く感じられる日々が続く。北陸線沿いの重苦しい鈍色《にびいろ》の雲が日本海に低く垂れ込め、季節風が海から陸へと流れていくのを車窓から眺めた。家に戻ってから母親のイヨに「汽車ってものは、（隊に）帰るときは速いが、来るときは速く走らんだんな」〈引31〉と言っている。

海兵団に入団以来、杉田は久しぶりに家に帰ってきた。懐かしい家の匂いと共に家族との団欒の日々を味わっている。家を出たときはまだ童顔だった杉田が、火傷の痕も生々しいがそれ以上に殺気の漂う顔つきの上、堂々とした体躯で姿を現したので家族は驚いた。

横尾隆明著の『オッ！上越めだかを食べたら泳げるか』（1985）という地元出版の本に、浦川原村長の竹内友幸《ともゆき》氏に取材した記事がある。本書冒頭にも出てきた尋常小学校時代、杉田に弁論の指導をした担任の竹内氏である。

記事によれば、杉田が故郷に帰って真っ先に尋ねたのが、当時、安塚国民学校の教頭だった竹内氏の家である。酒を酌み交わしながら前線での空中戦の話をしている。竹内氏は、「いくら身びいきに考えても、これは少し割り引いて聞かなければ」〈引32〉と思ったという。杉田は、竹内氏に胸をはだけて見せているが、火傷は胸や手、腰にまで及んでいたという。

故郷で滞在していたある日の夜、杉田は両親にポツリポツリと山本長官の話を語ったという。「極秘だけれど、俺は山本長官の護衛をしていたんだ。死んでも口外すんな」〈引31〉――杉田の言葉を守り、戦後まで両親はそのことを黙っていた。

この地の初雪は十二月初旬である。しかし、杉田は雪が降りはじめる前に故郷を去らねばならなかった。それでも故郷でひと月ほど過ごしている。また、この間に小学校で児童たちに講話を行っている。

大村海軍航空隊

十二月七日、杉田は「徳島航空隊に転出」という辞令をもらう。ただ、その二行下に「大村航空隊派遣勤務」と書かれており、実際には大村航空隊での勤務となる。故郷をあとにして大村航空隊まで移動した。

昭和十九年（1944）一月、大村海軍航空隊（大村空、長崎県）はその当時、大規模な戦闘機搭乗員養成を行っていた。当然、教員や教官も必要となる。そこで、前線で戦傷を追った搭乗員や母艦を失った搭乗員などを教員、教官として送り込んでいた。また、若手搭乗員の錬成とともに佐世保軍港防衛戦闘機隊を兼ねていて、時折上空哨戒任務もあった。若手の錬成は戦闘機による編隊訓練で、少しのミスがそのまま死につながるような激しい内容だった。

飛行場横に小屋が建てられていて、指揮所、隊長室、落下傘、傘帯を格納する部屋があった。大村空には航空廠《しょう》もあり、そこで零戦が組み立てられていた。航空廠とは、航空機に関する整備、修理、補給、生産を担う軍需工場である。その零戦を遠距離飛行訓練として、台湾の高雄航空廠に空輸することも大村空の教員や教官の任務であった。

ところで、大村空には台南空で活躍した坂井三郎飛曹長も、昭和十八年四月から昭和十九年の四月まで教官を行っていた。坂井は、戦前から所属していた台南空が昭和十七年にラバウルに進出した折、初期のガダルカナル航空戦で負傷、右目の視力をほぼ失う。海軍病院での手術のあと休養を経て、昭和十八年四月に大村空に配属され教官となったのだ。

杉田が大村空に勤務したのは、昭和十八年の十二月七日から十九年の四月二十二日まで四カ月くらいで、この間、同僚であった。二人が写りこんでいる合同写真がある。坂井は前列中央付近に堂々として座っているが、最年少の杉田は左端の隅に恐縮するように座っている。

坂井の指導は苛烈だった。「セミ訓練」と称し、鉄の支柱にぶら下がらせる訓練を、飛行訓練の合間の待機時間に行っていた。自らが手本を示し、余裕を見せるため、タバコを吸いながら十五分もつかまっていたという逸話もある。「忍耐と頑張りと腕力の訓練」〈引33〉が気力と忍耐力を鍛えるのだ、と坂井は著書『大空のサムライ』に書いている。

厳しい鍛える訓練を与える坂井に対して、自分の技術はすべて手取り足取り教えようとする態度の杉田とでは、指導法が合わなかった。年齢的にも近い練習生に対しての接し方も、坂井とは違っていた。

杉田が徹底して教えようとしたのが、編隊飛行による訓練であった。杉田の指導は実際に飛行機を飛ばして編隊を組ませ、身体感覚で覚え込ませるような指導を行っている。また、制裁を加えることはなく、飛行後には必ず反省会を行っており、精神訓話を説く坂井の指導と真逆であった。

この時期に、坂井と杉田はラバウル方面多数機撃墜者として表彰されている。坂井の公式記録は二十八機とされている（その著書では六十四機と書かれている）。杉田の記録は不明である。ラバウル航空戦の中期以後は、個人撃墜を数えることをしていない。特に二〇四空では、隊長だった宮野のポリシーもあり正確な記録はない。ただ、報告書に残されているだけでも複数機撃墜が何度も記録されており、空戦のうまさは搭乗員仲間でも知られていた。

本格的反攻始まる

少しさかのぼって十月中旬、米陸軍航空隊司令官ヘンリー・アーノルド大将が、日本本土を空襲するマッターホルン作戦計画を作成し、ルーズベルト大統領はこれを承認した。

ルーズベルトは、蔣介石政権に対して、成都地区にB29爆撃機専用の飛行場を翌年三月までに建設するよう要請する。B29はB17の後継機で、その性能は日本の航空機が到底追いつくことのできないレベルだった。

一方日本は、アジア地域の首脳を集め、十一月五日から六日にかけて東京で大東亜会議を開いている。イタリアが降伏し、ドイツも戦線を縮小している。日本は独自に、アジア地域での同盟関係を確固たるものにしなければならなかった。ドイツの勢いを借りるという目論見は崩れ去り、日本単独で戦争を完遂せねばならなくなったのだ。

十一月二十三日、マキン島とタラワ島に米軍が侵攻する。米海兵隊は三万五千人という圧倒的な勢力で上陸するも、日本軍約四千人と軍属約千人の激烈な抵抗に遭う。米軍に「恐怖のタラワ」と名付けられたが、日本軍は三日間の壮絶な戦いののち玉砕した。マキン島でも米軍約六千四百人が上陸する。七百人弱の日本海軍の陸上部隊がすさまじい戦いを行った末、四日後に玉砕した。全滅するまで徹底して戦う日本兵との戦いは、米軍にも今後の戦略を立て直す必要を生じさせた。スプルーアンス提督は、「日本軍は最後まで降伏しない、どちらかが倒れるまで徹底的に戦わねばならない」〈引34〉と、決意している。

十二月、大本営陸軍部で中国大陸からの本土爆撃を想定した対策の兵棋《へいぎ》演習が行われ、それをもとに大本営陸軍部服部卓四郎作戦課長による大陸打通作戦が立案された。この作戦の目的は、中国大陸を華北から華南まで二四〇〇キロメートル横断し、インドシナへの陸路を開くことと、中国西南地区に設置された米陸軍爆撃機の基地を占領することであった。すでに航空戦が主流のときにあって、陸路を進軍し航空基地を叩くという計画が進められることになる。

対して連合国軍参謀本部は、日本へ侵攻する日本打倒総合計画を昭和十八年十二月に策定していた。まずは、中国大陸の成都からの九州地域への爆撃が予定されていた。しかし、成都へは継続的な補給が難しく、次手として島嶼《とうしょ》伝いに前進基地を設けて次第に日本本土へ侵攻していく作戦も立てられた。また、米機動部隊によってマリアナ方面を手に入れれば、新型爆撃機B29で日本本土全域を爆撃圏内に入れることができる。

連合国軍は飛び石作戦で島嶼を着実に確保しながら航空基地を築き、一月に入ると米軍機が台湾やマーシャル群島にまで現れるようになる。二月に入ってクエゼリン、ルオット島が玉砕。十七日にはトラック島にも大空襲があり、航空機二百七十機を失った。

二十一日、一航艦の角田覚治《かくたかくじ》長官は、マリアナ諸島テニアンに第六十一航空戦隊の精鋭九十機を進出させた。翌日、来襲した米機動部隊と戦闘を行い、大型空母一隻撃沈、大型艦一隻撃沈の戦果を上げる（米側報告では損害なし）。しかし、米機動部隊もパラオを襲撃し、同方面の航空部隊は全滅し六十一航戦も兵力の半分を失っている。

杉田、再び戦場に

昭和十九年（1944）三月三十一日、パラオ島に設置されていた連合艦隊司令部をフィリピンのダバオに移すことになり、古賀峯一《みねいち》司令長官などの幕僚を乗せた二機の二式大艇が移動中、台風のために行方不明になった（海軍乙事件）。落雷の直撃を受けて炎上したとみられている。福留繁参謀長らの二番機は、フィリピン中部に不時着水した。しかし、一番機に乗っていた古賀長官は殉職したものと判定される。このとき福留が携帯していたZ作戦要領（連合国軍を迎え撃つための作戦計画）が奪われてしまい、連合艦隊司令部はそれにかわる新たな作戦要領を策定しなければならなくなる。

ところで履歴書によると、杉田は「十八年九月十二日、舞鶴海兵団ニ転勤ヲ命ズ」、「同年十二月七日、徳島海軍航空隊ニ転勤ヲ命ズ」、「十九年三月十四日大村海軍航空隊ニ転勤ヲ命ズ」とあり、二六三空（豹）への転勤は書かれていない。その後、「同年五月一日任海軍上等飛行兵曹」とあり、「同年戦闘三〇六飛行隊ニ転勤ヲ命ズ（三四三空）」と続く。もう一枚、履歴が残されているが、こちらの方は「十九．四．戦闘二六三飛行隊」とだけあり、移動日も不明である。

しかし、履歴原表の方には「18．12．7徳島航空隊（大村航空隊派遣勤務）」「19．3．14大村航空隊（派遣中ノ儘）」「第263航空隊　4／23日入隊」と書かれている。履歴書の元は失われていて、復元されたものが残されている。原表で考えると、十八年の十二月七日から十九年三月十四日までは所属だけが徳島空で大村空勤務、その後は所属も大村空になり、十九年四月二十三日に第二六三航空隊に転勤復命したというのが妥当であろう。

第二六三航空隊（豹）は、昭和十八年十月一日、元山《げんざん》基地で編成された零戦三十六機を定数とする部隊で、第一航空艦隊に編入されてから松山基地で錬成を重ねて定数七十二機に増設された。司令は玉井浅一中佐、飛行隊長は重松康弘大尉であった。

『日本海軍戦闘機隊【戦歴と航空隊史話】』〈引35〉によれば、二六三空は、十一月に飛練を卒業したばかりの甲飛十期生とわずかなベテランで構成されていた。松山基地で訓練を行っている途中、練度不十分なうちに一航艦のマリアナ進出に伴い前線に出た。甲飛十期生たちは、零戦の操縦を十時間程度しか行っていなかった。

十九年の二月二十一日に先発隊十八機がテニアン島に到着するが、二十三日の米艦載機による攻撃で十一機が自爆未帰還、六機が地上破壊でほぼ全滅する。生存者たちが松山に戻り、再度四十九機でグアム島に第二陣が出直し進出する。三月三十日、ペリリュー島の航空基地に米軍の大規模な空襲が行われた。新人たちを除き基幹搭乗員だけ十八機で邀撃《ようげき》に上がり、F6F戦闘機を五機撃墜するも十五機の未帰還機を出してしまう。地上での大破も三機あり、一度の空戦で壊滅的損失を受けてしまう。

グアム基地には、気持ちだけは高ぶってはいるが、零戦の離着陸がようやくできる程度の甲飛十期生たちが残されていた。その立て直しのために、杉田が内地から呼ばれたと考えられる。

また同じ頃、のちに杉田が兄と慕う菅野直《かんのなおし》中尉が、テニアン基地の初代三四三空に新人士官として赴任している。菅野は大正十年（1921）に朝鮮の竜口で生まれ、宮城県伊具郡枝野村（現角田市）で育った。角田中学四年で海軍兵学校に入学している。角田なまりが強く、姓名申告では何度言い直しても「カクダチューコウシュッスン　カンノナオス」〈引36〉と聞き取られ、やり直しをさせられている。身長は低かったが剣道はめっぽう強く、器械体操などでの機敏さが目立った。霞ヶ浦航空隊に進み、飛行学生になるとその才覚が開花する。大分空に入隊すると、飛行技術を極限まで極めようとして訓練用の飛行機を次々と壊してしまうので、デストロイヤー（破壊者）とあだ名を付けられている。

昭和十九年二月、編成されたばかりの初代三四三航空隊（隼）の分隊長に任じられる。錬成には半年以上かかると見込まれていたが、トラック島での空襲で大被害を出したことから、急遽《きゅうきょ》マリアナに派遣されることになった。部隊は三月下旬から三回にわたってテニアンに進出する。菅野は第二陣二十四機の進出を指揮したが、若手搭乗員の技量未熟のため洋上移送飛行中に四機を失っていた。

俺が杉田だ

先述のように、杉田は四月二十三日にグアム基地の二六三空に着任した。搭乗員が集められ、司令の玉井浅一中佐が紹介すると、顔の前で手刀を切るような独特の敬礼をして「俺が杉田だ、何も云うことはないが遠慮せずについて来い」〈引37〉と挨拶する。

前年度末に故郷に帰ったときの杉田は、まだ火傷の痕が十分に回復しているわけではなく、手指を伸ばすことがうまくできなかったという。おそらく独特の敬礼は、そのような怪我のためではないかと推測する。

「第二六三海軍航空隊戦時日誌」によると、四月二十三日以降、早急に立て直しを行うためかベテラン級の搭乗員が次々と着任している。日誌には准士官以上しか記入されていないが、二十三日「飛曹長宮内學着任」、二十四日「飛曹長田中三二郎着任」、二十七日「中尉水田健着任」「中尉竹石厳着任」「少尉梶川勝造着任」と続いている。

その間もグアム基地には連日空襲が続いていて、杉田は着任してすぐに、甲飛十期の笠井智一二飛曹らを列機として編隊空戦の訓練を始めた。訓練は実戦に即したもので、たいへん厳しかった。そして夜になると、「俺の愛する列機来い!」〈引37〉と笠井らは呼びだされ、宴会が始まる。「貴様たちは戦闘機乗りとして戦地に来たからには、酒ぐらい飲めなくてはグラマンに勝てんぞ」〈引37〉と言われ、訓練と酒盛りの毎日であった。

グアム基地

四月二十五日、初めてグアム基地に空襲警報が発令される。いよいよ敵が戦線を近づけてきた。マリアナ諸島上陸作戦のため、米軍が偵察行動を始めたのだ。マリアナ諸島のグアム、サイパン、テニアンは戦前から日本の委任統治領で、日本軍は絶対国防圏の最重要拠点と考えていた。また米軍も、B29の基地をグアムかサイパンに置くことを考えていた。マリアナ諸島を巡る日米の戦いが始まろうとしていた。

グアム島には飛行場がなかったのだが、航空戦力増強のために海軍が設営を始め、この二月に第一飛行場が完成したばかりだった。第二飛行場の完成は四月で、零戦が少しずつ配備され出したところだった。

B24が基地上空に侵入し、杉田は笠井たち甲飛十期生を率いて邀撃に上がっている。「第二六三海軍航空隊戦時日誌」には次のように記載されている。

「B24九機来襲直ニ零戦十六機ヲ以テ追撃セルモ逸ス。敵ハ港内並ニ水源地附近ニ数弾投下一八〇度方向ニ去ル。水源地附近ノ燃料缶（陸軍）少数炎上山地一部火災其ノ他被害ナシ」

笠井は「離れるな。ついて来い」と命ぜられ、杉田について出撃し、列機と共にB24に攻撃をかけた。OPLからはみ出るくらい近づいて全弾撃ち尽くしたにもかかわらず、当てることができなかった。基地に戻ると、杉田に呼ばれて訓練通りについて来なかったことを激しく怒られた。

日本海軍機に積載されていた二〇ミリ機銃は初速が遅く、弾丸は放物線を描いて飛んでいく。十分に接近していないと命中しない。杉田は、接近すれば二〇ミリ数発でグラマンを墜《お》とせると部下にいつも言っていた。逆に、米軍機の採用していた十二・七ミリ機銃は、初速が速く遠くからでも真っすぐ飛ぶ。一発では威力が少ない分、多銃にして命中率を高めている。これなら新人でも相手に当てる確率は高くなる。

その後もグアム基地へのB24の攻撃に、笠井は杉田と共に二回邀撃に上がったが思ったほど接近できず、とうとう一発も当てることができなかった。

具体的な空戦について、杉田は実戦の場でも次のような指導を笠井にしている。以下は、高木晃治とヘンリー境田の共著『源田の剣』にあるフィリピンでの空戦の様子の記述である。

「『零戦』四機でセブーレイテ間上空高度六〇〇〇メートルを飛行中、杉田は上空優位にある双発双胴の戦闘機P38四ないし六機を発見した。とたんに杉田は急降下で逃げ始めた。笠井はわけが分からないまま杉田機について急降下した。敵機もダイブして追尾してくる。高度を二〇〇〇メートルまで下げたとき、初めて杉田は引き起こして敵機をいったん横の空戦に誘った後、縦の空戦に誘い込んだ。笠井は杉田機を援護しながら目に入った敵の一機を撃った。こうして杉田／笠井の二機でP38二機を撃墜した」〈引38〉

杉田は、高高度で優速なP38に対しては、まず逃げることで零戦に有利な二〇〇〇メートルくらいの低高度まで追わせ、縦の旋回戦闘に引きずり込むという戦術を用いた。双発のP38は、横（水平面）の旋回戦闘では片側エンジンを止めて小回りする危険があるとも説明している。杉田のアドバイスは「一、どんなことがあっても絶対に編隊を崩すな。二、射撃するときは敵の顔が見えるまで接近せよ、三、深追いを絶対してはならない」〈引38〉だった。

第八部　マリアナ沖海戦

ペリリュー島進出

昭和十九年（１９４４）に入ってから戦況が著しく悪化していたが、大本営では現場から上がってくる高評価の報告をもとに、連合国軍側にも相当程度の損害を与えており、挽回は可能と甘い判断をしていた。そこで失われたZ作戦要領に変わるあ号作戦要領が急遽《きゅうきょ》考え出された。「米機動部隊を日本海軍機動部隊及び基地航空隊をもって殲滅《せんめつ》する」という作戦である。あ号作戦が成功すれば、まだ戦局は転換するはずという考えがあった。

四月二十二日、連合国軍はニューギニア島北部のホーランジアを攻略した。五月十七日はサルミへ上陸。そして次はビアク島への上陸が計画されていた。六月中旬にはサイパン進攻が予定されており、飛行場確保のため連合国軍は攻撃のターゲットをビアク島に向けていた。サイパンを落とせば、ここを基地としてB29による東京への空爆も可能になる。連合国軍側が確実に基地航空隊を充実させていた。

五月一日、二六三空の甲飛十期生たちは、一飛曹に昇格する。甲種予科練は進級に優遇措置が取られていたためである。グアム島基地の後輩たち甲飛十期生と杉田は、階級だけは同じになった。

同三日、古賀長官の後任として連合艦隊司令長官に任命された豊田副武《そえむ》大将が、あ号作戦要領を下達する。しかし前述のように、一航艦の六十一航戦の主力は失われていた。また、六十二航戦の戦力化が遅れており、作戦から外されることになった。作戦発令までには相当の時間がかかると思われた。

五月に入ると、杉田のいる二六三空は渾《こん》作戦の支援のために、パラオのペリリュー島に進出する。このころ、連合軍のビアク島を目指した活動が活発化する。パラオ方面では米艦載機と連日激しい空中戦が繰り広げられていた。敵三十機に対して十五機で対抗するような数的不利な戦いが続き、隊は次第に消耗していく。

渾作戦

ところで、テニアン基地に陣をはった菅野直《かんのなおし》中尉だが、南部の第三飛行場を使うことになっていた。しかし、未完成でとても使える状態ではなく、第一飛行場を間借りして、早朝と夕方の哨戒任務と日中の戦闘訓練を行っていた。テニアン島はマリアナ諸島のほぼ中央、サイパン島の南西の洋上に浮かぶ珊瑚礁で、平坦な土地に四つの飛行場を設けていた。第一飛行場は海軍の基地航空隊で一番大きく、三〇〇〇メートルの大滑走路があった。陸偵の一二一空（雉）部隊、陸攻の七六一空（龍）部隊、艦爆の五二三空（鷹）部隊、夜間戦闘機の三二一空（鵄）部隊がテニアン基地に展開していた。

五月二十日、北千島方面でも米海軍の動きが活発化しているという情報があり、豊田司令長官があ号作戦を発令する。

五月二十五日、初代三四三空（隼）部隊の菅野隊は、一航艦司令部からパラオ方面に分遣部隊として進出する命令を受ける。一航艦ではサイパン島に二六一空、ペリリュー島には杉田のいた二六三空を展開させていたが、パラオ島が敵の主たる攻撃目標であると判断し、米軍の動きがニューギニア方面で活発になった。そこで飛行機を最も多く持っていた初代三四三空に出動命令が下った。

パラオの菅野は、連日のように空襲にやって来るB24の邀撃《ようげき》に追われることになった。B24は、速度が速いだけでなく重装甲と重武装で、邀撃に向かう日本の戦闘機は撃墜するどころか返り討ちに遭ってしまうことも多々あった。四発大型機への攻撃は、一〇〇〇メートルほどの高度差で反航してから切り返し、後上方から射撃を加えることが常套になっていた。ただ、編隊で飛行してくる米爆撃機からの何十本もの射弾が激しい弾幕をつくり、士気は上がらなかった。菅野は、なんとかしてB24へ有効な攻撃ができないものかと頭を悩ましていた。

五月二十八日に連合国軍第一陣が、とうとうビアク島に上陸する。当初、ビアク島は大本営の考える絶対防衛圏構想の外側にあり、見捨てられる運命だった。敵動向に対する南西方面軍の陸海軍合同意見として、ビアク島突入の電報を受けた大本営では、ビアク島支援が戦略的価値に見合うかどうかを疑問視していた。戦力の逐次投入で失敗した南東方面作戦と同じ結果になることを恐れていたのだ。

しかし、戦略上ビアク島の飛行場は重要であるという第二方面軍司令官の阿南惟幾《あなみこれちか》中将の意見や、あ号作戦を進めていく中でビアク島は確保をするべきという海軍の主張もあり、流れが変わっていく。結局、ビアク島を守ると同時に敵機動部隊を誘い出して、あ号作戦と組み合わせるという目的を二つ持つことになった。ビアク島を守る作戦は、渾作戦と名付けられた（渾は勢いのよい水の流れの意味）。実は、三月に敵泊地を襲撃する雄作戦が立てられていて、合わせて「雄渾」となるはずだったのだが、雄作戦は海軍乙事件で立ち消えになったという経緯がある。

ビアク島はニューギニア北西部の島で、東西は約九〇キロ、南北は約四〇キロである。日本軍は昭和十八年（１９４３）以降三カ所の飛行場の設営を進めていた。日本軍がビアク島へ配備した兵力は陸軍一万四百名、海軍千九百四十七名とある。しかし、大部分が飛行場設営隊や海上輸送隊、開拓勤務隊など後方勤務部隊が占め、戦闘部隊は歩兵第二二二連隊を中心に、海軍陸戦隊を加えても四千五百名に過ぎなかった。南方方面に侵攻が進んだときの後方基地とすべく考えていて、ここが最前線になるとは思っていなかったのだ。

杉田の属した二六三空では、これから渾作戦が始まる前だというのに、五月末には乗るべき零戦が足りなくなり、ニューギニア・ハルマヘラ島カウ基地まで零戦を取りに行くことになる。ハルマヘラの二六五空では、マラリアとデング熱で搭乗員の大半がダウンしており、休ませている零戦を取りに行けと玉井司令から命令されたのだ。前線のあちこちの基地で衛生状態が極度に悪いため、同じような状況を起こしていた。

ところで杉田たちが一式陸攻に乗ってハルマヘラに着くと、敵機動部隊が日本軍の作戦の裏をかいてサイパン方面に向かっているという情報が入る。すぐさま十数機の零戦で、ペリリュー島に戻ることになった。


六月二日からの第一次渾作戦は、ビアク島支援に向かう日本海軍（戦艦一、重巡洋艦三、軽巡洋艦一、駆逐艦六）と連合国海軍（重巡洋艦一、軽巡洋艦三、駆逐艦十）が対峙する。規模から言えば日本海軍に利があったにもかかわらず、敵機動部隊が出動したという情報誤認で日本海軍側は、ビアク島へ到達前に作戦を中止し、ニューギニアのソロンに物資と陸軍を揚陸して現地を離れる。六月七日、主力米軍がビアク島に上陸する。戦術的な失態であった。

六月八日からの第二次渾作戦では、高速の駆逐艦六隻に大発（大型発動艇）を引かせてビアク島への兵員輸送を試みる。しかし、今回も連合国海軍（重巡洋艦一、軽巡洋艦二、駆逐艦十四）による攻撃を受け、ほうほうの体で退避することになる。連合国海軍には被害はなく、日本海軍は沈没や損傷など大きな被害があった。再び戦術的な敗北である。

六月十日からの第三次渾作戦は、これまでの作戦失敗から戦艦大和、武蔵をはじめとする重巡洋艦、軽巡洋艦、駆逐艦による大艦隊を送ることにする。十二日にバチャン泊地に集結ということで移動中の六月十一日、今度は米機動部隊がマリアナ諸島（サイパン島・テニアン島）へ空襲を開始する。連合国側はビアク方面での戦いを継続せず、ここでも日本側の予想を超え、いきなりサイパン島へ上陸するための準備攻撃であった。日本の連合艦隊は、第三次渾作戦を中止して艦隊をヤップ島に戻し、六月十三日にあ号作戦を発令する。

この三回の渾作戦は失態だらけで、身内をも大いに失望させた。


それでもソロンに置き去りにされた陸軍及び海軍陸

戦隊は一カ月以上も持ちこたえ、マリアナ沖海戦まで連合国軍に飛行場を使わせない抵抗を続けたが、マリアナ沖海戦にはまったく影響を与えることがなかった。

ビアク島の戦いでは、日本側の戦死・戦病死者は約一万人以上で、生還者は二百五十人しかいない。連合国側の戦死者は四百七十一名であった。また、この渾作戦の支援のために投入された日本海軍や日本陸軍の航空戦力は、大きなダメージを受けてしまう。そもそも航空決戦で挽回しようと立てられたあ号作戦のために再編成された航空戦力であったが、肝心のあ号作戦が始まったときには、投入できる基地航空隊の戦力はほとんどなくなってしまっていた。次は、サイパン島での攻防になる。

サイパン島攻防

サイパン島は東京から南南東二四〇〇キロメートル離れた北緯一六度、東経一四五度の地点でマリアナ諸島の中でグアム島についで大きい島である。南北二三・二キロメートル、東西一〇・四キロメートルで、島の中央にタポーチョ山（標高四九〇メートル）がある。海辺の東側は砂浜と一部断崖、西側は珊瑚礁に囲まれたジャングルになっており、南側にアスリート飛行場がある。北側は断崖でバナデル第二飛行場が設営中であった。戦前には日本の南洋庁が置かれており、民間人と先住民で二万人くらいが生活していた。サイパン島での主産業はサトウキビによる精糖である。

日本軍はサイパン島を拠点として要塞化していた。陸軍は第四十三師団を主とした三個連隊、独立混成第四十七旅団、戦車第九連隊、独立山砲第三連隊、独立工兵第七連隊の約二万五千名を配備していた。海軍は中部太平洋方面艦隊司令部、第六艦隊司令部、第五根拠地隊、第五十五警備隊、横須賀第一特別陸戦隊の約六千名が駐留していた。司令部員等を除き守備隊として布陣したのは、陸海合わせて約二万九千名となる。

六月十五日には連合国軍は艦砲射撃十八万発をサイパン島に撃ち込み、米海兵一師団と歩兵三師団で上陸を開始する。波打ち際での壮絶な戦いが繰り広げられた。

同日、連合艦隊が出動する。布陣は、囮《おとり》となる戦艦群と主力空母群の二段構えで、米艦載機の航続距離外から航続距離の長い日本軍機で攻撃を仕掛ける計画である。米軍は日本軍の出動情報をつかみ追尾していた。マリアナ沖での海戦が始まろうとしていた。

囮部隊は、戦艦大和、武蔵、金剛、榛名と軽空母千歳、千代田、瑞鳳である。その後ろ百浬《かいり》（約一八五キロメートル）に大型空母大鳳、翔鶴、瑞鶴と小中型空母隼鷹《じゅんよう》、飛鷹、龍鳳の主力部隊が控えていた。艦載機四百五十機を揃え、さらに基地航空隊もマリアナ、西カロリン、パラオ、ダバオに六百五十機を用意していた。

しかし、これは作戦上の数値データだけで、艦載機の搭乗員は、発着艦がやっと可能な程度の訓練しか終えていない未熟者が多かった。また、前述のように基地航空隊は、渾作戦で消耗していたこととマラリアやデング熱で搭乗員が動けなかったことで、実際に米軍がサイパン島に上陸したとき、飛行場に駐留していたのは二六一空（虎）部隊、三四三空（隼）部隊、五二三空（鷹）部隊、一〇二一空（鳩）部隊の約百機であった。サイパン島以外ではテニアン、ロタ、グアム島に一二一空（雉）部隊、杉田のいる二六三空（豹）部隊、五二一空（鵬）部隊、七六一空（龍）部隊、三二一空（鵄）部隊、三四一空（獅子）部隊の計二百七十機が実動機のすべてだった。第一航空艦隊（一航艦）第六十一航空戦隊としての定数は七百機だったので、約半数しか実動機はなかったことになる。

ところでサイパン島上陸の頃、初代三四三空（隼）部隊の菅野は、誤情報をもとに分遣部隊を率いてパラオ島のアイライ基地に移動しており、わざわざ敵の攻撃地から離れて待機していたことになった。本隊の尾崎伸也飛行隊長は、十六日に十二機を引き連れてヤップ島経由でテニアン島沖の敵艦船攻撃に参加している。尾崎は十九日のグアム上空空戦で一機撃墜したものの被弾、基地に戻るも病院に行く途中で絶命した。少しあとの話になるが、二十三日に河村大尉も戦死してしまい、初代三四三空の士官搭乗員は、パラオに分遣されている菅野のみになってしまう。

あ号作戦では、前述のように米軍機の航続距離の届かない遠方から、長距離飛行が可能な日本軍機で攻撃をかけようという作戦（アウトレンジ作戦）が考えられていた。

航空参謀の源田實《みのる》中佐は、この作戦に疑念を持っていた。源田の書いた『海軍航空隊始末記』によると、作戦二カ月も前に機動艦隊司令部を訪れて「攻撃距離を何カイリにしようとしているか」〈引39〉と尋ねている。そのときの艦隊司令部の答えは三百五十浬（六五〇キロメートル）だった。源田は、現場に口出しすることを気にしながらも黙っていられなかった。

「たとい飛行機の航続力が長大であっても、特別の理由がない限り、航続力の限度付近の戦闘は避くべきである。操縦者が一人しかいない飛行機が、最大の攻撃能力を発揮するのは、発進して三十分ないし一時間経過した時である。それ以下の時間では搭乗員はまだその日の天候、視界、風速、風向等になじまないし、飛行機と人間との摺合せも不十分である。言うならば、ウォーミングアップ不足である。反対に、二時間も三時間も飛んだ後では疲れ過ぎている。敵を索《もと》めて飛ぶのであるから、敵機に対する警戒や、水上目標を見逃さないためには、目は皿のようにして緊張を続けているのである。見張りのために神経を使うことは、無意識の間に、攻撃や射撃の精度を低下させることになる。また、航続力限度付近の行動は、接敵行動を窮屈なものにするだけでなく、被弾等の場合、収容し得るも途中で不時着水せしめなければならないこともあり得る。これらの事は、直接間接に搭乗員の心理に作用して、総合効果を低いものにする」〈引39〉

しかし、第一航空戦隊で定めた攻撃距離はさらに延びて、三百八十浬（約七〇〇キロメートル）という遠大距離であった。大本営航空参謀といえど源田は若く、しかも航空戦の敗退が続いていたため、意見は通らなかった。

もう一つさかのぼって押さえなければならない暗号解読の問題がある。前述のように三月に海軍乙事件が起き、Z作戦要領が米軍の手に渡ってしまっていた。このZ作戦要領をもとに、あ号作戦が計画されたのである。米軍は暗号を解読し、すでにあ号作戦の大筋はつかんでいた。

日本軍の基地航空隊は、残存戦力を集めて米艦隊に対する反撃を十五日以降、連日実施していた。

六月十七日、杉田らの二六三空も、あ号作戦の一環としてサイパン島の米上陸部隊への攻撃に参加する。三機の艦爆と零戦で二十機ほどの編隊を組んで出撃する。零戦の一部は三〇キロ爆弾を翼下に抱えていた。午前十一時にガドプス飛行場から発進、ペリリュー島上空で編隊を組み、ヤップ島経由でサイパンに向かい、攻撃後はグアムに向かうことになっていた。

その後、二六三空はグアム基地にとどまり、連日襲撃してくるグラマンと邀撃戦を行うことになる。

グアム島は、サイパン島と同じく「絶対国防圏」の最前線要衝であった。少しあとの七月二十一日に上陸が開始され、八月十一日の日本軍総攻撃で終了する。二万二千五百余名いた日本軍は、最後の総攻撃時には三百名足らずしか残っていなかった。制空権も制海権も奪われていたため、艦砲射撃や空爆によって日本軍は苦しめられるが、夜戦や白兵戦による肉弾攻撃で対抗した。米軍は圧倒的な強さで勝利したが、死を恐れず突撃してくる日本軍に対して兵士たちが恐怖心を持つことになり、硫黄島や沖縄への戦術に大きく影響を与えることになった。

マリアナ沖海戦

六月十八日、日本の機動部隊は四十機以上で索敵を行い、昼過ぎに米機動部隊を発見する。すかさず空母から攻撃隊が発進するが、このままだと帰艦は日没を過ぎることから攻撃を中止し、すぐに戻るように攻撃命令を撤回する。攻撃隊は爆弾を捨てて帰艦したが、夕闇の中、搭乗員の未熟練のため満足に着艦できず、数機が事故で失われる。搭乗員の練度の足りなさと、アウトレンジ（敵の射程外）からの攻撃という機動部隊司令部の発想の詰めの甘さが露呈することになる。源田の恐れていた通りの結果であった。

アウトレンジ戦術は、小澤治三郎司令長官が戦前から研究していたアイデアであり、その時点では優れたものであった。しかし、その意を汲んで動かす現場の力がすでになかった。一方、日本艦隊を追っていた米潜水艦も、日本の機動部隊を見失ってしまう。

六月十九日、米機動艦隊はグアム島の日本軍基地航空隊の殲滅を先に進める。そのとき、ヤップ島から移動してきた日本の基地航空部隊が、グアム島に集結していた。杉田のいる二六三空もその中にいた。午前八時三十分頃からの激しい空中戦の末、グアム上空の制空権は米軍が掌握した。

日本の機動部隊も、早朝七時半から米機動部隊に向けてそれぞれの母艦航空隊を発進させる。洋上を二時間から三時間くらいかけて各隊は米艦隊へ到達、攻撃を開始する。ところが、米軍は新兵器レーダーで日本軍艦載機の動きを察知していた。また、レーダーで得た情報を分析し戦況判断を行うＣＩＣ（Combat Information Center＝戦闘指揮所）が、どの空母にも備わっていた。米艦載機はＣＩＣと直接連絡できる無線電話を装備しているため、作戦指示を受けながらの攻撃が可能になった。

ＣＩＣの指示により、米艦載機は日本軍機を待ち構えていた。しかも、米軍はＶＴ信管（１８７ページ参照）という新兵器も装備していた。米艦船から日本機に向けてのＶＴ信管による対空砲火は、著しい効果を上げた。やっとの思いでようやく到達した日本軍機は、バタバタと撃墜されてしまう。のちに「マリアナの七面鳥撃ち」(Great Marianas Turkey Shoot）と名付けられる一方的な戦いだった。

同日の八時十分、潜水艦アルバコアが空母大鳳を発見し、魚雷を一本命中させる。十一時二十分、潜水艦カヴァラが空母翔鶴を発見、魚雷を四本命中させる。翔鶴は午後になって沈没する。重装甲を施し不沈空母といわれた大鳳も、損傷を受けていた格納庫に航空燃料が充満し、攻撃機帰還の際の火花で引火、大爆発を起こし、沈没する。二隻の正規空母が失われてしまった。

六月二十日、日本機動部隊は朝から索敵を開始するが米機動部隊を発見できず、十三時三十分の敵機来襲の警報で撤退を開始する。このとき補給艦や護衛駆逐艦などに通知をせず、置き去りにしてしまう。十五時四十分になって、ようやく米機動部隊は日本軍機動部隊を発見する。米軍では帰艦が夜になるのを承知の上で、二百十六機の攻撃隊を発進させる。米艦載機は十七時三十分に日本艦隊を攻撃し、空母飛鷹が沈没。空母瑞鶴、隼鷹、千代田などが損傷した。夜間での帰艦となり、米軍の攻撃隊も不時着や着艦失敗などで八十機が失われた。しかし、その見返りの戦果は大きかった。六月二十一日、あ号作戦は中止となる。

日本軍側の損害は、正規空母三隻沈没、その他多くの艦船が沈没及び損傷する。航空機は四百七十六機が失われた。航空搭乗員は四百四十五名、艦乗組員は三千名以上が戦死等で失われた。米軍の損害は、艦船の一部が損傷を受けたが沈没はなかった。航空機の撃墜は四十三機、未帰還及び不時着が八十七機である。航空搭乗員の戦死は七十六名、艦乗組員の戦死は三十三名。日本の機動部隊は飛行機と搭乗員のほとんどが失われ再起不能となった。また、基地航空部隊もほとんど壊滅状態となった。一方的な米軍の勝ち戦《いくさ》であった。

グアム島からの脱出

この間、グアム島基地で杉田は、新人の甲飛十期生たちと同島上空でグラマン（時期的にF6Fか）との邀撃戦を続けていた。柳田邦男著『零戦燃ゆ4』に次のような記述がある。

「米軍のマリアナ作戦が開始された六月十一日には、グアム島には八機しか残っていなかったのだ。これに対し、グアム島に来襲するF6Fヘルキャットは約六〇機に上った。八機の零戦は、次々に波状的に襲ってくるF6F編隊に対し、必死の格闘戦を挑んだ。そして、帰還した四機は、撃墜四、撃破三を報告したが、次郎丸隆一飛曹機をはじめ四機が未帰還となった」〈引44〉

六月十八日、作戦の進展とともにグアム島には二六一空やヤップ島からの攻撃隊が帰投し、一時的に航空部隊が整った。『零戦燃ゆ４』に次のようにある。

「いったん壊滅状態に陥っていたグアム島の航空部隊は、十八日夜には、被弾機の修理を終えたものを含めて、零戦四十九（うち爆装零戦十九）、月光一、艦爆二にまで回復していた」〈引44〉

翌十九日には、マリアナ沖の米空母に向けてグアム基地から零戦四十二機、銀河一機（月光とも？）、彗星二機で攻撃を仕掛けたが、損害を与えることができなかった。Ｆ６Ｆによって零戦八機、彗星二機が未帰還となった。

その後、グアム基地は米軍機による猛烈な空襲を連日受け、邀撃に追われる。連日の空爆や機銃掃射で、稼働機はみるみる少なくなる。甲飛十期生たちは稼働する零戦をベテランに譲り、地上待機となる。基地への爆撃で戦死する者も出ていた。

六月二十八日、とうとう稼働機がまったくなくなり、搭乗員だけでも脱出させせよということになり、ペリリュー島に輸送機で移送されることになった。しかし杉田は、脱出する搭乗員の中には入っていなかった。基地に残された整備員たちが動かなくなっていた零戦を必死で修復しており、修復後にペリリュー島に移送するため杉田は残っていた。

七月八日、修復された零戦六機（四機という説もある）でペリリュー島に向かうが、途中でＦ６Ｆと戦闘になり、重松康弘大尉以下五機が失われてしまう。杉田のみが数百キロメートルを単独洋上飛行し、無事ペリリュー島に着陸している。

サイパン島の戦いは六月十五日から始まり、多くの民間人の犠牲を伴って七月九日に守備隊は玉砕する。防衛研修所戦史室編『戦史叢書』によれば、戦死者四万千二百四十四名、民間人の死者は八千名から一万名となっている。バンザイクリフから飛び込みを行った女性だけでも、数百名いると言われている。

基地航空隊再建

七月に入ってからペリリュー島に二六一空（虎）、

二六三空（豹）、三四三空（隼）、二六五空（狼）の各戦闘機隊の生き残りの搭乗員が集まっていた。中には零戦にワイヤーで爆弾をくくりつけて、敵艦に体当たりをさせてくれと司令に直訴する隊員もいた。ラバウル、トラック、海南島、フィリピン方面の各戦闘機隊も損失が大きく、解隊して再編することになった。菅野の所属していた初代三四三空（隼）部隊も主力搭乗員を失い解隊する。そして、これまでの基地航空隊の残存搭乗員を統合して四個飛行隊を擁する二〇一空が創設され、フィリピンのダバオに基地が置かれることになった。杉田も甲飛十期生たちと共にダバオに移動した。

　七月二十一日、大本営は、「陸海軍爾後の作戦指導大綱」を決定する。また、この内容を踏まえて捷《しょう》号作戦を発令する（捷は「すばやい」という意味である）。海軍部は、あ号作戦の反省から「連合艦隊の準拠すべき当面の作戦方針」の作戦指示を出す。フィリピン方面については捷一号、九州南部、南西諸島及び台湾方面を捷二号、本州、四国、九州、小笠原方面を捷三号、北海道方面を捷四号と区分した。

　また、母艦航空隊の再建は間に合わないと判断し、基地航空隊の再建に注力することになった。特に熟練搭乗員と若年搭乗員を組み合わせ、源田参謀のアイデアでT攻撃部隊の編成を行うこととした。TはTyphoon（台風）あるいはTorpedo（魚雷）を意味する。敵機動部隊が行動を制限される台風の時期に合わせて、精鋭雷撃隊によって夜間攻撃を仕掛けようということである。使用機種は紫電、一式陸攻、艦上攻撃機銀河、艦上攻撃機天山、艦上爆撃機彗星、陸軍四式重爆撃機飛龍で、レーダーを搭載する新鋭機も揃えており大きく期待がかけられた。

　国内に目を向けると、サイパン島敗北の責任を取る形で東條内閣が倒れて、七月二十二日に小磯國昭内閣が誕生した。強気の陸軍と密かに戦争終結の道を探ろうとしていた重臣たちの駆け引きで小磯が選ばれたのだが、小磯に陸軍を抑える力はなく、参謀本部の発言力をかえって強める結果となってしまう。

　ドイツの崩壊も明白であった。じりじりと後退を余儀なくされ、戦線を縮小していた。ノルマンディーに上陸した米英軍はパリを奪還し、ベルリンへ進撃していた。東部戦線でもドイツは敗退し続けていた。

七月二十四日、テニアン島に米軍が上陸した。戦う航空機のなくなった二六三空、五一一空、七五五空の地上要員・搭乗員たち約二千名は守備隊と共に地上戦を行い、玉砕する。

マリアナ諸島のサイパン島、グアム島、テニアン島を米軍が占領したことで、連合国軍の日本打倒総合計画は完遂した。いよいよB29による日本本土爆撃が可能となった。

菅野分隊長

少し戻って七月十日、ダバオの新設二〇一空には四つの戦闘隊が設けられた。杉田は、笠井たち甲飛十期生と共に戦闘三〇六飛行隊に配属される。分隊長は菅野直大尉であった。

笠井ら甲飛十期生は海兵出の士官を甘く見ていたが、練習用の戦闘機を何機も壊すほど、ぎりぎりまで磨いた菅野の飛行技術は極めて高かった。勇猛果敢で攻撃精神が旺盛なことから、菅野は「ブル〈ブルドック〉」と呼ばれるようになる。〈引36〉

新しく四隊を編成する際の搭乗員選抜に当たっては、先任の飛行隊長から順に気に入った者を採っていった。菅野が分隊長として所属する戦闘三〇六飛行隊は、隊長の森井大尉が一番後任だったため、他の隊長の指名漏れを拾う形になった。いわばあぶれ者たちだった。彼らは空戦には強いかもしれないが、扱いにくい連中と思われており、それがグアムから来た連中だった。特に杉田が目をつけられていた。いつも捨て身の空戦を行いその技量は際立っていたが、気性が荒く使いにくいとして、他の隊長たち方から敬遠されていたのだ。ところが菅野は杉田が気に入った。同じような気性を感じたのだ。

菅野の訓練指導は激しかった。しかし、訓練で殴ることはなく、訓練が終わると部下を連れてダバオの街に繰り出すなど、階級を笠に着ることのない性格だった。

階級と年齢は違っていたが、すぐに杉田は菅野に心酔した。自分と同じような気質を感じたのかもしれない。菅野の悪口をどこかで聞こうものなら、杉田は即座に殴りかかるほどだった。

菅野分隊ヤップ島進出

碇義朗著の『最後の撃墜王』によると、「菅野は昼間の訓練では猛烈にしごいたが、それ以外は手綱をゆるめて自由にさせた。だから夜の外出時などの彼ら（甲飛十期生）の振舞いは奔放そのもので、しばしば問題を起こした」〈引36〉とある。

ある晩、菅野分隊の笠井ら甲飛十期生四人がダバオの街の料理店で他の客と口論になり、それがエスカレートして殴り合いをしてしまった。笠井は「二〇一空の戦闘三〇六だ」〈引36〉と啖呵《たんか》を切ったので、相手に正体がばれてしまう。その客は陸軍の憲兵隊大尉だったので問題があとでこじれた。

翌日になって相手方は、当該の兵隊を引き渡せと申し入れてきたが、菅野大尉は「ウチの隊にそんな者はおらん」〈引36〉と突っぱねる。翌日も翌々日もしつこく来るので、菅野は一計を講じ、ヤップ島での邀撃任務を買って出る。

ヤップ島はダバオから一五〇〇キロメートル離れた戦略的要衝の島で、連日B24による空爆を受けていた。そこで当時、ヤップ島へダバオの二〇一空から一週間交代で邀撃に出かけていたのだが、厄介な仕事であった。菅野は、自らその任務に手を上げ、喧嘩をした四人を含め六人でヤップ島へ進出した。菅野直大尉、瀬津賢三上飛曹、松尾哲夫一飛曹、日光安治一飛曹、富田隆治一飛曹、笠井智一一飛曹である。ヤップ島にいた期間は七月十六日から二十四日であるが、この間に何度も邀撃に上がり、多数のB24爆撃機を墜《お》としている。

『日本海軍戦闘機隊2』によれば、「7月10日付の改編で解隊された263空、343空などの転入者で混成した1個分隊は、菅野直大尉の指揮で7月中旬にヤップ島に進出し、16日から23日まで連日のように来襲したB24に対し、体当たりを含む直上攻撃で果敢な邀撃を実施して、5名の犠牲（2名の体当たり戦死を含む）で撃墜17（うち不確実9）、撃破46の戦果をあげた」〈引4〉とある。

この一個分隊に杉田がいたという説がある。豊田穣の小説『新・蒼空の器』では、ヤップ島に杉田も派遣され、B24対策に悩む菅野が杉田と相談することによって、直上方攻撃が生まれたことになっている。また、『The Last Zero Fighter』(Dan King, Pacific Press)には、杉田もヤップ島派遣メンバーの一人として記載されている。しかし、二〇一飛行機隊戦闘行動調書を見る限り、杉田の名前は記載されていない。共に行動していないと考えるのが妥当で、この間の杉田の動静は不明である。ただ、以前からB24対策を考えていた菅野に、杉田の空戦の技は影響を与えたことは十分に想像できる。

このとき菅野分隊がとった戦法が直上方攻撃である。大型爆撃機を攻撃する方法としては、後上方攻撃が常套であった。しかし、B24の防御力は高く、あらゆる方向に向けて十門の一二・七ミリ機銃を持っていて、ほとんど死角がなかった。逆に返り討ちに遭う可能性の方が高く、菅野はかつてパラオにおいてその攻撃法で悩んでいた。そして唯一の死角である直上から接近し攻撃をするという戦法を菅野は考え出した。

直上方攻撃は、高度差一〇〇〇メートルの反航状態から、敵編隊を四十五度左下に見えたところで機体を背面にし、そのまま狙いをつけた敵機に垂直方向で突っ込んでいく戦法である。敵機に対してほぼ直上から逆落としに攻撃することになる。とりあげる本によって直上方背面攻撃とか前上方背面攻撃、あるいは前上方背面垂直攻撃とも書かれているが、ここでは直上方攻撃で通す。

直上方攻撃では、敵機の速度に合わせて自機の速度を修正していかねばならないが、敵機の銃座からはほぼ死角になっており、射線に入ることが少ない。しかも、敵機の尾部ではなく、敵機の主翼と尾翼の間をすり抜けるように突っ込めば、側面銃座からも死角になった。その間約一秒。背面になることで急角度での急降下が可能になり、行き足もつく。しかし、よほど度胸がすわってないとできない技であった。

七月二十二日は、菅野も接近しすぎて体当たりになってしまい、負傷している。Ｂ24の編隊に攻撃を加えるがなかなか墜ちないのに業を煮やし、三回の攻撃後に反航した四回目の攻撃で、背面から突っ込んだときに右主翼でＢ24の尾翼を引っ掛けた。Ｂ24の尾翼は双尾翼になっていて、一方が壊れバランスを崩すと墜落する脆弱性を持っていた。また、Ｂ17に比べて主翼が折れやすい傾向があった。

『最後の撃墜王』に次のように書かれている。

「Ｂ24の尾翼は水平尾翼の両端にほぼ楕円形に近い大きな垂直尾翼がついているが、それを破壊すれば機体はバランスを失って墜ちる。そして、あわよくば自分は生き伸びることができる。だが、Ｆ１レースの直線の倍近いスピードで、しかも自分の進行方向と直角の方向に移動しつつある目標に対してそれをやるのは神技に近い。しかも、多少なりとも恐怖心がちらついたら、熟練したウデは本能的に衝突回避操作をやってしまう。よほど豪胆な神経の持ち主でなければ難しい」〈引36〉

この空中戦は地上からも見られていて、Ｂ24の墜落も確認されている。また、菅野の零戦は右翼の半分を失いキリモミ状態で降下するが、途中で意識を回復した菅野は零戦を立て直し、胴体着陸でヤップ島の飛行場に滑り込んでいる。かつて杉田がＢ17を引っ掛けて墜落させ、方向舵を失いながら着陸した事件に重なるような出来事だった。

七月二十五日、菅野は部下を引き連れて一四〇トンの木造特設駆潜艇でダバオへ戻る。

ところで、二〇一空の戦闘行動調書（昭和十九年一月一日から九月一日まで残存）を追ってみると、記入空白期間もあるが、杉田の名前が一度も出てこない。杉田が二〇一空に笠井たちと共に異動して来たのが七月十日だったのだが、それから八月いっぱいは空戦に上がっていないということだろうか。その理由は不明であるが、火傷の後遺症からの回復を待っていたのかもしれない。前年末に故郷に戻ったときには手指が不自由だったことや、グアム基地に降りたときの指を丸めた敬礼などから考えて、一年たったとはいえ完全な回復とまではいかなかったのではと思える。新人の訓練と哨戒任務などをもっぱらとしていたのかもしれない。

また、戦闘行動調書は九月一日以降残っていない。それどころか、杉田の履歴書にも履歴原表にも、二六三空、二〇一空の記載は一切なく、いきなり「十九年七月十日戦闘第三〇六飛行隊ニ転勤ヲ命ズ（三四三空）」と書かれているが、この三四三空（初代?）は誤記で二〇一空である。それまではきちんと記入されているのだが、このあと履歴書は二十年の四月十五日の戦死時まで記入が飛んでいる。前述したが、なんらかの理由で履歴書がなくなり、再交付されている。履歴原表には、十九年九月二十二日に履歴書再交付（消失ニ付）とあるので、この間を正確に記入することなく戦死してしまったということであろう。

一航艦再建

八月三日、テニアンへの敵上陸作戦により角田《かくた》司令長官以下、司令部員が全員戦死し、飛行機隊も全滅したため、第一航空艦隊（一航艦）を新たにつくらねばならなくなった。

八月九日、マニラを出発した寺岡謹平中将は、十二日に司令長官としてダバオに着任、将旗を掲げた。ダバオにとりあえず司令部を置いても第一線基地としては不十分であり、なにもかもが泥縄式の状態だった。

まずは作戦域の変化に対応するため、素早く移動できる飛行機隊と、整備などを行う地上部隊との分離体制がとられることになった。

空中の作戦については一航艦司令部が立てるが、基地航空隊の管理指揮は第二六航空戦隊（二六航戦）司令官が責任を負った。命令系統が二つになってうまくいくはずがない。また、同地域に展開する海軍と陸軍の共同もまったくうまくいっていなかった。飛行場は陸海軍別々に持っていたが、ただでさえ少ない海軍飛行場に一航艦も併せて使うことになり、足りなくなった飛行場の交渉を陸軍と行わなければならなかった。

阿川弘之の『井上成美』によれば、ひと月ほど前、前述のように小磯内閣が成立し、副総理兼海軍大臣に米内《よない》光政が予備役から復帰している。米内は、嫌がる井上成美《しげよし》を海軍兵学校長から海軍次官に引きずり出す。着任して三週間ほどたった頃、井上は大臣室へ米内を訪ね、差し向かいで和平の決意を述べている。

「日本の敗戦は必至で、此のままいくさを続ければ、それだけ人命資材国富を失うばかりで無く、和平の条件も日に日に悪くなります。一日も早くいくさをやめる工夫をしなくてはなりません。今から私は、極秘裏に如何《いか》にして戦争を終結させるかの研究を始めますから、大臣限り御承知置き下さい。及川軍令部総長にだけは、私から申し上げます。研究の実地の衝に高木教育局長を充てたいと思いますので、併せてこれも御了解願います」〈引40〉

井上からの密命で、教育局長だった高木惣吉少将は「軍令部出仕兼海軍大学校研究部員次官承命服務」に補《ふ》され、病気休養の名目で秘密裏に和平研究に乗り出した。

ダバオ誤報事件

菅野分隊がヤップ島からフィリピンに戻ってひと月くらいたった九月、ダバオ誤報事件が起きる。

九月九日、フィリピン・ミンダナオ島のダバオが米機動部隊によって空襲される。一日、二日、六日とB24爆撃機の空襲が続いていたが、この日はダバオを中心にフィリピン各地に四百機以上の米艦載機が来襲しており、米機動部隊の大きな動きがあるのでは…と警戒態制はピークに達した。そんなピリピリしているところに、ダバオ南方のサランガニ見張所から「敵水陸両用戦車が百隻陸岸に向かう」という報告が入る。根拠地隊司令部が一航艦司令部に「ダバオに敵上陸」と報告を入れると、直ちに「玉砕戦に備えて設備を破壊し重要書類を焼却せよ」と命令が出される。

いよいよ米海兵隊上陸と判断し、二〇一空は各地に分散配置していた二百機近い零戦全機をセブに集結して、機動部隊迎撃のために待機する。また、連絡を受けた陸軍の現地部隊も、総攻撃に備えて無線施設などを破壊しはじめる。さらに連合艦隊では捷一号作戦警戒を発令、大本営では急遽、作戦連絡会議が開かれた。

しかし、報告は誤報であった。いつまでたっても米海兵隊は上陸してこないので、三〇一飛行隊の美濃部大尉が確認の偵察飛行をしたが何も見つからなかった。

連日の空襲で情報に対して過敏になり、敵上陸を恐れるあまりに極度の緊張で海上の白波を見誤ったといわれている。見張り員だけでなく司令部中枢までの連絡系統が、みな混乱していたのであろう。不確実情報に不審を抱いた二〇一空副長の玉井中佐も独自判断で偵察飛行を行ったが、敵機動部隊を発見することができなかった。

司令部は、セブに零戦が集中しすぎていることが気になり、六十機ほどをマニラ方面に向かわせるが、まだ相当数の零戦がセブに残っていた。

誤報が確認されたとき、すでに司令部も現地基地も混乱の最中で、めちゃくちゃになってしまっていた。報告に必要な暗号機が壊されてしまった。重要書類や重要設備の破壊だけでなく、食糧や備品なども各部隊の兵が持ち去っていた。それぞれ玉砕戦に備えて、それらを自分たちで用意しなければならないことを、兵たちは身に染みて知っていたのだ。

さらに、セブ島に集結した飛行機を各基地に戻すにも、設備が破壊されてスムーズにはいかず、混乱の中、十二日になっても百機以上がセブ島基地に止まっていた。そこに米艦載機が襲来した。

悪いことが重なる。二〇一空の零戦隊は、反跳爆撃訓練（後述する）のため、模擬燦弾《さんだん》を付けていたので、立ち上がりが遅れた。爆装をしていなかった三〇一飛行隊の森井大尉以下四十一機が、急ぎ離陸し、これを迎え討ったが形勢不利であった。

豊田穣の小説『新・蒼空の器』には、この場面が次のように描かれている。

「菅野も森井隊長につづいて離陸したが、高度をとる間もなく空戦に巻きこまれた。幸いに、彼の二番機にはベテランの杉田兵曹がついてくれたので、菅野は、例の下からの差し違え式正面攻撃法で一機を仕留め、高度をとってから、背面切り返しでさらに一機を墜した」〈引41〉

もちろん小説の中の記述であり、事実を確かめようもない。

この日の二〇一空は手痛い打撃を喫した。Ｆ６Ｆを二十三機撃墜したが、森井大尉以下二十五機を空戦で失い、十四機が不時着し大破したほか、地上にあった零戦はほとんどが破壊されてしまう。二百五十機あった一航艦の零戦が、ほとんど戦わないで十二日には九十九機までに減少してしまった。

ダバオ誤報事件は、水鳥の音に敵軍かと驚いて逃げ出した平家の故事にたとえられることが多く、ダバオ水鳥事件とも言われる海軍の大失態であった

この誤報事件が、海軍の戦略構想に大きく関わっていく。寺岡長官は更迭され、後任に大西瀧治郎中将が補される。大西はこのあと、一航艦と二航艦を統合した連合基地航空隊を設立するが、誤報事件のため、これからの戦いに必要な零戦が大量に失われていた。敵は迫っている。次の手を打つまで時を稼がねばならない。残された数少ない飛行機を効果的に使うには、一機一艦の特攻作戦を展開するしかない…と、つながっていくことになる。

第九部　比島沖海戦

三〇六飛行隊

前述したように、ダバオ誤報事件のあとのセブ島空襲で、基地にあった零戦がほとんどなくなってしまう。しかし、空襲はその後も激しさを失わず、連合国軍のターゲットは間違いなくフィリピンを示していた。

残った零戦を集めて三〇六飛行隊が再編成される。隊長の森井が戦死したので、先任分隊長だった菅野《かんの》が飛行隊長になった。戦場に出て数カ月であるにもかかわらず、また、他の三隊の隊長に比べてまだ若造にすぎない菅野であったが、すでに戦歴としては十分であった。そして、撃墜を重ねる菅野の後ろには、いつも杉田がついていた。

このあとすぐ、九月二十一日、二十二日と続けてF6Fの編隊がマニラのクラーク基地を急襲するが、偵察機よりあらかじめ敵襲の情報を得ていた三〇六飛行隊が防空戦を展開した。高度八〇〇〇メートルでF6F戦闘機隊を待ち受け、上位から対向する正面攻撃と、巴戦のひねりこみで敵に痛撃を与えた。特に二十二日は、零戦四十五機が出動、F6Fを二十機も撃墜して気勢を上げた。

この戦闘でも菅野は撃墜五機を記録し、撃墜記録はB24の七機を含み二十三機と増えた。杉田も出撃のたびに複数撃墜を重ねており、菅野・杉田のコンビでフィリピン方面における多機撃墜者として知られていく。

ところで日時は不明であるが、菅野がフィリピンの戦線にいたとき、敵機からの銃弾を大腿部に受けてしまい、摘出手術をすることになった。菅野は麻酔なしでの手術を強く要望した。麻酔を打たずに手術した方が、治りが早いとされていたからだ。

仕方なく軍医はメスを入れると、さすがに痛みに耐えかね一時中止してもらうことになった。菅野は「俺がよしと言うまで待て。よしと言ったらはじめてくれ」〈引7〉と言って瞑目し、腕を組んで丹田に力を入れ、気合を入れ直すと再び手術を受けた。大腿部の銃弾をえぐり出させ、皮膚縫合まで一言も発せず表情も変えなかった。

反跳爆撃（スキップボミング）

セブ島に退避していた二〇一空は、九月中旬に入ってから残っていた零戦による反跳爆撃の訓練を命ぜられる。反跳爆撃というのは、水面に沿って石を投げると跳ねていく原理を利用した爆撃方法である。水面上の攻撃目標に対してできるだけ低い水平飛行を行い、手前から爆弾を投下し、跳ねさせて目標に激突させるという爆撃法である。ビスマルク海戦ではB25によるスキップボミングで、日本の輸送船団が壊滅していた。

押し寄せる米機動部隊に対して、上空から急降下で爆撃を行うこれまでの艦上爆撃機の攻撃方法では、VT信管を使った米艦の高射砲の激しい弾幕と、多くの直衛戦闘機による防御ラインを突破するのが難しい。一式陸攻、彗星、天山などの爆撃機の機数が不足しているが零戦だけはある。そこで一航艦司令部は、速度の早い零戦に二五〇キロ爆弾を積み、反跳爆撃を行うことを決定した。そのため関行男大尉など艦上爆撃機の搭乗員たちや、菅野分隊のような実績を上げている零戦搭乗員が、訓練のため集められた。関は海兵七十期で菅野と同期、反跳爆撃隊の指揮官候補として艦爆隊から引き抜いてきたのだ。零戦は初めてである。

この方法は横須賀航空隊で研究され、テストパイロットの意見では、攻撃隊の生還は期し難いということであった。そこで、横須賀の海軍航空技術廠《しょう》でこの反跳爆撃の研究をしていた小福田《こふくだ》租《みつぎ》少佐がセブ島にやって来て、反跳爆撃の指導を行うことになった。かつて杉田が初陣を飾ったときに、ブイン基地の二〇四空の隊長をしていた小福田である。

訓練には杉田も含めた菅野大尉の分隊も参加し、セブ島付近のボホール水道で行われたが、複数のパイロットが事故で殉職してしまった。身軽さが取りえの零戦に二五〇キログラムの爆弾を搭載し、海面ギリギリを飛行して投弾退避するのは、予想以上に難しかったのだ。『最後の撃墜王』に次のように記されている。

「敵艦に極度に接近して行うので生還はほとんど期し難いうえ、横須賀航空隊での実験で自機が落とした爆弾がはね返って機体にぶつかって墜落した『銀河』の例のように、爆撃法自体が危険度の高いものであった」〈引36〉

結局、訓練は行わず、いきなり実戦で展開することに切り替えられた。貴重な零戦と搭乗員をこれ以上失うわけにはいかなかったのだ。

連合国軍がペリリュー島、モロタイ島に上陸を開始する。二十一日には米機動部隊がマニラを空襲し、日本軍の艦艇七隻、船舶三十一隻が沈没する。

九月二十二日、三〇一飛行隊が米空母に対し零戦による反跳爆撃による攻撃を行った。十五機の爆装零戦によって海面スレスレの飛行での反跳爆撃を敵空母に仕掛け、命中弾五発を与え火災を生じさせていた。しかし、零戦の被害も五機あった。反跳爆撃の有効性は認められたが、退避時の被害がやはり大きい。

前述のように寺岡一航艦司令がダバオ事件の責任を取る形で更迭され、二航艦司令と兼務する形で大西瀧治郎中将が司令に着任する。大西は、反跳爆撃作戦を止めさせ、体当たり攻撃による特別攻撃に切り替える。どうせ退避時にやられるのであれば、そのまま突っ込めばいい。命中率を上げられるし、確実に敵と差し違えることができる。ここで戦局を変えなければならないという大西の覚悟もあった。

九月中旬、いよいよフィリピンで決戦かという空気のようなものが航空隊にも流れていた頃、中島飛行長が菅野を呼び出し、内地へ戻って新しい零戦を受領してこいと命令する。菅野は抵抗した。『最後の撃墜王』に二人のやり取りが次のように記述されている。

「もうじきフィリピン方面に大戦闘が起こります。いま内地に帰ると、この戦闘に間に合わぬかもしれませんから自分は嫌です。他の分隊長に代えて下さい」

「貴様の代わりに他の者を返したら、そいつが戦闘に間に合わんじゃないか。他の者は皆一度は帰っているのだ。貴様だけがまだ帰っていないのだから帰れ！」〈引36〉

このような経緯があって、菅野は内地へ帰らされることになった。零戦が圧倒的に足りないのだから仕方なかった。しかも、菅野だけが確かに前線に居続けた唯一の士官搭乗員だったのだ。

内地出張

前述のような経緯で、九月下旬のある日、菅野分隊が集められ、内地に空輸のために帰ることを告げられる。杉田は菅野分隊の仲間と共に、輸送機で中島飛行機の工場に出張することになった。

当時、零戦は生産が間に合わず、定数が揃っている航空隊はなかった。そのため、中島飛行機の機体生産工場である群馬県の小泉航空機製作所まで受け取りに出向き、完成するとともに受け取るというのが通例になっていた。小泉製作所（群馬県邑楽郡小泉町・大川村）は五十五万坪の敷地を持ち、東洋一の航空機製造工場だった。工場近くでは、受け取りに来た各航空隊の搭乗員が順番待ちをしているという状態だった。

零戦は三菱で設計開発されたのだが、戦時体制ということで、巨大な工場を持つ中島飛行機でも生産を行っていた。実は新型機の開発に追われた三菱よりも、中島飛行機で造られた零戦の方が多い。お役所仕事によって貴重なベテラン工員が次々と徴兵されてしまい、代わりに勤労動員で集められた中学生や女子学生が製造ラインについていた。当然、不慣れな作業のため製作スピードは落ちた。また、原材料が滞ったり、工作機械の精度が悪かったりで、品質の低下を防げなかった。

『最後の撃墜王』〈引36〉に出張中の菅野隊の様子が書かれている。

菅野は、出来上がった零戦をすべて自分でテストし、不具合な箇所を細かく注文をつけて修理依頼を行ったが、なかなか作業が進まなかった。あるとき、テスト待ちで整備中の飛行機がずらりと並んでいて、その翼の下で工員たちが座ってのんびり雑談していた。これを見た菅野は怒りを爆発させて、棒で殴りかかるようなこともあった。工員たちはエンジン待ちで組み立てられなかったのだが、菅野にはそんな理屈は関係なかった。菅野にとっては、比島沖での戦闘が今しも行われているのに、工員たちの悠長な姿に我慢できなかったのだ。

エンジンがやって来て、最終組み立てが終わるとまずは中島飛行機のテストパイロットが地上で試運転を行い、受領者の最終チェックを受けるが、あちこちに不具合がある、エンジンの調子も悪い、となかなか完成機として受領できなかった。不具合の調整を行い、隊員が高度三〇〇〇メートルまでの試験飛行を終えて菅野に報告して受領となるが、一日に一機できるかできないかというペースで、予定数まで達しない。今日も一機だけだった…と、菅野は夕方になると宿舎の産業報國会館別館に戻るという日々を過ごす。

『最後の撃墜王』には、杉田が菅野から留守番を言いつかるエピソードも載っている。

ある日、角田中学校時代からの旧友の伊藤敏雄が菅野を訪ねてくる。たまたま菅野は、軍の要務で九州に出向かなければならなかった。群馬県の太田にいることだけは実家や旧友に告げていたので、当時東北大学金属材料研究所に勤めていた伊藤が訪ねてきたのだ。伊藤は前年にも、厚木航空隊に所属していた菅野を訪ねたことがあり、本音で語れる菅野の旧友だった。

せっかく訪ねてくれたのに、自分は九州に飛ばねばならなかった菅野は、伊藤が泊まる宿舎の手配をし、一番の部下である杉田を呼んで、丁寧に接待するように留守番を言いつけていた。

「とにかく勇敢というか無茶というか、私もびっくりしているんです。なにしろ、敵機に体当たりして行くんですから…」〈引36〉

自分のことを棚に上げて、杉田はうれしそうに菅野の自慢話を伊藤に話している。「敵機に体当たり」というのは、ヤップ島で菅野がB24を体当たりで墜《お》とした件を言っている。

内地で過ごす間、菅野は零戦が完成するのをただ待っているだけでは気が済まぬと、テスト飛行を兼ねてあちこちの基地にいる同期を訪ね、大型機への直上方攻撃を伝授して回っていた。

徳島基地の香取頴男《ひでお》大尉を訪ねると、香取は機動部隊再建のために搭乗員の訓練を行っていた。「香取よなあ。敵の大型機というのはよう墜とせんよ。よほど考えなければいかん」〈引36〉と言って、直上方攻撃方法の話をもちだした。話を聞いた香取と、「本当にできるのか」「できる。イヤ、絶対にこれをやらなければダメなんだ」〈引36〉というやり取りがあった。

また、厚木基地にいる森岡寛大尉のところにも、第三種軍装で菅野は訪ねている。森岡はもともと艦爆乗りであったが、途中から戦闘機に転科したため、厚木三〇二の本土防衛隊員となり訓練をしていたのだ。二人の間でも、直上方攻撃による対大型機戦法の話になった。

「『大型機というのはな、セオリーどおりまともに後上方攻撃なんかしたら、こっちがやられてしまうから、俺は敵の前方で背面になって射撃しながら垂直にダイブするんだ。もちろんぶつからないように敵さんの前をかわる。へたをすればぶつかるから恐いが、向こうはもっと恐いはずだ。それで慌てて回避しようしたB24が僚機と空中衝突し、二機一緒に墜としたこともある』

感心しながらも、まだ半信半疑の面持ちの森岡に菅野が言った。『口で説明してもわからんだろうな。今から俺が実地に稽古をつけてやるから零戦を貸せ。貴様は俺のあとについて上がれ。高度五千メートルで反航からお互いに接近するんだ』手短にそれだけいうと、菅野は軽快に零戦で飛び立った。森岡も菅野につづいて離陸し高度を上げた」〈引36〉

二人は高度五〇〇〇メートルで反航接近した。森岡が菅野を前上方に認めた瞬間、菅野は背面になって突っ込んできて、衝突！と思うやいなや下方にすれちがっていき森岡は度肝を抜かれた。地上に戻ると、いつものように人懐こい笑顔で菅野は、森岡の肩を叩いて去っていった。
三〇二空では、この大型機撃墜法を取り入れて訓練を行い、昭和十九年十一月から始まったB29爆撃機に対する邀撃《ようげき》戦に活用している。

菅野分隊が零戦の完成待ちでジリジリと過ごしていた十月十二日に、台湾沖航空戦が起きた。いよいよ日本本土近くまで戦線が迫ってきていた。

台湾沖航空戦

少し戻って十月九日、米機動部隊の総指揮官ハルゼー大将は、重巡洋艦と駆逐艦による小艦隊を沖縄近海に出撃させる。十日には沖縄、奄美大島、南大東島、宮古島を約三百四十機の艦載機で攻撃する。十一日はルソン島北部アパリ飛行場、十二日及び十三日は台湾全土を空襲した。フィリピンのレイテ島上陸の前に、日本軍を混乱させる陽動作戦であった。陽動作戦とはいえ、十二日の台湾への空襲は延べ千百機、十三日は延べ千機という大規模なものであった。日本軍側も、たまたま台湾にいた豊田副武連合艦隊司令長官がすぐさま航空部隊作戦発動を命令し、米機動部隊へ反撃を行う。台湾沖航空戦である。

航空戦は十月十二日から十六日まで行われ、日本軍は秘蔵のT攻撃部隊を投入する。レーダーなどの新兵器を装備した新鋭機四十機と、基地航空兵力三百八十機で航空総攻撃を実施し、十二日は空母六～八隻轟沈、十三日は空母二～三隻轟沈、その他相当数の艦艇を撃沈したと報告があった。壊滅的打撃である。しかし、実際の米艦艇の損害は巡洋艦二隻が大破した程度で、沈没した艦艇は一隻もなかった。報告はまたしても過大であった。

この頃の後方基地搭乗員（台湾はまだ後方基地とされていた）の練度は低くなっており、しかも戦果を報告する士官搭乗員が極端に不足していて、正確な報告がなされなかったといわれている。また、戦闘が米軍に狙われにくい夜間に行われたため、報告が重複したためという説もある。

一方、米軍は日本軍の暗号情報を読み取ってその動きを把握しており、VT信管による対空射撃で日本軍機三百機以上を撃墜している。また、日本側の過大な戦果報告についても暗号を読み解き知っており、幻の戦果によって今後の日本軍の作戦に影響が出ることを予想していた。

敵に打撃を与えたはずなのに、相変わらず十四日も十五日も敵艦載機による空襲が続くので、大本営海軍部も、ようやくこれはおかしいと気付き再調査すると、損害を与えただけで撃沈は一隻もないことが分かる。

十五日には、二十六航空戦隊司令長官の有馬正文少将が、ルソン島沖の敵機動部隊への攻撃に自ら出撃し、敵艦への自爆攻撃を行う。ダバオ事件の責任を取ったのではとうわさされたが、定かではない。しかし、司令官自らが敵艦に突っ込んだということの影響は大きかった。このあと、特攻作戦にまず司令官自らが突っ込んだという話が流布していき、特攻作戦実施への抵抗感が低くなった。

同十五日、大本営が戦果を疑い出したにもかかわらず、第六基地航空部隊司令官の福留繁中将は、台湾沖航空戦の大戦果を根拠に米機動部隊の殲滅《せんめつ》を目して総追撃を命ずる。「一、敵機動部隊は我が追撃に敗退しつつあり。二、基地航空隊部隊及第二遊撃部隊は全力を挙げて残敵を殲滅すべし」

しかし、追撃を急ぐあまりに小規模の逐次攻撃になり、しかも悪天候の影響もあって、総追撃戦は不発に終わる。一方、米軍は十七日にマニラ、レガスピー、ダバオ、タウイタウイに艦上機による攻撃を行い、レイテ湾のスルアン島に地上軍が上陸を行う。さらに十八日もレイテ島などフィリピン各地へ数百機による空襲を行い、十九日にはレイテ島に艦砲射撃を行ってから上陸を開始した。

戦果を上げるどころか、この航空戦によって日本軍側の主力航空部隊の一航艦が大きな損害を出しており、稼働機はもう四十機ほどしか残っていなかった。レイテ島上陸部隊に攻撃を行うには、航空機が足りなかった。

十月二十日、この日付で一航艦司令長官になった大西中将は、なんとしてでもレイテ島を死守すべく、特攻隊投入によって敵機動部隊の動きを止めようと決意する。数少ない稼働機でも、特攻で敵空母の甲板を使えないようにすれば、敵艦載機の動きを一時的にも止められる。当初の特攻隊投入は限定的な作戦だった。敵機動部隊を抑えている間に、態勢の立て直しを図るという策だったのだ。

レイテ島上陸

同二十日、ハルゼー大将の率いる米第三艦隊は、制式空母八隻、新型戦艦六隻を基幹とする大機動部隊をもって、フィリピンのレイテ島に上陸を開始する。日本軍も残っていた艦艇をすべて投入し、十月二十三日から二十五日にかけて史上最大の艦隊決戦が行われる。延べ四日間にわたり、二百隻の軍艦と二千機の航空機が激突した。複数の海戦が起こり、日本軍側は総称して比島沖海戦、米軍側はレイテ沖海戦と名付けている。

日本海軍は空母瑞鶴と小型空母三隻を囮《おとり》艦隊（小沢艦隊）として、比島沖一〇〇〇キロメートルの地点に米艦隊を誘い出し、その隙に大和など戦艦群をレイテ湾に突入させ、連合国軍上陸部隊を叩くという作戦であった。

この囮作戦に引っ掛かり、米艦隊は八〇〇キロメートルも追跡してしまうのだが、日本軍側の無線連絡がうまくできず、主力艦隊（栗田艦隊）に誘い出し成功の連絡が届かなかった。米艦隊は、その間に日本側の動きを察知し、また八〇〇キロメートル引き返すという動きをする。米艦隊が囮作戦に引っ掛かっているにもかかわらず、栗田艦隊はドタバタな動きで戦場を離脱することになる。具体的な戦闘の流れは次のようになる。

二十三日夜明け、栗田艦隊が米潜水艦二隻から攻撃を受け、重巡洋艦愛宕と摩耶が沈没、高雄は大破した。二十四日午前、シブヤン海海戦。日本軍機の攻撃により空母プリンストンが沈没する。同じく午前中、米軍機の波状攻撃で魚雷二十本、爆弾十発を受けて戦艦武蔵が沈没する。その日の深夜から二十五日未明にかけて、スリガオ海峡海戦が起きる。この海戦により西村部隊が米国戦艦群からの攻撃を受け壊滅する。二十五日午前にはエンガノ岬海戦が起きる。日本の空母部隊が、ハルゼーの艦隊を誘い出すことに成功するが、反撃に遭い空母瑞鶴、瑞鳳、千代田、千歳の四隻が沈没する。同じく二十五日午前、サマール沖海戦が起きる。栗田艦隊が米国の護衛空母群を襲撃し、空母一隻、駆逐艦三隻を撃沈した。

二十五日午後、米国護衛空母群が神風特攻隊の攻撃を受け、大損害を被る。二十日から準備に入っていた特攻隊だが、出撃しても敵を発見できず引き返し、実際には四回出直しで五回目の同日に突入している。

当初、特攻隊については海軍兵学校卒業の士官を指揮官に、他の隊員は自分が育てた甲飛十期を中心に編成すると、二〇一空の玉井副長は決めていた。そして、頭の中に浮かんだのが菅野分隊だったが、ちょうどそのとき内地に帰してしまっていた。しかも、すぐに戻るはずが零戦が整わず、やっと揃ったところで、台風のために足止めをくらうことになる。詳細は次のようになる。

十月二十二日、ようやく新しい零戦十六機が揃い、菅野分隊は出発する。群馬県の太田から三重県の鈴鹿、沖縄の小緑（那覇空港）、台湾の新竹を経て、フィリピンを目指す。沖縄に着くと台風に足止めをくらい待機した。二十六日にようやく出発することができ、次の経由地である台湾の新竹に着く。台湾からフィリピンまでは五時間かかる。単座戦闘機での洋上五時間は、たとえ戦闘がなくても厳しい飛行となる。

ようやくフィリピンに着き、マバラカット西飛行場（実はバンバン飛行場）に着陸して、十六機が列線をとって並び、天幕張りの戦闘指揮所に報告に行くと、現地司令の中佐に飛行場が違うと怒られる。頭にきた菅野が、列線に並んだ全零戦を指揮所の方に後ろを向けさせ、エンジン全開のプロペラ交流で天幕を吹き飛ばしてから離陸するといういたずらを行っている。それから十分ほどで、草原に吹き流しだけのマバラカット西飛行場に到着した。

基地に着くと菅野は、同期の関行男大尉率いる初の神風特攻隊が前日の二十五日に出撃したことを知る。

神風特攻隊

関はもともと艦爆乗りで急降下を専門としていた。反跳爆撃を零戦で行うために選ばれて、分隊指揮官として二〇一空へ異動してきたのだが、前述のように訓練で死亡事故が重なり、爆装零戦の作戦は頓挫していた。その時点で関は中途半端な身分であった。

『神風特別攻撃隊の記録』の中に、一航艦首席参謀の猪口力平中佐と玉井副長とが相談する場面が出てくる。

「『指揮官には、兵学校出のものを選ぼうじゃないか』

指揮官と考えた瞬間、玉井副長の脳裡にひらめいたのは菅野直だ、菅野がいいということだったという。しかし残念ながら当時彼は、要務を帯びて内地に出張中であった。

『菅野がおればいいのだがなあ！』

そうつぶやきながら、玉井副長は考え込んでしまった。

当時の指揮官格の士官搭乗員は十四、五名いたのであるが、今度の指揮官には人物、技量、士気の三拍子揃った、もっとも秀れたものを選びださなければならない。こうして思い悩む玉井副長の胸中に現れてきたのが、関行男大尉であった」〈引42〉

特攻隊の人選には、「妻帯者でなく、長男でもなく、自ら志願する者」という条件があったが、関は五月三十一日に結婚したばかり、しかも早くに父が死んでいて、母一人子一人の家庭で育っていた。条件にはまったく当てはまらなかったが、異論なく決まった。もし、菅野隊が内地に帰ってなければ、あるいは零戦受領が早く済むか台風で足止めされなければ、特攻隊第一号は菅野隊になり杉田も一緒に出撃していたはずだ。

猪口は「神風《しんぷう》」の名付け親でもある。海兵五十二期で玉井とは同期だった。大佐で終戦を迎え、戦後は中島正と共著で『神風特別攻撃隊の記録』を出版している。

前述のように二十五日に、関行男大尉を指揮官とする神風特攻隊「敷島隊」五機が出撃し、護衛空母カリニン・ベイを大破した。しかし実はその前に、セブ島基地の久納好孚《くのうこうふ》予備中尉（法政大学出身）率いる「大和隊」が二十一日に出撃し、初の突入をしている。「大和隊」以後も、二十一日と二十二日で、「菊水隊」、「朝日隊」、「山桜隊」、「彗星隊」、「若桜隊」が護衛空母に対して攻撃を行っている。合計二十機の特攻で空母一隻撃沈、三隻大破、三隻損害という戦果を上げた。

「敷島隊」が公式に初の特攻隊とされているのは、関が海軍兵学校出身者で、当初から公式に報道するために、写真やフィルムとして記録されていたためとされている。敵艦を発見できず、何度も出直ししていたことも報道されなかった。メディア戦略として「敷島隊」出撃の場面は使われたのだ。

特攻隊による戦果は十分すぎるものだった。近づけるまで近寄って爆弾を放つよりも、搭乗員が最後まで操縦することでの命中率が高かったこと、積載燃料が一緒に爆発することとの相乗効果などさまざまな要因が考えられているが、最小限の犠牲で最大の効果が上がってしまったのだ。大西中将は、特攻が戦局を打開する決め手になると確信を持つ。七対三まで戦局を盛り返せたら戦争終結も可能だ、と考えていたともいわれている。

司令部では、当初この海戦での空母に限定した攻撃としていたのが、戦果の大きいことに着目し、基地航空隊に翌年の一月まで特攻攻撃を続けさせる。さらに空母以外の全艦艇に対する全軍特攻へと拡大していくことになる。

この特攻攻撃は、連合国軍、特に米海軍の兵たちに大きな恐怖を抱かせることになる。また、特攻が開始された以降の連合国軍艦艇の損害は実際に大きくなり戦死者も激増している。『戦史叢書』によれば、米軍艦船の戦闘による撃沈・損傷等は約八〇パーセント以上が特攻による損失である。

話を戻す。これだけの犠牲と戦果を出していながら栗田艦隊は反転しており、特攻での戦果は作戦全体の成功にはつながらなかった。比島沖海戦で、戦艦三、空母四、重巡洋艦六、軽巡洋艦三、駆逐艦九隻、航空機約六百機が失われ、日本軍の完敗で終わる。これで日本海軍には戦える軍艦はほとんどなくなってしまい、大西の描いた戦争終結のストーリーは消え失せることになる。

特攻直掩隊

そんな二十五日があった翌日に菅野たちは内地から戻ってきた。基地全体の空気が重苦しいのに気付く。整備員に聞くと、前日に「敷島隊」が出発したという。菅野のこれまでの言動から、本来はわれわれ菅野隊が行くはずだったと杉田たち分隊員全員が察する。これ以降、菅野隊は特攻攻撃の最前線で翻弄される。杉田も菅野隊の一員として動いていた。

フィリピンに帰ってからの菅野は「部下の中から特攻要員として誰かを指名するようにいわれたが、断固として拒否した」〈引36〉という。飛行長の中島正少佐からの命令であるが、この頃から菅野は、中島の言動を嫌っていたことがうかがえる。中島には、本人の意思もそれ相応の心構えもなしに、いきなり特攻に指名するような、搭乗員の気持ちをまったく無視したやり方があった。

その次の日、十月二十七日から菅野隊は特攻隊の直掩《ちょくえん》任務に就く。『最後の撃墜王』によれば、

「『我々は、特攻精神をもって出発する。だから落下傘は着用しない』菅野は出発にあたって部下にそう訓示し、直掩隊の要員といえども落下傘をつけないように命じた」〈引36〉と、ある。

特攻隊は、特攻機とその援護と戦果確認をする直掩機で編成する。攻撃を行う零戦には、二五〇キログラム爆弾が付けられた。そもそもギリギリまで軽減化を図った零戦は、通常だと三〇キログラム爆弾しか付けられず、しかも爆弾を付けていると飛行には大きな影響が出てしまう。爆弾を積んだ零戦は、思うような飛行ができず、敵飛行機が攻撃してきたらひとたまりも

ない。

そこで直掩機が同行し、特攻機が確実に特攻できるように敵戦闘機を追い払うとともに、敵艦からの射撃にも身を挺するように守ることになっていた。当然だが、共に突撃を行わねばならないので、直掩機も撃墜されてしまう可能性が高かった。直掩隊には優秀な搭乗員が選ばれていた。

『神風特別攻撃隊の記録』の中で中島正少佐が書いた記述に、「彼（菅野大尉）の空戦技術は抜群であった。そしてその卓越した技量のために、再三、特別攻撃隊員を熱望したにもかかわらず、隊員にはしてもらえなかった。彼はどうしても援護隊や制空隊になくてはならない存在だったのである」〈引42〉というのがある。

御田重宝《おんだしげたか》は著書『特攻』〈引43〉の中でこの部分を引用し、これでは技量のまずい者を特攻隊員にしたと言っているようなものである、としている。

中島の言動には、このような配慮のかけるエピソードがいくつかある。この中で、菅野大尉が再三特攻を熱望したという点に御田は疑義を抱いている。三四三空時代に、同僚の宮崎富哉大尉に「どんな隊長であれ、オレに特攻隊に参加するように命令し、しかも彼自身でその隊を指揮することを拒否するなら、オレはその男をたたっ斬ってやる」〈引43〉と言ったという、妹尾作太男氏の証言が『特攻』の中で紹介されている。この先、中島少佐とのトラブルは菅野や杉田の拳銃事件や三四三航空隊の創設時にも出てくる。

ところで、『最後の撃墜王』にも直掩機について次のような一文がある。

「敵の激しい妨害の中で体当たりをするのはもちろん大変なことだが、その特攻機を目標地点まで護衛し、突入を確認する直掩機の任務もそれに劣らない困難さをともなう。だから直掩機には特に技量の優秀な者が選ばれるのが通例であった」〈引36〉

菅野隊はこの日以後、直掩に何度も飛ぶことになる。しかし、その頃の菅野隊は無双の強さを持っていた。十月二十七日に菅野隊は、前日にマバラカット基地に着いた北方千島方面部隊の戦闘機隊を護衛してセブ基地まで向かったのだが、途中で敵機に出合い激しい空戦を行って大戦果を上げている。前述の『神風特別攻撃隊の記録』に次のように記されている。

「(北方部隊は)北海道から本州、九州、沖縄、台湾をへて、二十六日クラーク地区に到着すると、その日のうちに特別攻撃隊に配され、翌二十七日には、菅野大尉に率いられ、早くもセブに進出する目的をもって一七機(内北方部隊一三機)がマバラカットを出発をしている。しかもこの隊は、途中マリンダック島上空で敵グラマン一六機と遭遇し、思わぬ空戦を展開して、その一二機を撃墜、四機を逃走させ、味方の自爆機一という近ごろにない大戦果をあげた。

この隊には、出発時に脚の上らない機があったので、指揮官菅野大尉はすぐ帰投するよう信号したのであるが、その機の搭乗員は指揮官を拝んで、ぜひ連れっていってくれ、とついてくる。まもなく敵に遭遇して、激しい空中戦となり、菅野大尉はその機を守るためにひどく苦労させられた、と帰着後に話していた」〈引42〉

菅野隊の四機は戦場不慣れな零戦隊十三機を守りながら、しかも自分たちは敵の下方劣位にありながら敵機十二機を撃墜している。

『最後の撃墜王』にもこの場面が取り上げられ、次のように記されている。

「空戦ともなると自分の身を守るだけでも精一杯なのに、故障機に乗った部下をも守った菅野のやさしさもさることながら、戦さ慣れしたその余裕には驚かされる。ただ菅野には彼のためなら命を捨てることも辞さずという杉田庄一上飛曹ら歴戦の猛者がついていたから、後方に敵機がつくのを気にすることなしに戦えた」〈引36〉

この戦闘に参加した搭乗員のほとんどが北海道からやって来たばかりで、しかも実戦経験の少ない混成部隊であり、高度も敵が上方にあってこちらが圧倒的に不利であった。「不利な状況にもかかわらず、劣位から立ち上がって果敢な戦闘を挑んだ捨て身の戦法が功を奏したまれな例」として横須賀海軍航空隊(横空)が出した戦訓集にも取り上げられた。

十月二十七日、午後三時から四時の間に、純忠、誠忠、忠勇、義烈の四隊が編成され、第二神風特別攻撃隊として出撃している。その中の忠勇隊の直掩機として菅野隊八機がついた。忠勇隊は、急降下爆撃を専門とする艦上爆撃機彗星によって編成されていた。激しい弾幕の中を忠勇隊の三機は敵艦に突っ込んだ。直掩機の八機も特攻機と共に敵艦に向かって降下していたため、VT信管によるすさまじい砲火を浴びつつ、海面上を這うように避退し、基地に戻った。

菅野は三機がそれぞれ戦艦、巡洋艦、輸送船に突入したことを飛行長に報告し、「猛烈な対空砲火と敵戦闘機の妨害で沈むところまでは確認しておりません」〈引36〉と付け加える。すると、中島飛行長が「最後まで戦果を見届けずに帰るとは…」〈引36〉と返答した。菅野はカチンときて、つい手にしていた拳銃の引き金を引いてしまい、自分の足先を撃ってしまうという事件が起きた。幸い軽傷で済んだ。

特攻志願

十一月六日、二五二空の角田《つのだ》少尉（十一月昇任）が、セブ基地から四機の零戦をマバラカット基地の二〇一空に空輸を命ぜられた。途中、エンジンが不調になり、マニラのニコラス基地に不時着する。エンジンの振動が大きくなり焼きついてプロペラが止まる。そのまま、滑空して定着マークにぴったりと着陸、滑走路左側に寄って停止する。すぐに寄ってきた整備員が調べると、シリンダーの一個が裂けていた。指揮所に報告に行くと、中将、少将、大佐級の肩章のついた参謀などがぞろぞろといる。参謀肩章のない大佐に滑走路の真ん中に飛行機を止めるなと、怒鳴られる。角田は、プロペラの回り具合も分からないのかと情けなく思っていたら、指揮所から菅野が出てきた。

「分隊士、さっきはどうも、気を悪くしないでくれ。いきなり頭の上から白煙をもうもうと噴きながら着陸してきたので、すわ空戦、空襲か、と司令部は防空壕へ飛び込むやら、見張りを怒鳴りつけるやら、大騒ぎで気が立っていたのだよ。悪かったな」〈引16〉と、大佐の代わりに慰めてくれた。

しかしそのあとが良くない。菅野から、「飛行機は当基地に置いて、陸路マバラカットまで帰るように。ただし、当地で今編成中の特攻隊に一名欠員ができたので、この中から一名選抜して特攻隊員として残すように」〈引16〉と言われる。

その唐突さに驚いた角田が、マバラカットにいる飛行長新郷少佐の許可を取っていただきたいと申し入れた。それもそうだと交渉に行った菅野が戻って来て言う。

「分隊士、駄目だなあ。飛行隊の指揮系統は所在基地の先任者がとることになっているんだ。ここに着陸した者は自動的にここの指揮官の指揮下に入ることになる。それで作戦に関しては二五二空もマバラカットの飛行長も関係なくなる訳なんだ。マニラの先任指揮官は一航艦長官の大西中将であり、ニコラス基地の指揮は直接長官がとられる。これは長官直接の命令だ、角田少尉は戦闘機隊の指揮官としてその隊から特攻隊員一名を選出し、司令部に差し出すべし。残りの三名は十一時のトラック便でクラークまで送る。時間がないから人選を急ぐように」〈引16〉

角田は自分が行くしかないと決断し、列機の搭乗員に別れを告げた。

たまたま不時着した基地で特攻隊の編成をしているので、いますぐ部下から一人選べというのはあまりに理不尽である。命令を伝達した菅野も心苦しく思ったに違いない。

角田はこのとき梅花隊と命名された特攻隊の直掩隊長を命ぜられる。一度目の出撃では敵を発見できず、二度目の出撃時にはエンジンが白煙を吐いて角田は出撃できず、このまま待機になった。その頃、菅野は特命を受けて秘密裏に内地へ帰還している。

十一月に入って、比島沖海戦の後始末に大本営は追われることになる。多くの艦船が損傷したが、軍令部の意見に反対して、井上海軍次官の主張により駆逐艦やタンカーなどの小艦艇の修復を優先し、空母や戦艦などの修復は後回しにすることになる。ただ、特攻による戦果だけが際立っていた。限定的に始められた特攻作戦だったはずが、通常攻撃として行われるようになる。「おい、特攻隊に行けるか」「はいっ、行けます！」というやり取りだけで、特攻に出撃することが決まってしまうようになる。

話を戻して十一月、マバラカット基地でも連日特攻作戦が続いていた。順番通りに来る日も来る日も特攻機が出撃する。大勢いた搭乗員もみるみる減っていく。内地から新たな飛行機と搭乗員がやって来ては出撃していく。そして、杉田や笠井たちは、直掩として連日出撃していた。もう隊名も搭乗員名も知らないいまだ。十一月に入ってすぐに、菅野隊長は何も告げずに特命で内地に行ってしまう。連日、仲間の突入を見届ける任務に、さすがの杉田も精神的におかしくなっていた。

その頃、杉田が玉井副長に特攻志願を申し出るという出来事があった。顛末が『三四三空隊誌』にある笠井の手記に書かれている。

「マバラカットでのある日、連日の特攻攻撃に戦友達は次々に戦死、杉田兵曹は何か思い詰めた様子で

『笠井拳銃を持って俺と一緒に来い』

『日光はどうした』

『ハッ、日光は今マラリアの発作で兵舎です』

『うんそうか、止むを得ん』

二人は拳銃片手にマバラカット飛行場の横を流れるバンバン川の土手をおりた、葦の生い茂った川床の粗末な指揮所へ。『副長、ぜひ特攻に征かせてください』副長は一瞬『何特攻?馬鹿なことを…。特攻は何時でもいける。それよりお前達は内地に帰えり、戦死した戦友達の墓参りを俺の代わりにしてこい。それがわしの頼みじゃ。たのむぞ』と独特の静かにさとすような口調でいわれた。杉田兵曹は返えす言葉もなくひきさがざるを得なかった」〈引37〉

菅野が突然不在になったのも、三四三空編成のために一足早く内地へ帰還していたのだった。十一月下旬、笠井たち甲飛十期の隊員たちは一式陸攻の輸送機に便乗して内地へ向かった。杉田は何か理由があったのか別便で動いている。

その頃、内地では米内《よない》－井上－高木のラインで和平工作が密かに進められていた。反して陸軍内部では、本土決戦で態勢を立て直そうとする主戦論が強固に進

められていた。一方、重臣たちは、次第に終戦への道を探ろうとする方向へ転じてきていた。この時期、米内は井上に海軍大臣を譲ろうと画策するが、頑迷に拒まれ諦めている。

第十部　三四三空

精鋭無比な戦闘機隊

菅野《かんの》や杉田たちを内地に呼び寄せたのは、軍令部第一課航空参謀の源田實《みのる》大佐だった。源田は、「敵に脅威を与えるような強力な戦闘機部隊」を結成し、本土上空の制空権を押さえ、その部隊を突破口にして敵の進撃を止めるという発想で秘密裏に計画を進めていた。そのために、部隊の核となる優秀な搭乗員を集めていたのだ。

戦後、源田は『海軍航空隊始末記』の中で次のように記述している。

「十九年の末期になって、私はつくづくと考えた。戦争に負けているのは、海軍が主役をしている海上戦に負けているからである。海上戦に負けるのは航空戦で圧倒されているからである。航空戦が有利に展開しない原因は、わが戦闘機が制空権を獲得出来ないからだ。つまり、戦闘機が負けるから戦争に負けるのだ。私は海軍戦闘機隊の出身であり、今は航空作戦の主務参謀として大本営に勤務している。敗戦に関して二重に責任が自分に懸っている。何とかして精鋭無比な戦闘機隊を作り上げ、たとい数は少くても良いから、見つけた敵機を片端から射落して、敵の航空部隊に対する脅威となるような部隊を持ってみたい。この部隊の戦闘を突破口として、怒涛のような敵の進撃を喰止めなければならない」〈引39〉

戦闘機部隊には三飛行隊を置き「各飛行隊の隊長は闘魂、識量抜群であると認められる者」、「各編隊の核心となるような者は古強者で編隊空戦ができること」〈引39〉を絶対条件として考えた。米軍機の空戦は編隊戦闘が主となっているにもかかわらず、日本軍機は単独行動で交戦し撃墜されることが多いと源田は分析していた。

計画の最優先事項、「優秀な隊長と編隊空戦ができる核心たる搭乗員」で源田の頭に浮かんだのが、マリンダック島上空での空戦で無双の活躍をみせた二〇一空の菅野分隊ではなかろうか。二〇一空玉井副長の先の発言からも、菅野と杉田を押さえることを最優先として、源田は玉井に意を伝えたのではないかと推測する。玉井は源田と同じ海兵五十二期である。菅野と杉田を確保し、区隊ごと隊員を内地へ呼んでいる。まだ、この時点では三四三空は存在していないので異動先は仮に二五二空に置いていた。

源田が計画を強引に進めていたことがうかがえるが、部内に反対する意見がでなかったのであろうか。源田は、部隊の指揮官を希望し受け入れられている。

菅野隊再会

昭和十九年（1944）十二月一日、笠井たち甲飛十期の仲間たちは、輸送機で台湾の高雄から鹿児島県の笠之原基地を経由して横須賀に到着する。ところで、杉田はいつ帰ってきたのかが少し曖昧である。『三四三空隊誌』にある志賀淑雄飛行長の「隊史の概要」によると「十一月末から十二月初旬にかけて菅野大尉、日光安治上飛曹、笠井上飛曹につづいて杉田庄一、酒井哲郎、飯田一上飛曹等が逐次比島から横須賀に到着し、戦闘三〇一飛行隊として、空技廠飛行実験部古賀中尉の指導で紫電改の完熟飛行を始めていたが、宮崎少尉、沖本、大森、浅間、伊沢兵曹等が合流した下旬、加藤整備分隊長等と共に松山基地に移動した」〈引37〉とある。

『還ってきた紫電改』にも宮崎勇が、転勤時の様子を次のように書いている。宮崎は新しく編成される航空隊に入隊しろと命ぜられ、横須賀に着いて指示を待っていた。

「二日すぎ三日たっても、転勤してくる搭乗員らしき者はおらず、私はなんだか取り残されたような気がして、イライラしてきた。

もういっぺん茂原へ行ってみようと帰りじたくをして、出発しようとしていたところへ、なんと、二〇一空などで顔なじみだった菅野直大尉はじめ、笠井智一、杉田庄一といった、歴戦の戦闘機乗りの連中六、七人がゾロゾロとやってきた。

菅野大尉に聞いてみると、

『そうか、俺たちも同じだ。飛行機をとりにゆけと言われて来てみると、転勤だっていうんだ。要するに、ミヤさんと同じ新部隊に入るんだ、こりゃ』というわけで、どうも、前線のあちこちから、熟練したパイロットをひきぬいて内地にもどして集めているらしいことが分かってきた」〈引7〉。これは十二月初旬の出来事である。

話を少し戻して、二五二空に所属しての新しい任務として当初言われたのが、紫電一一型によるマル大の直掩《ちょくえん》任務だった。マル大というのは、特攻専門機桜花のことで、一式陸攻に懸垂して敵艦上空まで運び、そこからロケット推進で敵艦に突入する秘密兵器だった。

実は二五二空に所属というのは仮のもので、紫電の訓練をここで行わせるのが真の目的であった。三四三空には新鋭機紫電二一型（紫電改）を制式機として使用する予定であったが、まだ完成機がなかったのだ。笠井たち甲飛十期の仲間たちはそうとは知らず、紫電で訓練を始める。

紫電は、もともとは川西航空機が造った水上戦闘機強風を、陸上機に転換した戦闘機である。制式名称はN1K1JなのでJと呼ばれていた。水上戦闘機特有の中翼構造を引き継いだため、長い脚を二段階で引き込む複雑な構造から事故や故障が多発していた。また、発動機を三菱製の火星エンジンから、実用化されたばかりの中島製の誉エンジンに換装したためのトラブルも続出した。誉エンジンは、その優秀さへの期待から満足な試験を行わないまま実用化したため、飛行機の試験飛行とエンジンの最終調整を同時に行うことになった。

エンジントラブルが続いている間に、川西の技術陣は主翼の低翼化や胴体の改造など、紫電改へつながるアイデアをまとめていた。結果的には、紫電のエンジンの最終調整と紫電改の新規設計が並行して行われた。このエンジンの調整不良は実用生産段階でもたびたび起こり、基地に配置されてからもエンジン調整は最重要な稼働条件になった。

多くのトラブルを抱えていながらも紫電は、パワフルな性能を発揮し、零戦の後継機の位置を確実にして千機あまりが生産された。二千馬力のエンジンが、最大速度を時速六〇〇キロメートル近くまでもっていった。また、自動空戦フラップが、単に速度だけでない空戦性能を与えた。二〇ミリ機銃四丁の威力も大きかった。主翼は強風そのままの構造だったため、追加の機銃を主翼内に入れられず、主翼下面のポッドに吊り下げることになった。デザイン的には直線が多用され、工作のしやすさに重点を置いていた。もともとは水上戦闘機用として設計されたおにぎり型の尾翼もそのまま引きずっていて、他機と見分ける特徴になった。

前出のように横須賀海軍航空隊（横空）審査部古賀一大尉が、訓練の指導者になった。古賀から紫電の操作の説明や性能などの詳細説明を受け、菅野のもとに集まった搭乗員たちが離着陸などの訓練を始める。

翼面積が大きいため失速速度が大きく、背面錐揉《きりも》みからは絶対に回復しないから注意するように、と古賀大尉から説明を受ける。しかし、最初に集められた搭乗員たちはさすがに歴戦の強者たちであり、難しいといわれていた紫電の離着陸をすんなりこなし、訓練も順調に進められた。

紫電改

訓練を始めて一週間ほどのち、オレンジ色の試作機紫電二一型が着陸する。紫電に似ているが、中翼が低翼になっているし、全体的にスマートである。紫電改だった。紫電がＪと呼ばれていたので、搭乗員たちからはＪ改と呼ばれた。

紫電改は短い期間で開発されたにもかかわらず、優れた飛行性能を示した。また、頑丈で高速にも耐え得る機体で、急降下時にもびくともしなかった。生産性も考慮されていて、シンプルで無骨なデザインであるが、その分工作数も飛躍的に少なくなっていた。戦時体制では重要な点である。主翼や胴体内のタンクは防弾されており、操縦席には防弾板が配置されていた。操縦席前面の防弾ガラスは七〇ミリもあった。最高速度は時速六四四キロメートルとなっていたが、急降下時に時速八〇〇キロメートル近くまで達することもあった。速いだけでなく、紫電ゆずりの自動空戦フラップを装備しており、重戦闘機ながら、侮れないスタント飛行ができた。主輪も強くなっている。

戦後に米軍が持って帰り、オクタン価の高いガソリンを入れてテストしたら、P51戦闘機マスタング(第二次大戦時の最高と評価された戦闘機)と同等か、それ以上という評価を得ている。

紫電改は次期海軍主力戦闘機として指定され、一万機以上の生産計画が立てられたが、すでに資材や工員が不足している上、工場への空襲などで実際に生産されたのは四百機だった。そのほとんどが川西航空の鳴尾工場製であったが、一部姫路工場でも生産された。姫路工場で造られ、海軍航空隊鶉野飛行場(現加西市)から運ばれてきた紫電改は、川姫号の愛称で呼ばれた(現在、鶉野飛行場跡地に建てられた展示館で実物大の紫電改のレプリカを見ることができる)。

昭和二十年(1945)の一月から制式機として紫電改の引き渡しが始められ、そのほとんどが三四三航空隊で使用されることになる。十二月に横空に現れたのは試作機だった。一刻でも早く慣れるために、訓練用に持ち込まれたのだ。菅野隊ではさっそくその周りに群がり、交代で操縦席に乗り込んだ。座席からの前方視界は良く、シートの座り心地も良かった。翼下ポッドにぶら下げられていた左右の追加二〇ミリ機銃も翼内に収められた。ドラム式給弾方式からベルト式に改められ、携行弾数も大幅に増加した。

十二月十五日、連合国軍がミンドロ島に上陸を開始する。これに応じて日本海軍は、特攻機十三機と直掩機十二機から成る攻撃隊を出動させる。また、重巡洋艦足柄、軽巡洋艦大淀、駆逐艦六隻の艦隊をマンガリン湾に差し向け、二十六日には飛行場と船団への攻撃を行っている(礼号作戦)。しかし、大きな戦果を得ることはできず、比島方面での敗退がこれで決定的となる。

日本海軍は、台湾沖航空戦から比島沖海戦までで組織的な戦力の大部分をなくしており、これで比島周辺の制空権をも完全に奪われた。備蓄石油が底をついてしまい、残存艦艇を動かす余力もなくなってしまう。海軍の戦力はもはや特攻しか残されてなく、次期作戦計画の立案の目処はつかなくなってしまう。海軍軍令部は発言権をなくし、陸軍参謀本部に戦争指導の主導権を渡すことになった。

三四三空設立

当初の第三四三海軍航空隊（三四三空）の概要は以下の通りである。

司令源田實大佐（海兵五十二期）、飛行長志賀淑雄少佐（海兵六十二期）、副長中島正中佐（海兵五十八期）。しかし、中島は相生高秀中佐（海兵五十九期）にすぐに代わっている。戦闘三〇一飛行隊（三〇一隊）の隊長は菅野直大尉（海兵七十期）、戦闘四〇七飛行隊（四〇七隊）の隊長は林喜重大尉（海兵六十九期）、戦闘七〇一飛行隊（七〇一隊）の隊長は、鴛淵《おしぶち》孝大尉（海兵六十八期）、偵察第四飛行隊（偵四隊）の隊長は橋本敏男大尉（海兵六十六期）であった。

各飛行隊は所属航空隊こそ違うが、それぞれ選抜された隊長が率いている既存の飛行隊であった。新設するのではなく、主要メンバーをそのままに、若手を補充して即戦力にしようという考えだった。

航空隊の規模は、「司令部、搭乗員、整備科、工作科ほか地上支援要員をふくめて三千名の大所帯」〈引38〉。

また、三四三空は源田の発案で「訓練期間を確保する」「航空無線を常用する」などの特徴があった。

訓練期間を十分に取ることは、当時の日本としては許され得ないぜいたくであった。すでにB29による本土爆撃が行われ、海軍も陸軍も総出で防空戦闘に当たっていた。一刻も早くという圧力にも構わず、五月中旬まで慣熟訓練を行うという計画は、源田司令の強い政治力であった。

航空無線については、前線ではかなり前から問題になっていた懸案事項であった。零戦では無線はほとんど役に立たず、搭乗員同士は手合図で連絡を取っていた。陸軍の戦闘機ではある程度空中通話ができたとされているが、海軍の航空無線はまったくだめだったのだ。空中戦が一機対一機のものから編隊空戦に変わり、しかも、レーダーによって敵飛行機を遠くから追うこともできるようになると、空中にあっても刻々変わる敵情報を共有したり、編隊のフォーメーションを連絡したりと空中無線での通話がますます重要性を増した。

　源田の編隊空戦構想でも、無線での情報共有は最重要課題となっていた。そこで無線の改良に力を入れた。具体的には、エンジンプラグの放電を抑えノイズを除去することで、交信能力を大幅に改善することができた。松山から大阪、大津、名古屋くらいまで明瞭に交信可能になった。また、指揮通信網の整備にも力を入れ、総合的な情報共有ができることを目指した。基地と戦闘機隊、戦闘機同士の意思疎通がうまくできるように無線の改善に力を入れたのだ。米軍ではすでに、二年前から取り入れていたシステムなのだが。

　整備陣にも源田は力を注いだ。三飛行隊はそれぞれ固有の整備隊を持っていて、班長クラスは全員が高等科整備術練習生の出身者であり、一般整備員たちも技量優秀な者が集められていた。三〇一隊の整備分隊には、紫電改の取り扱いについて特化して学んできた整備士官の加藤種男中尉（海軍機関学校五十三期）がいて、整備員たちに紫電改の扱い方を丁寧に指導していた。

　飛行長に現役の搭乗員をもってくることにも源田はこだわって、海兵六二期の志賀淑雄少佐を選んでいる。志賀は海兵卒業後、戦闘機畑を歩んできていて、昭和十七年末からは海軍航空技術廠《しょう》（空技廠）飛行実験部で紫電、紫電改、烈風のテストパイロットとして務めていた。昭和十九年秋には空母「信濃」の飛行長に任じられていたが、十一月二十九日に艤装《ぎそう》のために移送中の「信濃」が沈没したため、三四三空の飛行長として発令された。紫電改をよく知る志賀を飛行長に迎え、源田は喜んだ。

　源田が取り組んだことがもう一つある。搭乗員たちの精神的な面に「気合」を入れ、「覚悟」をつけることである。具体的には、長髪が許されていた士官たちに丸刈りにするように命ずる。また、隊員それぞれが自分の遺品をまとめ、覚悟をしておくように命じた。以下は、源田實の書いた『海軍航空隊始末記』からの抜粋である。

「何時何処で戦死するかも知れない、殊に搭乗員は、多くの戦闘が洋上であり、遺体も収容出来ないし、全然消息不明に終る場合もある。こんな場合に、その人の遺族に送り届け得るものは、遺品の他には何物もない。従来は遺品を白木の箱に詰めて送っていた。尊い戦死者の英霊を迎える両親や妻子は、遺品もさることながら本人の生身を望まれるであろう。私は誰に相談することもなかったが、自分の身を降返ってみて、そう考えた。そこで、隊の全員に頭髪と爪を切って小箱に収め、まさかの場合に、遺骨箱に生身のものが僅かなりとも入れ得るように手配を命じた」〈引39〉

後述するが、残念ながら杉田の遺骨も遺品箱も遺族には届いていていない。

松山基地

基地は松山に置かれることになった。現在いる横空は海軍鎮守府にある日本最古の伝統ある航空隊で、実用機開発部門と搭乗員養成部隊があり、この頃は首都防空任務も与えられていたため、飛行場が手狭だった。慣熟飛行程度であれば、錯綜する飛行機の間隙をぬって行うこともできないではなかったが、本格的な編隊空戦を行うとなれば広範囲の空域が必要となる。しかも三四三空は、どんどん人数が増えていく予定である。

だいたい横須賀鎮守府のすぐ下にいることが、菅野にとっては窮屈でしかたない。菅野は毎日のように夜になると基地を抜け出し遊びに行っていた。隊長を見習って若手たちも脱柵の常習犯だった。源田の子飼いということで大目にみられていたが、本来は営倉行きものなので、他隊からの恨み節が聞こえてくるようだった。

横須賀にいては訓練もままならないし、いざ出撃となったときにはもっと九州に近い方がいい。笠井から松山基地を勧められると、菅野はすぐに紫電改に乗って松山に乗り込み、下見をしている。

松山基地は伊予灘海岸に広い飛行場を持ち、隣接した市街地には歓楽街や道後温泉もある。菅野が帰って来たのは翌日昼近くで、飛行場近くの土地の名士に歓待されて、すっかり気に入ってしまった。そのまま源田司令に基地移転を進言すると、即決定となった

かくして年末にもかかわらず、あたふたと松山基地へ隊は移動を行った。部隊所属の輸送機や紫電、零戦、二式練習戦闘機なども使って松山に全員が揃ったのは、十二月二十五日だった。

十二月二十五日、第二代三四三空剣部隊の正式な発令はこの日で、第三航空艦隊第二十五航空戦隊に属すことになった。発足時のメンバーは、菅野直大尉、杉田庄一上飛曹、笠井智一上飛曹、日光安治上飛曹、酒井哲郎上飛曹、新里光一上飛曹、飯田一上飛曹、米田伸也上飛曹、佐藤（山本）精一郎上飛曹の九人だった。菅野と杉田以外はすべて甲飛十期だった。

まずは、菅野を隊長に三〇一隊だけが編成された。三〇一という名称は、二〇一空の三〇一飛行隊を引き継ぐ形で編成されたので、名前はそのまま引き継いだ。

志賀の記述にあるように、その後も続々と搭乗員が集まってきた。柴田正司飛曹長、丙飛二期で杉田の一期先輩の宮崎勇飛曹長、堀光雄上飛曹ら、戦場での活躍を重ねてきたベテラン搭乗員たちである。

宮崎はマバラカット基地の二五二空にいて、周りで相次いでいる特攻に自分もいずれ出撃するものと覚悟していた。突然、飛行長の進藤三郎少佐に、岩本徹三少尉や斎藤三郎少尉と共に内地へ飛行機を取りに行くように命ぜられる。上級司令部のある鹿屋基地へ着くと飛行機はないので帰れと言われるが、帰るための手段もない。その後、新しい部隊に入隊しろと言われて横須賀基地に行き、数日もんもんとしているとき、前述のように菅野たちと出会った。宮崎は分隊士として下士官兵のまとめ役を担うことになった。

堀は、三四三空の前は台湾の台南空で教員をしており先任搭乗員となったベテランである。三四三空では

最後まで中堅として活躍する。他にも甲飛十一期の浅間六郎、大森修、西村誠、特乙一期の伊沢秀雄、深山喜一、桜井和彦、丙十四期の沖本堅という若手の名があった。中核は笠井ら甲飛十期搭乗員だった。

三〇一隊についで一月八日に松山基地で錬成に入ったのは七〇一隊だった。隊長は海兵六十八期の鴛淵孝大尉で、フィリピンの二二一空戦闘三〇四隊から転勤してきた。下のクラスに大いに鉄拳を振るい、獰猛《どうもう》といわれた海兵六十八期の中で、鴛淵はほとんど下級生や部下を殴ることがなく、「温厚で人情厚い人格者」「ジェントルマン」と評されていた。

七〇一隊の母体は三四一空の七〇一飛行隊で、すでにフィリピンにおいて紫電での戦闘経験があった。そのときの隊で活躍した中心人物が松場秋夫少尉で、操練二十六期の超ベテランであった。松場は三重県の生まれ、空母加賀飛行隊で日中戦争に参加し、霞ヶ浦空、空母龍驤飛行隊、岩国空、元山《げんざん》空、大分空、三〇一空と渡ってきている。その他にラバウル帰りで甲飛七期の塩野三平上飛曹、丙飛六期の八木隆次上飛曹、丙飛七期の杉滝巧上飛曹、先任下士官の操練五十四期の松本安夫上飛曹が脇を固めた。少し遅れて操練三十八期の坂井三郎少尉が着任するが、片目の視力をほぼ失っており若手指導を行うことになっていた。

四〇七隊は海兵六十九期の林喜重大尉が率いていて、二二一空から引き抜かれた隊だった。林は静かでむっつりしているが、真は熱血漢と評されていた。操練二十二期の石塚光夫少尉、甲飛五期の本田稔飛曹長、丙飛二期の下鶴美幸上飛曹、甲飛七期の遠藤司郎上飛曹、他に甲飛十期の中尾秀雄上飛曹、伊那重頼上飛曹、甲飛十一期の平山成徳一飛曹、山本富雄一飛曹らが集められた。本田稔飛曹長や下鶴美幸上飛曹は、若い搭乗員たちにとっては、そばを通るのも怖いほどの存在で、彼らが下士官搭乗員たちをしっかり押さえ、隊の気風を作り上げていた。四〇七隊は、出水航空隊で紫電一一型による操縦訓練を行っていたので、松山で合流したのは一月二十六日になった。

源田が司令になって合流するまで、司令代行として三四三空の設立を取り仕切ったのは、整備分隊長の品川淳大尉だった。次のような品川の言葉がある。「(菅野に)会った印象は傲岸不遜な男といった感じで、あとからきた七〇一隊長の鴛淵大尉や四〇七隊長の林大尉がきわめて紳士的であったのと好対照だった。菅野は、気に入らなければたとえ上級者といえども上級者と見なさないというようなところがあり、その意味では異色の存在だった」〈引36〉

三〇一隊は新撰組、四〇七隊は天誅組、七〇一隊は維新隊、偵察機隊は奇兵隊と名付けられた。部隊名称については、「久邇宮《くにのみや》殿下の命名である」と菅野は言っていた。指揮所前に「海軍新撰組指揮所」、待機所前には「新撰組駐屯所」いう看板が立てられた。航空隊の別称「剣部隊」は部内からの発案だったようで、同名の案を出した菅野と七〇一隊の八木上飛曹が司令から賞品をもらっている。

相次ぐ死亡事故

三〇一隊では、零戦から紫電への転換や訓練の激しさのため、十二月中旬から死亡事故が相次いだ。

十二月二十日、川西航空機鳴尾工場からできたばかりの紫電を空輸するために編隊離陸したとたん、高度が上がらず飛行場西側の堤防に激突して武谷上飛曹(丙飛七期)が殉職した。

十二月二十七日早朝、紫電改で特殊訓練中の酒井上飛曹が、松山飛行場西方沖合一五キロメートルの青島上空で、突然背面錐揉みになってそのまま海面に墜落した。背面錐揉みは紫電改の欠点といわれており、その状態からの回復は困難であった。機体は大破し沈没した。

同二十九日、松村大尉の指揮で、川西航空機鳴尾工場から四機の紫電改を空輸して松山基地に向かうことになった。午後三時、着陸態勢に入ったところで三番機のエンジンが停止し、不時着する。しかし、片脚が出ず、接地時にジャンプして民家を壊し機体は大破した。搭乗員の中袴田予備少尉は意識不明の重傷を負い、二時間後に絶命した。

同三十日午後、越智上飛曹の乗る紫電が特殊飛行訓練を終えて着陸するとき、一度目をやり直し、二度目の進入時にエンジンが停止、約一二〇メートルの高度から海中に浅い角度で突入した。捜索を行うが、見つからなかった。

明けて昭和二十年一月一日、菅野は厄払いと初飛行を兼ねて讃岐の金毘羅宮まで飛行し、空から武運長久を願うことにした。朝から小雪混じりの悪天候であったが、技量優秀な搭乗員を選び、紫電八機で出発した。雪が酷くなってきて視界が悪くなったが、往復二時間の参拝飛行を終え基地に戻ってきた。編隊を解散し、菅野から順次着陸をする。第二区隊三番機が接地して地上滑走に入ったとたん機体が回り、ひっくり返った。搭乗員の飯田上飛曹が、頭を機体と地面に挟まれて即死した。昭和二十年は記録的な大雪の年だった。四国の海岸部でも二〇センチメートルを超える雪が積もったという記録がある。

十日あまりの間に五人の事故による殉職者を出し、菅野は鎮痛な思いに駆られた。しかし、菅野は訓練をいっそう厳しいものにしていった。翌二日には紫電による特殊飛行訓練三十五機、離着陸十二機、三日は編隊飛行二十八機、特殊飛行九機、四日は編隊飛行六十九機と記録されている。五日は、部隊による殉職者の海軍葬を行った。

三四三空では一月に入ってからも三日に一機の割合で事故が続いた。事故は紫電着陸時のものが多い。一月一日、紫電一機が雪上着陸で大破、搭乗員殉職。一月二日、紫電一機が着陸時に右に回され大破。一月四日、紫電一機が着陸時に左に回され大破。一月八日、紫電一機が着陸時に右に回され大破。事故の原因はブレーキの噛みつきや左右の利き方の偏りで、ベテランも着陸時にはひやひやしていた。

割烹「喜楽」

少し戻るが前年の十二月末の頃から、松山市内の大正通りの一角にある「喜楽」というすき焼き専門の料理店が三〇一隊員の集まる場所になっていた。店の若女将は今井琴子といい、義父ともども隊員たちを世話してくれた。義父の大西宇一は食料品の卸や販売に関する統制本部に勤めていたので、「喜楽」は陸海軍とのつながりがあった店だった。しかし、当時は戦時統制で営業をやめていて、空いている部屋を航空隊の士官に貸していた。三〇一隊の柴田正司少尉夫妻も間借りをして新婚生活をしていた。菅野や他の士官も出入りしているうちに、若手の搭乗員も外出時の下宿として利用させてもらうことになり、たまり場のようになったのだ。『最後の撃墜王』に次のように記述されている。

「女学校を卒業してすぐ結婚した彼女は二十歳をすぎたばかりで、菅野たちと年齢が近かったこともあり、すぐ打ちとけた。そして、彼女より二つほど年上の菅野までが、彼女を『かあちゃん』と呼ぶようになった。たとえ年下でもすでに一児の母であり、家庭を持っている彼女に、菅野はあたかも姉に甘えるような感情を抱いていたのかも知れない。ともあれ、『喜楽』にはなつかしい家庭のにおいがあったのである」

〈引36〉

菅野だけでなく三〇一隊の若い搭乗員たちも、訓練のあとはここに来て羽を伸ばすことになった。菅野も杉田も、他の区隊よりも厳しい訓練を行っていたが、訓練のあとは飲んで歌って発散することを良しとしていた。グアムやフィリピンでの戦場でもそうだったように。

今井琴子に会いたいために、隊員たちは基地から七キロメートルある道を駆け足で通うようになる。そのうち、他の隊や松山基地に併設されていた予科練の連中も「喜楽」へ来るようになった。『最後の撃墜王』には、今井琴子が語る「喜楽」での杉田のエピソードも書かれている。

「予科練の人たちは隊から走ってやってきて、畳の上に転がっておとなしく話をしていました。それだけで心が休まるのでしょうか。中にはお尻や顔をぶたれて顔も何もアザで黒ずんでいる子もいて、街の銭湯ではアザだらけの尻を見られるのがはずかしいので、前をかくさずお尻をかくして入るのだと話していました。お尻が痛いので、横向きにしか寝ころべないというのを聞いて、兵隊さんはかわいそうだと思いました。

それにくらべ、三四三空の搭乗員の皆さんの元気のいいこと。菅野隊長をかしらに飲めや唄えやの大さわぎで、そのうち裸で踊り出す人もいました。杉田（庄一）さんのドジョウすくいはうまいものでした」〈引36〉

今井は、杉田のどじょうすくいがよほど印象に残っていたのか、戦後に隊員たちが作成した『三四三空隊誌』にも寄稿した文の中で次のように触れている。

「元気よくって、どじょうすくいの上手だった杉田（上飛曹）さん。三十幾年ぶりに道後温泉で開かれた新撰組の戦友会の席上で、出席されていた貴方の弟さんを貴方と間違えてしまいました。貴方だったらもっとお年を取られているはずでしたのにねえ」〈引37〉

戦時下のそれも押し詰まった時期、社会全体の空気が極めて緊張していた中での交流だった。しかも、十二月の暮れから一月頭にかけて、訓練で五人が続けて殉職して重苦しい空気が隊内に満ちていた頃から始まった交流でもあった。

正月にみなで新年の挨拶に行ったときに、今井琴子から紫のマフラーを渡したいという申し出があった。今井は、白無垢の生地を四十数枚に裁断し、近所の染物屋に頼んで紫色に染めた。さらに、隊員たちの好きな言葉を刺繍して渡すことにした。

しかし、三四三空は近日中に松山基地を出て、九州に進出することが決まっていた。自分一人で文字を短期間に刺繍するのは無理と判断し、今井は近くにある済美高等女学校（現済美高等学校）の船田操学園長に協力を依頼した。船田学園長は、白川義則陸軍大将の妹であり、すぐに手配をしてくれた。体が弱かったり事情があって学徒動員に出ていなかった女学生たちに文字入れの刺繍を助けてもらい、なんとか間に合わせて紫のマフラーを隊員たちに渡すことができた。

菅野大尉は「必勝」と刺繍してもらった。多くの搭乗員は、「攻撃」とか「勝利」とか勇ましい言葉だったが、杉田区隊は少し違って四人で同じ言葉を刺繍してもらった。杉田の口ぐせである「ニッコリ笑へば必ず墜す」だった。
愛媛県愛南町の紫電改展示館には、笠井が寄贈したその実物を見ることができる。ちなみに「ニッコリ笑へば…」は、当時流行っていた浪花節にある「ニッコリ笑って人を斬る」を元にしたセリフだ。国定忠治モノは広沢虎造の浪花節で取り上げられ、「国定忠治は鬼より怖い、ニッコリ笑って人を斬る」は、今で言う流行語だった。

また、今井琴子は分隊士の宮崎に「喜楽」に手伝いに来ていた女学校時代の一年上の先輩を紹介し、結婚させている。二人はすぐに意気投合するのだが、戦時とあって煮え切らない宮崎に、菅野は「宮さん、本当にもらわんのか。ヨシ、それならワシがもらう」とけしかけた。その甲斐もあって、宮崎の結婚式は航空隊挙げての盛大なものになった。
菅野は今井に、「俺にもかあちゃんをみつけてくれ」と密かに頼んでいた。何度かその言葉を口に出していた菅野の心のうちを、今井は戦後まで気にしていた。『三四三空隊誌』に次のように寄稿している。

「何者をも恐れない豪快な菅野隊長が、『ゆっくり畳の上でくつろげる家庭が欲しい』と思われたと時があったことも…。愛する者が欲しいと思われたことも、未練を残す者はいらぬと思われたことも偽らぬ正直なお気持だったと思います」〈引37〉
ところで、この頃杉田にも艶聞《えんぶん》があった。日本女子大出の才媛《さいえん》の彼女が、松山の三〇一隊指揮所まで杉田を訪ねてきたというのだ。美しい女性が訪ねてきたことで他の隊員たちは、たいへん羨ましがったが、「杉さんなら当然」と誰もが納得していたという。ただ、『最後の撃墜王』にしかこのことの記載がなく、詳細な情報はない。

編隊空戦訓練

源田司令がこだわったように三四三空では編隊空戦を基本とした。編隊は四機で一区隊とし、これが最小単位である。常に四機一体のフォーメーションで動くが、一番機と三番機、二番機と四番機がペアで行動し、援護しあう。四機の動きがぴったりと合うまで、息を合わすように仕上げていく。
一番機に乗っている区隊長の頭の動きや手合図を読み取って、編隊としてのスムーズな動きができるようになってから、編隊飛行での特殊飛行の訓練に入る。四機が近接編隊のまま離陸し、急上昇や急降下、垂直旋回、宙返りなどを繰り返し、編隊のまま着陸する。現在のブルーインパルスが見せるアクロバット飛行や、編隊連携機動飛行のような内容であるが、紫電改のような大型戦闘機による特殊飛行訓練は極めて危険であった。訓練による事故は減らなかったが、一月一日以後は事故で死者が出ることはなかった。

訓練は編隊離陸から始められる。『最後の撃墜王』に次のように書かれている

「勇壮そのものの編隊離陸では、各飛行隊が如何にして早く集合するかを秘かに競い工夫する姿が見えていた。それ等は司令と各隊長の間でガッチリと統一された思想の下に、それぞれの性格なりに統率された各飛行隊の闘志と若さによるものであり、また一つには松場、宮崎、大原、本田、堀（三上）、田中、指宿、下鶴、杉田等各老練パイロットが若い隊長、分隊長にピッタリと従って若い搭乗員を指導し叱咤したためであった」〈引36〉

『源田の剣』にも、編隊飛行での訓練について志賀飛行長の言葉が紹介されている。

「編隊戦闘訓練は、四機対四機から八対八、やがて十六対十六と斬新な空戦思想による訓練が厳格な規律のもとに進められた。飛行場を幅一杯に使った十六機の編隊離陸、二機・四機が一つとなった編隊運動は、技巧に代えて闘志、華麗に代えるに壮絶」〈引38〉なものだった。

そのような中、最も激しい訓練を行っていたのが杉田区隊だった。『三四三空隊誌』に笠井は次のように書いている。

「訓練飛行ではいきなり編隊離陸と編隊宙返りである。必死になってついていったことを覚えている。圧巻は捻り込みの操作である。なにかにつけてきびしかった。特に編隊について格別のきびしさがあった」〈引37〉

杉田に追躡《ついじょう》するだけで必死だったが区隊のメンバーは、確実に操縦技量を上げていった。杉田は、第一区隊長菅野につぐ第二区隊長を命じられており、区隊のメンバーは二番機に笠井智一上飛曹（甲十）、三番機宮沢豊美二飛曹（丙飛十五）、四番機田村恒春飛長（特乙二）だった。

『三四三空隊誌』に、田村が杉田の訓練の思い出を書いている。

「杉田区隊の訓練は実戦以上のもので、二対二の編隊空戦訓練から始まり、急上昇、垂直旋回、急降下、宙返りと、私は笠井兵曹に離れぬように早め早めにスロットルを操作しても時々離れ、地上で見ていたS少尉にお叱りを受けたが、杉田兵曹、笠井兵曹は何も言わずに指導してくれました。編隊訓練時にスピード計をよく見ましたが、常時三百節（時速五百五十五キロメートル）から三百四十節（時速六百四十八キロメートル）くらいを指しており、耳鳴りがし翼端から飛行雲が出ているのが常でした。二機対二機、四機対四機、八機対八機、十六機対十六機の編隊空戦も会得し、二十四機の編隊離陸も出来るようになった三月十日頃、敵の大機動部隊出現の報に警戒態勢、地上待機に入ったと思います。」〈引37〉

『三四三空隊誌』によると、訓練が終わり兵舎に戻ると杉田の「愛する列機来い！」で区隊員たちが集められる。隊員たちは「杉さん」の周りに集まって、背中を掻き、肩揉みをしながら、その日の訓練の修正点を聞くのが習慣であった（この頃、皮膚潰瘍が流行っていて、互いに背中を掻き合っていた）。

杉田が行っていた後輩への指導は、実は珍しいものだった。戦況の逼迫《ひっぱく》していたその当時、みなが自分が生き延びるのに精一杯であり、まともに若手を指導してくれる先輩はいなかったと笠井は述べている。柳田邦男が『零戦燃ゆ４』の中で、当時の若手搭乗員たちが受けた指導を紹介している。ある零戦搭乗員の戦後の証言である。

「戦の後半を担当した者から見ると、古参パイロットたちは、実に恵まれた訓練時間と戦闘環境にあったと、最近思うことしきりです。緒戦にあっては、敵戦力も劣勢であり、これに対するわが兵力は練度を上げて満を持していたものでした。後半担当のパイロットたちには、それらがすべて逆の対峙となって現われ、多くの同期の友は特攻につぐ特攻で、零戦パイロットとして撃墜王となる夢もはかなく、全くよいことなしで死んでいったのです」〈中略〉

「敵がサッチ・ウィーブをやれば、我が方の編隊空戦はただ『離れるな』『離れるな』を繰り返すだけ。あれは編隊空戦ではなく、単なる編隊飛行にすぎなかった一面もありました。聞こえの悪い電話に注意力を奪われていると、見張が留守になる。私は聞こえぬ電話は初めから『断』として見張りに専念しました。いま当時を反省して残念に思うことは、先輩が戦略・戦術を教えてくれなかったことです。空戦の前にも後にも検討会がなかったのです」〈引44〉

次は、『紫電改の六機』（碇義朗）に記載されている山本上飛曹の見た杉田区隊である。

「どこから持ってくるのか、杉田のところにはいつも酒があって毎晩、酒盛りをしていた。『酒ぐらい飲めなくてはグラマンと空戦なんかできんぞ』…そういって杉田は、笠井たちにどんぶり茶碗の酒をすすめ、自分も豪快に飲んだ。『どうも同じ区隊には、隊長に似たもの同士が集まるようで、杉田兵曹の区隊はよく遊んでいた』…夜になると連れ立って隊を抜け出し、あくる朝早くもどっては素知らぬ顔ということもしばしばであった」〈引45〉

心技共に杉田を中心に結束した菅野隊第二区隊は、三四三空でも抜け出たチームワークを誇っていた。それが戦闘に当たっては大きな力となって発揮された。

三四三空の紫電改は、尾翼に機番号をつけて識別していた。菅野機は「A343－15」である。Aが三〇一隊、Bが四〇七隊、Cが七〇一隊を示している。そして隊長機には、機体後部に斜め二本の帯が描かれている。敵に狙われやすくなるのだが、相手を威圧する自信の表れでもあった。

杉田機は、「A343－11」で、区隊長を示す斜めに一本の黄色い帯が描かれていた。スクランブル発進のときなど、隊員たちは駆け足早い者順で手近な紫電改に乗ることになっていたが、斜め線の入った機だけは避けていた。また、斜め帯の機体整備は優先的に行われていたという。

陣容整う

一月二十日、ようやく源田が松山基地に着任した。『海軍航空隊始末記』によると着任時の挨拶で次のように述べている。「我が敗戦の原因はいったい何処に根を置いているのか、またそれを打開するものは何か」「三四三空は実に制空権奪回の重責を担って居り、海軍の中央もそれを期待している」〈引39〉

二月に入ると搭乗員以外の隊員も続々と松山に人員が集まり、一大部隊となっていった。搭乗員だけで百二十名、地上員も含めると三千名に近い人数になった。

二月一日、偵察第四飛行隊が（偵四）編入。偵察部隊を戦闘部隊に組み込むのは、当初から源田の構想であった。バトル・オブ・ブリテンの経緯を英国で調査してきた源田は、早くから敵攻撃部隊の行動をつかむことの重要性を認識していた。当時の英国ではレーダー網をつくり、ドイツ軍機の動きをつぶさにキャッチして迎え撃っていた。日本ではまだ電探（レーダー）の整備はできていない。代わりに、世界最高速度を誇った偵察機彩雲による情報収集を活用しようと源田は考えていた。

二月九日、副長中島正中佐が遅ればせながら着任した。中島が着任したことで三四三空の搭乗員たちに緊張が走った。三四三空も特攻部隊になるのでは…という憶測が飛び交ったのだ。

中島中佐について、二〇一空時代の特攻隊に関するエピソードを当時同空飛曹長だった角田《つのだ》和男が『修羅の翼』に書いている。

「リンガエン湾内の艦戦攻撃に出た第十九金剛隊の爆装機の中で、直掩機と共に爆弾を落として一二三〇頃帰還した一機があった。爆弾は見事に輸送船に命中したが、指揮所に報告に帰るや否や、司令（玉井）、飛行長（中島）より大叱責を受けた。

『特攻に出た者が何で爆弾を落としたか』と」

「かの下士官は、マーシャル航空戦以来のベテラン後藤喜一上飛曹である。この防空壕の奥に連れ込まれ、薄暗い電灯の元でどのような訓示を受け、つるし上げられたか。エチャゲより発進した第二十一金剛隊が攻撃できずマバラカットに着陸したため、この飛行機を使って再び一六五五に特攻が出された。この中に延々四時間にわたるお説教の末、防空壕より出された彼の姿があった。

戦闘三一六飛行隊で、いつもニコニコした明るい少年だったが、さすがにこの時ばかりは暗い影がさして見えた。まさに特攻とは戦果に非ず、死ぬことにあり、であった」〈引16〉

平然と特攻を命じていたため、中島は部下たちの反感を買っていた。なにか特攻作戦に酔いしれてる言動が見られ、隊員たちの間でも密かにうわさになっていた。菅野とのエピソードについては前述した。特攻直掩任務の報告時に中島から疑われ、菅野が頭にきて自分の足の指を撃ってしまったという件である。菅野は中島が着任してすぐに源田に文句を言いに行ったようで、この間の事情は不明であるが、三月になると中島は転任することになる。

二月十日、三四三空は第三航空艦隊直属となり、戦闘四〇一飛行隊（四〇一隊）及び戦闘四〇二飛行隊（四〇二隊）が編入する。四〇一隊は、もともとは紫電による戦闘部隊（獅子）で、昭和十八年十一月十五日に松山基地で編成され、台湾、フィリピンの戦闘に加わり、最後は紫電による特攻を行って乗るべき飛行機がなくなってしまう。残された搭乗員のみが一式陸攻で内地に戻ってきた。飛行隊長は藤田恰与蔵《いよぞう》大尉である。三本卓雄大尉や小野正夫上飛など多くの隊員が三四三空に転勤となった。四〇二隊は帰ってきた四〇一隊と統合し、徳島基地に移動して三四三空の錬成を専門とする極天隊となる。具体的な任務は、各地から集まってくる隊員を編隊空戦ができるように訓練し、本隊に送り出すことだ。島川正明、中村佳雄、稲垣次男など実戦経験のあるベテランが任に当たった。

二月十二日には、偵四の飛行隊長橋本敏男少佐が着任する。

宮崎勇の書いた『還ってきた紫電改』の中に次のような二月後半のエピソードが描かれている。

菅野と松村大尉、柴田少尉、宮崎飛曹長の四人で松山市内の海軍クラブ「白滝」で飲んでいた。いつものように元気よく声を上げていると、隣の部屋から「ヤカマシイー！」と、怒鳴られた。構わずに続けていると「ウルサイ」「ヤカマシイゾ」と、また声がかかった。これに我慢できなかった菅野が「なにがやかましい」と言って、隣の部屋のふすまを開けた。そこにいたのは海軍少将で、周りに参謀たち（佐官）を従えていた。青くなった松村たちに構わず、菅野は並べられていた料理を蹴とばし、テーブルの上にあぐらをかき座り込んでしまう。少将から「もういい、帰れ」と言われて逃げ帰った。

翌朝、源田司令と親しげに話をしている例の少将に会うが、咎められることはなかった。源田から「貴様たち、ゆうべは元気だったそうだな」〈引7〉と、言われただけだった。中島副長からは、「あれはほめられたんじゃないぞ」〈引7〉と釘を刺されたが、菅野は信頼されていると感じた。

同じく次のようなエピソードも紹介されている。数カ月あとの国分基地でのことであるが、仲の良い菅野と宮崎が夜になって抜け出し温泉に行った。一杯やって温泉に入っていると、湯けむりが立ちこめている中に先客がいる。気にも留めずに大声で話しているうちに湯気が薄れて先客の顔がはっきりしてきた。源田だった。「貴様らも温泉か。気を付けて帰れよ」〈引7〉と源田に言われ、いっぺんに酔いがさめた。帰り道で菅野は、感が高ぶってきて宮崎に「さすがオヤジだ」と言った。

硫黄島陥落

少し戻って一月九日、連合国軍はフィリピンのルソン島に上陸する。ヨーロッパではドイツが追い詰められ、ヒトラーはベルリンの総統地下壕に司令部を置く。二月四日はヤルタ会談が開かれ、連合国の首脳たちは対日本戦の詰めだけでなく、すでに戦後処理についても話し合いを始めていた。

太平洋戦線では、これまで軍事施設を狙っていたB29による空襲が、大都市を狙うようになってきた。「たとえ民間人を大量に殺すことになっても、都市破壊によって戦意を消失させることが戦争終結を早めることだ」というカーチス・ルメイ准将の戦略理論だった。東京・大阪・名古屋などの大都市を焼き払ったあとは、地方の中小都市も対象となり、戦争終結の日までB29による空爆は続けられることになる。

B29は遠くサイパンから日本に向けて飛んで来たが、もっと近い基地を確保したい、爆撃後に損傷した機が避難する非常基地も必要だ、ということで硫黄島が候補となる。

二月十六日、米機動部隊艦載機群による初めての本土空襲が関東、東海地区にあった（ジャンボリー作戦）。これは、同日から始まった硫黄島への上陸の陽動作戦でもあった。本土の航空隊は、硫黄島へ向かうことができず、防空に追われることになる。

当初は台湾から日本への侵攻が考えられていたが、これまでの南方やフィリピンでの日本軍との戦闘経験から、最後まで降伏しない相手との戦いでは犠牲が多くなることが予想され、島嶼《とうしょ》伝いに日本本土を目指すよう変更された。もし硫黄島が落ちると、サイパンから飛び立っていたB29の中継基地になり、日本本土全てが爆撃を受ける対象となることが予想された。

硫黄島は小笠原諸島の小笠原村に属する火山島で、面積は二一平方キロメートルくらいしかなく、島全体が硫黄の蓄積物で覆われていた。平時は千人ほどが硫黄の採取やさとうきび畑で暮らしていた。開戦後は海軍と陸軍合わせて五千人ほどが駐留していたが、絶対国防圏の構想の中でその重要性を増し、また米軍の島嶼伝いの侵攻によって決戦地となることが予想され、陸海軍合わせて二万人を超える兵が動員され、小笠原兵団長栗林忠道陸軍中将の指揮のもと、島全体が要塞化されていた。

一方、米軍も硫黄島派遣軍総司令官ターナー中将のもと第五一任務部隊、第五三任務部隊、第五四任務部隊、第五八任務部隊、第五六任務部隊（上陸部隊）、第五水陸両用軍団の海兵隊六万千人が硫黄島に投入される。

戦いは、米艦隊による壮絶な艦砲射撃から始まった。米海兵隊が上陸し日本軍との熾烈《しれつ》な戦闘を繰り広げるが、栗林中将のよく練られた作戦に翻弄された。この硫黄島の戦いで、日本軍は一万九千九百名の戦死者及び行方不明者を出す。米軍も戦死者六千八百二十一名、戦傷者二万千八百六十五名を出し、太平洋戦争中最大の激戦となった。三月十五日、栗林中将の自決によって日本軍の組織的な戦闘は終結した。硫黄島が陥落すると次は沖縄が決戦場になる。米機動部隊は沖縄に向けて動き出す。

米機動部隊動く

少し前の三月十日夜、東京への大空襲があった。狙われたのは下町で、軍需産業を支える中小工場が密集しているからという理由であったが、下町には多くの家屋も集中しており、およそ十万人の市民が焼死した。

陸海軍の戦闘機による迎撃や高射砲部隊による砲撃で約十五機のB29が撃墜され、五十機以上の撃破が報告された。小磯國昭首相は、「都民は空襲を恐れることなく、ますます一致団結して奮って皇都庇護の大任を全うせよ」と奮起を促すが、沖縄上陸が近いことを軍民共に感じていた。

三四三空の錬成に、あと三カ月はかけたいと思っていた源田も、これまでと諦めざるを得なかった。米機動部隊による本土爆撃が本格化しているし、硫黄島が落ちた以上、次は沖縄であることは明白だった。

『三四三空隊誌』に相生副長が、二十年三月時点での搭乗員の技量を紹介している。

「『昼夜を問はず作戦可能』のA級は各飛行隊とも十名内外にすぎず、平易な作戦可能のC級が大半を占めている。その後、AB級は漸減してCDの占める比率は次第に大きくなり、六月に入って『即時作戦に使用可能の搭乗員を補充されたし』と中央に要請した記憶がある」〈引37〉

また、戦後の源田の証言では、部隊初期の三四三空搭乗員の平均飛行時間はおよそ五百時間、基幹搭乗員を除いては、飛行六百時間未満が大勢を占めたとある。三〇一隊の活躍がのちに喧伝されて、凄腕搭乗員ばかり集まったかのように思い込んでしまうが、実は技量Aが三隊の中で一番少なく、CやDが四十人以上もいたことが分かる。

三月十三日早朝、三四三空に警戒警報が発令される。この日の当直飛行隊であった四〇七隊は、林隊長の指揮下四十機で上空哨戒を行う。ところが、編隊飛行中に同じく警戒態勢に入っていた戦艦大和を含む連合艦隊から高射砲による誤射を受けた。編隊の周囲に高角砲弾が炸裂するが、幸い林隊長機と二番機への砲弾破片による損害だけで済んだ。林隊長機は右翼端を損傷していた。日本軍機が大量に編隊飛行していることが珍しく、はなから敵機と誤認してしまったのだ。瀬戸内海柱島泊地で連合艦隊の各艦船は出撃待機をしていたのだが、米機動部隊の接近が予想されているのに、もはや攻撃に出る燃料はなかった。

ミッチャー中将率いる米海軍第五十八任務部隊が、四国の南岸約百浬《かいり》（約一八五キロメートル）まで北上していた。兵力は空母十五隻、戦艦八隻、巡洋戦艦二隻、巡洋艦十四隻、その他の艦艇多数、艦載機千機を超える大機動部隊であった。

早朝、米軍は艦載機約三百五十機を発艦させる。呉軍港内の艦艇や軍事施設、航空基地が攻撃目標だった。沖縄上陸作戦が直前に迫っており、残存する日本軍の航空兵力や艦艇を叩いておくためである。事前の分析では、日本海軍は特攻作戦でしか動いておらず、B29によると大都市への爆撃も防空戦闘隊が出撃してくるものの、組織だった抵抗はされないという予想だった。

三月十八日、米機動部隊がさらに日本近海まで迫り、九州南部の航空基地群を空襲した。三四三空は鴛淵大尉を総指揮官として、三飛行隊七十二機が出動する。杉田区隊も「ニッコリ笑へば必ず墜す」と刺繍の入った揃いの紫マフラーをして出撃する。一番機杉田庄一、二番機笠井智一、三番機宮沢豊美、四番機田村恒春という編成だった。

紫電及び紫電改の大編隊での出動は壮観であったが、この日は会敵できずに終わった。しかし、これまでの米軍の攻撃パターンから、一両日中に再び来襲することが予想され、臨戦態勢が続けられた。

「本日、巡検なし。明日の食事、戦闘配食」という伝達があり、隊全体は緊張のまま夜を迎える。のちに松山上空戦と呼ばれる大空戦が始まろうとしていた。夜中になってから「敵の位置は次第に北上せるをもって、攻撃は正面の中国、四国方面と判断す」と入電がある。

松山上空戦

『源田の剣』〈引38〉を参考に、三月十九日の松山上空戦を追ってみる。

午前零時過ぎ、仮眠明けの整備員が列線に並ぶ担当の機の整備を始める。一機につく整備員は最低六名。松根油を混ぜたガソリンを満タンにし、酸素瓶二本をセットする。二〇ミリ銃四挺の給弾ベルトに二百発ずつ装弾する。弾丸は徹甲弾、炸裂弾、焼夷弾の三種で、組み合わせは搭乗員の好みに合わせられている。炸裂弾、焼夷弾の希望が多い。風防のガラスを拭いて機体の整備が完了する。灯火管制下、懐中電灯の明かりで最後の点検に当たる。

夜明け前、米機動部隊の空母九隻から艦上戦闘機と艦上爆撃機が出撃した。日の出とともに日本本土に向かう。第一機動群の目標は、呉軍港と停泊している艦艇及び周辺飛行場である。第二機動群の目標は、神戸港と鳴尾や伊丹など阪神一帯の飛行場であった。呉軍港、柱島泊地には戦艦大和、榛名、空母天城、龍鳳、海鷹、軽巡洋艦大淀が停泊していた。松山基地では徹夜で幹部職員が入電情報をもとに分析を進めていた。

午前三時、固くなったオイルをあぶって温めてから試運転を行う。誉エンジンは気難しく、一度始動に失敗すると再始動が難しい。整備兵たちは祈るような気持ちでエナーシャ（起動用ハンドル）を回す。整備員は一機につき六名がついた。航空ガソリンは松根油が混ぜられることがあり均質ではなかったため、エンジンの調整は難しかった。

午前四時、偵察第四飛行隊は搭乗員整列をして橋本敏男隊長の指示を受ける。橋本は幹部職員として徹夜明けだった。敵艦上機群の発見という命令を受け、彩雲のエンジンが一斉に始動し、爆音と振動が基地全体を包んだ。同刻、戦闘機搭乗員にも起床命令が下される。

『源田の剣』の中に、杉田編隊の四番機田村恒春飛長の起床の様子が書かれている。

「同じ時刻（四時）、『起床！』がかかると、士官室でも兵舎でも戦闘機搭乗員が跳ね起きて静寂かつ敏速に出撃の支度をする。士官は士官食堂で朝食をとる。下士官兵は食事を兵舎のなかで摂る。戦闘三〇一の最弱年搭乗員の一人田村恒春飛行兵長は、畳部屋でふとんを上げ、隣の板間の洗面所で顔を洗うと、上下つづきの茶色のギャバジンの飛行服を身に纏った。早朝の出撃を予期して飛行服姿の朝飯である。長い食卓を前に並んで座る。ふだんは熱い飯に味噌汁、焼き魚、海苔、漬物、ときには生卵も出た。だが、この日の朝食は赤飯の弁当で味噌汁をすすった。お茶を飲み干すとカフェインの効果で気分が引き締まり、戦闘の一日が始まる」〈引38〉

午前五時、「搭乗員整列」が告げられる。各飛行隊の搭乗員は救命胴衣を身につけ、皮の飛行帽をかぶり、黒革の半長靴を履き、襟には絹のマフラーを巻いて戦闘指揮所前に整列する。すでに全機の試運転が終わり、あたりに静寂が戻っていた。

源田司令が指揮所に立って檄《げき》を飛ばす。「今朝、敵機動部隊の来襲は必至である。わが剣部隊は、この敵機をむかえ撃って痛撃を与える考えである。目標は敵戦闘機隊だ。爆撃機などには目もくれるな。一機でも多くの敵戦闘機を射落とすように心掛けよ」〈引39〉

副長が話を継ぎ、瀬戸内海在泊の艦隊が目標と思われると敵情報告を行う。さらに飛行長が注意を与えた。そのあと、「第一待機」がかかった。源田はこのときの心境を『海軍航空隊始末記』の中に次のように記している。

「本日、来襲する敵機は、少なくも四〇〇機は下らないであろう。現在手持ちの紫電隊全部あわせても、九〇機足らず。可動機は約五〇機余りである。僅か五〇機をもって四〇〇機を相手とするのだから、苦戦は覚悟の上であるが、少なくとも戦闘機の一群や二群には、潰滅的な打撃を与えなければならない。十数コの梯団で波状攻撃をかけて来る敵の一部を捕捉するには、何としても敵情を詳細に把握して、これと思う敵編隊に対して、我が全力を指向しなければならない」

「戦闘機隊を早くから空中に上げて置けば、地上で撃破せられる算は少ないが、敵の来襲時機が遅れたら燃料の不足という困難な問題に直面するだろう。邀撃《ようげき》戦闘機を発進させる時期の判定は、いかにして敵情を知るかにある」〈引39〉

源田の思いに応えるように午前五時四十五分、偵察第四飛行隊の彩雲が、「敵機動部隊見ゆ、室戸岬の南六十浬〇六〇五」と打電してきた。

源田は、「シキシマ・シキシマ」（全飛行隊即時待機）の暗号電を連呼発信させる。偵察機からは続電が入ってくる。「敵大編隊、四国南岸を北上中」「敵大編隊見ゆ、地点高知上空」「敵は戦爆連合五十機、北上中、高度三千」

中島飛行長は、図上に敵の位置をマークしていた。機は熟した、今だ。源田は「サクラ・サクラ・ニイタカヤマノボレ」（全機発進）を発する。

七〇一隊の十六機と四〇七隊の十七機が動き出す。先任指揮官である鴛淵を先頭に、編隊のまま離陸を開始する。各機は空中に上がると、大きく右に旋回しながら隊形を整える。遅れて三〇一隊も菅野に率いられて離陸する。

三〇一隊の編成は次の通り、「第一小隊第一区隊一番機菅野直大尉、二番機加藤勝衛上飛曹、三番機日光安治上飛曹、四番機清水俊信一飛曹。第二区隊一番機杉田庄一上飛曹、二番機横島敏上飛曹、三番機宮沢豊美二飛曹、四番機田村恒春飛長。第三区隊一番機柴田正司飛曹長、二番機鹿野至上飛曹、三番機米田信也上飛曹、四番機青山芳雄上飛曹、第二小隊第一区隊一番機井上伊三郎中尉、二番機富杉亘上飛曹、三番機久保典義一飛曹、四番機石川武二飛曹。第二区隊一番機橋本達敏中尉…遅れて発進、二番機桜井栄一郎上飛曹…発進取止め、三番機新里光一上飛曹、四番機伊沢秀雄飛長…遅れて発進、五番機不明」（橋本区隊にトラブルがあり、井上区隊に合流）と戦闘詳細に書かれている。

いつも杉田の二番機を務めていた笠井上飛曹は、腹痛のため宿舎で寝ていたので、横島敏上飛曹がその代わりに編成されていた。横島は、二月に三四三空に編入された紫電隊戦闘四〇二から転じたばかりで、編隊を組んだのはこの日が初めてであった。

七時十分、「上空に大編隊」という報告が入る。基地の東北寄り上空を数十機の敵編隊が呉方面に飛んでいくのが目撃される。源田はそのときの状況を『海軍航空隊始末記』の中で次のように記している。

「始め、ほんのちょっと、味方機かなと思ったが、次の瞬間には紛れもないグラマンＦ６Ｆであると断定した。紫電改とＦ６Ｆは、遠望すると見分けがつかないくらい似ているところがあった」〈引39〉

「『鴛淵一番、鴛淵一番、敵編隊飛行場上空、高度四〇〇〇』…対空交話員の声が響く。情報を伝え終わった頃には、我が戦闘機隊も既に敵を発見していた。基地の南西方約二浬の海上高度三〇〇〇メートル付近では、彼我約六〇機の戦闘機が入乱れて巴戦を展開し始めた。この頃の敵機動部隊は、ちょうど我々がポートダーウィンやセイロンの空襲でやっていたように、攻撃隊の本隊が突入する少し前に、戦闘機三〇機ばかりを先行させて、前路掃討を行うのを例としていた。我が紫電隊が補足したのは、この『露払い』組であった訳だ。

群がる蝿のような黒点が、中天であるいは近づき、あるいは離れ、あるいは昇り、あるいは降り、まんじ巴の激戦に入った。距離があるので充分に彼我の識別がつかない。戦闘開始後三十秒も経ったかと思う頃、真っ先に引導を渡された一機が、くるりくるりと錐揉み状態になって墜ちていった。良く翼端を見れば切り削《そ》いである。グラマンに違いない。続いて火を噴くもの、空中分解をするもの、墜落する飛行機の数は殖えていく。基地では全員が、飛行場の上空に展開せられる両軍戦闘機隊の死闘を、固唾を呑んで観戦していた。墜ちていく飛行機を指しては、『グラマンだ』『またグラマンだ』『紫電らしいぞ』というささやきも私たちの耳に入って来た。そばにいた中島副長は、私に話しかけた。『司令、絶対優勢です』『うむ、そうらしいな』

南西海面上空の空中戦闘も十数分後にはほとんど友軍機ばかりになって末期に近づいていた」〈引39〉

この日、来襲した敵機は三百機以上だった。敵第一陣は、紫電改によって蹴散らされるが、第二陣、第三陣と次々に敵は押し寄せてきた。松山基地からも上空に向かって対空機銃が撃ち上げられる。紫電改の中には弾薬を撃ち尽くして基地に降りようと連絡してくる機もある。しかし、敵機も上空を飛び回っており、空中待機を命じられたり、岩国など他の飛行場へ回されたりした。

そんな中で、敵機の群がる中を強行着陸したのが松場秋夫少尉だった。ひと月前に台湾から帰国して七〇一隊に合流したベテラン搭乗員である。着陸すると指揮所に駆けつけた。顔面から上半身が汗だくになっていた。

「グラマンは紫電改の敵ではない。容易に敵の後ろに喰込むことができる。二十ミリ機銃四挺の威力は絶大で、照準さえ良好ならば、一撃で敵をノックアウトできる」〈引39〉と、源田に報告している。松場は二機撃墜したが、二機目を撃墜した直後に側方からの射撃で脚を負傷しており、顔にも熱傷を負っていて、すぐに病院に運ばれた。

その後、在空機が続々と着陸して補給を行い、また飛び上がっていく。その間も敵機は来襲し、離陸中を敵機から狙われて戦死する者も出た。呉軍港に停泊している艦船や軍施設も狙われているのが、松山基地からもうかがえた。再度飛びたっても個人での攻撃になり、第一撃以上の戦果を得ることはできなかった。

午前八時三十分ごろ、遅れて出撃した三〇一隊も帰って来だした。一番早く戻ったのは杉田だった。杉田も指揮所に入って源田司令に報告する。

『海軍航空隊始末記』に次のように書かれている。

「杉田上飛曹の報告によれば、戦闘三〇一隊は、鴛淵隊と合同出来ず、東方に進撃中、四国中部で南進する敵編隊と出くわしたらしい。敵の後上方から攻撃に入り間もなく菅野大尉が一機撃墜した。後続機それぞれ戦闘に加入し、爾後追撃戦をやったようである」〈引39〉

杉田は二機撃墜していた。

杉田区隊

このときの杉田区隊の動きについて、四番機だった田村が『三四三空隊誌』に記録を残している。田村はこの日、空戦初デビューであった。

「もうもうと上がる砂煙の中離陸位置に着くと同時に、菅野隊長を先頭に杉田区隊、柴田区隊が一斉にスロットルレバーを入れ、一糸乱れぬ編隊離陸を敢行する。脚を収めながら今日こそ大空で死ぬんだと決意する。

編隊は海に向かって飛び上がりそのまま高度をグングンとって行く。ベテラン一番機杉田上飛曹が時々列機を振り返ってくれる。心強い思い。高度七百米〜八百米くらいで右旋回しながらさらに高度をとっていく。間もなく高度三千米くらいになった頃、菅野隊長の敵大編隊発見の落ち着いた声がレシーバーに入る。

隊長機を見ると敵機の方向に機首を向けバンクを降り、二十粍の試射をしながら敵機の位置を知らせてくれる。まだ敵機影は小さい。我が一番機杉田兵曹が手信号で『カウルフラップ』全開、『OPL点灯』、空戦『フラップ』切替え、二十粍の試射を指示してくれる。四機一斉にスロットルの発射レバーを握る。銃口覆いの布を破って弾丸がダダーと飛び出す。高度四千米をこえる」〈引37〉

三〇一隊は発進間際にトラブルがあり、三機が発進取り止めになった。そのため七〇一隊、四〇七隊が先に発進しており、三〇一隊の発進はやや遅れた。田村は、視界に入ってきた敵機を最初、先行する七〇一隊か四〇七隊かと思っているが、その数の多さ（二百機から三五十機）に敵機であることを確信する。高度五〇〇〇メートルを超えて、敵機は呉の方向に飛んで行く。

「隊長機が敵機（四千米）を追いながら左旋回する。高度五千五百米になったと思ったら隊長機が急降下して行く。我が一番機杉田兵曹が『ハナレルナ、ツイテコイ』の手信号を送ってくる。風防越しに左手を上げ答える。隊長機が四千米くらいで五百米くらい下のグラマン艦爆かアヴェンジャかわからないが護衛している二十機から三十機のグラマンF6Fに向かっていく。敵機との距離は五百米、三百米、二百米と詰って行く。敵機も編隊を崩さずまだ飛んでいる。
距離が百五十米～百米に近づく。青色の機体に白い星のマークが見える。さらに近づく。『OPL』から敵機がはみ出し一部しか見えない。敵機が気付き反撃態勢に移る瞬間、菅野隊長を先頭に編隊を組んだまま突撃開始。距離五十米～二十米。敵の搭乗員の白いマフラーが風防越しに見える。スロットルレバーの発射把手（ハンドル）を握る。ダダーと二十ミリ四門が火を吐くと同時に、F6Fの右翼が眼前で吹飛ぶ」〈引37〉

敵編隊への第一撃は、菅野を先頭に編隊を崩さないまま上空から逆落としで二〇メートルまで近づいていっての一斉射撃であった。このあとは区隊ごとの空戦に分かれていく。田村は必死で杉田についていったが、いつしかはぐれて個別に飛び回ることになった。

田村も館山の二五二空から三四三空に転勤してきたのが十二月下旬で、すでに横須賀で紫電や紫電改の慣熟訓練を受けていた同僚・先輩から遅れてのスタートだったので、二月下旬ごろ初めて区隊編成が発表されたとき杉田区隊四番機に指名されて驚いた。杉田の名前はすでに知れ渡っていたからだ。以来、杉田、笠井の両先輩から編隊飛行の指導を受けてきており、普段から兄のように慕っていた笠井とは、ぴったりと呼吸が合うようになってきていた。朝、編成に笠井が入っていないのを知ったとき、田村は非常に残念な思いであった。

その日の夕方、田村は宿舎で杉田に「タムタム」と大きな声で呼ばれる。ああ、今日の空戦で杉田から離れてしまったのを怒られるのだと覚悟して杉田のところに出向くと、「タム、よくやった」とタバコ（光）をもらった。そして、杉田区隊が区隊撃墜賞をもらったことを教えてもらう。

菅野被弾

菅野は戦隊長として全体を上空から見て指示を出せばいい立場であったが、自ら先陣をきって敵の中に飛び込んでいった。敵の大群の前に躍り出た菅野機は、敵弾で右翼補助翼を三分の一ほど吹き飛ばされてしまう。それでも戦闘を止めずに一機撃墜している。さらに次の機を攻撃中に、後方から撃たれ機体が発火した。

すぐに落下傘降下し、松山近くの畑に無事降りることができた。落下傘を外そうとしたところ、竹槍を持った農家や国防婦人会の人たちが殺気だって集まってきて菅野を取り囲んだ。菅野は、煙を吸っていてうまく声が出ない。菅野の顔は火傷による火ぶくれ状態で、マフラーに長髪だったので、米軍搭乗員と思われたのだ。当時、巷《ちまた》で長髪の日本人男性を見ることはまったくなかった。海軍士官は長髪が許されていたのだが、源田司令から決戦に備えて坊主頭にしろと言われていた。しかし従わない者もいた。菅野もそうだったのが災いした。日本人であることの証拠を探して、ようやく腹に巻いていた千人針を引っ張り出し認めてもらった。菅野が日本人搭乗員と分かると、今度は住民から丁重な扱いを受け、断ったにもかかわらず顔中に白い火傷クリームを塗られ車で送られて基地に戻ってきた。

さて、松山上空での空戦も、午前九時三十分頃には敵機の大部分が引き揚げた。飛行機も次々と降りてきたが、他の基地に着陸した者もいた。また、未帰還となった者も次第に判明してくる。林隊長は、搭乗機が被弾し岩国基地に緊急着陸する。そこへ敵機が銃撃をかけ、機体は燃えてしまう。そこで訓練用の零戦を借り、夕方になって松山基地に戻ってきた。鴛淵隊長も他の基地に降りたが、その基地整備員に被弾したところを応急修理してもらい、一番あとになって松山基地に戻ってきた。他基地への照会を済ませて、未帰還機は十五機に達することが明らかになった。

未帰還機の中に、敵発見を打電した偵四の彩雲四号機もあった。機長偵察員高田満少尉、操縦員遠藤稔上飛曹、電信員景浦博上飛曹の三人が搭乗していた。彩雲四号機は、敵発見後も敵編隊と接触を続けながら敵の動きを報告していたが、途中でエンジンが不調になり敵機に発見され、複数の戦闘機に囲まれた。逃げきれないと判断した彩雲四号機は、敵機二機を巻き込んで体当たり自爆をする。その様子は地上からも確認できた。彩雲四号機の落ちた場所は高知県東津野村で、後日、村民たちによって「三魂の碑」が建てられている。

米軍側の被害数であるが、報告をまとめるとF6FとF4U合わせて四十八機、SB2C四機であった。基地からの地上砲火で撃ち落としたF4Uが五機あり、これも合わせると五十七機を撃墜していることになる。ところで米軍側の記録には公式記録がなく、十五機前後が通説となっている。『源田の剣』によれば、三四三空との空戦による損失十四機、地上突入・対空砲火など空戦以外の損失七機で合計二十一機である。

『源田の剣』の共著者であるヘンリー境田の調査によると、米軍上層部がパイロットの戦意喪失を防ぐため、未帰還等の被害機数は過小申告したのではという疑念が持たれており、パイロットたちの記憶からも実際の米軍被害機数は日本側の発表の撃墜機数に近いのでは、と解説している。

日本側未帰還者十五機のうち、三〇一隊の日光安治上飛曹には偶然にも同日、北海道から姉が面会に来ていた。日光は姉に会うことなく菅野区隊の二番機として戦闘に参加し、未帰還となった。『還ってきた紫電改』に次のようなエピソードが紹介されている。

姉が来ていることを知った甲飛十期の同期生たちは、どうやって伝えたらよいか悩んだ末、数人が連れ立って日光の下宿で待っている姉のところを訪ねる。言いよどんで顔を見合わせている同期生たちを見て、姉も状況を察し「そうですか」とだけ答えて涙も見せなかった。かえって姉のその姿に、深い悲しみを同期生たちは感じ取っていた。日光には幼なじみの恋人がいた。表立ってそのことを明らかにすることなく日光は死んだ。日光の恋人は、実家に戻った日光の姉からフィリピンで買ったという日光のみやげを形見として渡され、戦死したことを知る。

下宿先「喜楽」の女将である今井琴子も、日光が残した遺品の手帳を整理していて恋人の存在を知る。手帳には彼女と交わしていた恋歌がつづられていた。戦死した二、三日前に日光は今井に「奥さん、俺はカアチャンをもらわないよ」「若い後家さんつくるとかわいそうだからね」〈引7〉と話していた。そのときは冗談のように今井は思っていたが、日光の思いつめた言葉だったことを知り、声を上げて泣いた。

「喜楽」に部屋を借りて新婚生活をしていた井上伊三郎予備中尉も未帰還者だった。この日は朝から警戒警報が出ていて、ついで空襲警報に変わった。井上夫人は夫の無事を祈って、一心に仏壇をおがんでいた。井上夫人は妊娠しており、今井は井上から「実は家内が妊娠しているらしいので婦人科に連れて行ってほしい。そしてもし自分が出撃した時は、田舎につれていってくれませんか」〈引37〉と頼まれていた。仏壇のローソクが倒れたときにもしやと胸騒ぎがしたが、その日、夫が帰ることがなかった。

基地に問い合わせると、他の基地に不時着していることもあると言われる。しかし、三日たっても四日たっても音沙汰がない。部隊では、夫人に知らせる役目は誰も引き受けたがらない。結局、宮崎が伝えたが、夫人の悲嘆は周りの者にもたいへんつらいものだった。数日後、夫人は今井に送られて松山駅から迎えに来た両親と共に故郷に帰った。

沖縄上陸

三月二十日、大本営より天号作戦が発令される。天号作戦とは、日本本土に侵攻しようとする連合国軍を本土前縁で食い止め、敵主力を撃滅するという作戦で、天一号作戦（沖縄方面航空作戦）、天二号作戦（台湾方面航空作戦）、天三号作戦（南支沿岸方面航空作戦）、天四号作戦（仏印、海南島方面航空作戦）で構成されていた。航空作戦といっても、要は特攻機によるものであり、戦艦大和を沖縄に突入させ、浮き砲台とするという水上特攻の計画もここに含まれていた。

三月二十六日、連合国軍はついに沖縄の慶良間諸島にある座間味島に上陸する。これまでの侵攻作戦と同じく、まずは本島に隣接する島を橋頭堡《きょうとうほ》として占領し、そこから本島に攻め入る作戦である。四月一日には、「鉄の暴風」と呼ばれた艦砲射撃によって沖縄戦が始まった。この艦砲射撃はすさまじく、沖縄の地形が変わるほどであった。

沖縄の日本軍兵力は十一万六千四百人であるが、その半数近くは沖縄県内で召集した兵だった。旧制中学の学生や女学校生徒も防衛組織に組み込まれている。その他に住民たちも防衛隊を組織していた。この日から六月二十三日の牛島満中将自決を挟んで、七月二日の連合国軍の沖縄戦終了宣言まで激しい戦闘が続き、日本人十八万八千人の死者を出して終わることになる（米国側も約二万人の死者を出している）。

天一号作戦の発令によって戦艦大和、軽巡洋艦矢矧その他駆逐艦八隻が水上特攻部隊として沖縄方面を目指すが、四月七日に米艦載機による波状攻撃を受けてほとんどの艦艇が撃沈される。連合艦隊は完全に壊滅し、個別部隊の航空機特攻、特殊潜航艇回天、特攻艇震洋などによる攻撃手段しか残されていない状態になる。

日本海軍の基地航空隊も、沖縄の連合国軍艦艇への特攻作戦として、菊水一号作戦から菊水十号作戦まで実施した。この作戦には海軍基地航空隊だけでなく、陸軍航空隊も動員された。海軍機は九百四十機、陸軍機は八百八十七機が特攻を実施し、三千六十七名が戦死している。米軍の損害は艦艇三十六隻沈没、損傷した艦艇も多かった。英国やオランダの艦艇にも被害が出ている。米軍だけで戦死者四千九百七名、負傷者四千八百二十四名を出しており、日本本土決戦への強烈な恐怖を米軍に植え付けることになってしまう。

ところで特攻作戦を行うに当たっては、米機動部隊の艦載機による防御網を突破する必要があり、突撃路啓開作戦が考えられた。その作戦中に杉田が戦死することになるのだが、詳細は後述する。

立石優の書いた『鈴木貫太郎　昭和天皇から最も信頼された海軍大将』によると、この頃、枢密院議長の鈴木貫太郎は海軍大臣の米内《よない》光政に会って、怒りに全身を震わせながら次のように述べている。「いやしくも名将たる者は、特攻作戦など採らないものだ。日露戦争の時の旅順閉塞隊はいわば挺身隊であったが、出撃するについては、帰投の手段が確立されなければ許可が下りなかった。目的は船を沈めることであり、攻撃隊員は救助しなければならない。これが司令官たる者の作戦というものだ。特攻作戦は生還を考えない片道出撃である。こうして忠勇なる若者をおおぜい死なせて、果たして勝てるのか。単なるその場しのぎのために、兵を死なせて、司令官といえるか」〈引46〉。忸怩《じくじ》たる思いの米内は、無言でうつむくばかりだった。

ところが、この鈴木貫太郎に次期内閣の首相の声がかかった。鈴木貫太郎は海兵十四期で、若い頃は「鬼貫」と呼ばれるくらい勇猛果敢であったが、連合艦隊司令長官を務めた後、縁があって天皇の侍従長になった。古武士のような生き方が気に入られ、天皇の良き相談相手となり厚い信任を得る。そのため天皇に入れ知恵をしていると疑われ、二・二六事件では身体に四発弾丸を受けるが、妻の「とどめだけは」の声で一命を取り留めている。その後は、表舞台から去っていたのだが、天皇に何度も請われて、嫌々ながら枢密院議長に就任したばかりであった。

死者七万人を出した東京大空襲のあと、小磯内閣は急速に力を失っていた。重臣たちも次の首班に戦争終結を託す思いで人選をしていた中で、名前が出てきたのが鈴木貫太郎だった。元首相の岡田啓介が、鈴木のもとを訪ねて首相就任の意向を打診する。鈴木は、「お断りする」と口をへの字に曲げた。「軍人は政治に口を出さず」という思いを強く持っていて、頑固偏屈な鈴木は聞く耳を持たなかった。

四月四日、小磯首相は辞意を表明する。首相指名の重臣会議にメンバーではないが、なぜか枢密院議長の鈴木も呼ばれた。突然、全員一致で鈴木が首相に指名されるが、鈴木は頑《かたく》なに拒みなかなか決定しない。そのまま天皇に経過が上奏され、鈴木は天皇に呼ばれた。『鈴木貫太郎　昭和天皇から最も信頼された海軍大将』によると次のようなやり取りがあった。

「『鈴木、達者か』

『はい、耳は少々遠くなりましたが、元気でおります』

貫太郎は薄くなった頭を深々と下げて答えた。

『いくつになる』

天皇は声を高めていった。

『数えで七十九でございます』

『高齢のところ、ご苦労だが、もうひと働きしてくれぬか』

『…』

『卿《けい》に内閣の組閣を命ずる』」〈引46〉

鈴木は、天皇の言葉の裏に戦争の終結を望んでいる強い思いを悟り、「不肖鈴木貫太郎、身命を賭してご奉公申し上げます」〈引46〉と言って頭を深く下げた。鈴木内閣が発足する。

突撃路啓開作戦

四月に入ってから源田司令は、自ら紫電改の慣熟飛行を始めた。もともと戦闘機乗りであり、編隊飛行チームの元祖である「源田サーカス」を作り上げた腕前である。まずは、零戦で操縦のカンを取り戻し、宮崎勇少尉を呼んで、「脚はどれだ」「空戦フラップは」などとコクピットの操縦装置を確かめたあと、すぐに紫電改で飛び立った。着陸時も、吹き流しの風向きを見て、タッチアンドゴーでやり直し、決められた場所にピタリとつけた。「さすがにうまいもんだ。もう何年も乗っていないはずなのに…。しかも吹き流しの方向が変わったのを見て着陸をやり直すとは、よほど余裕のある証拠だ」〈引36〉と、菅野は部下に話した。

四月四日、源田司令は志賀飛行長と坂井三郎少尉を伴って、紫電改で鹿屋基地での作戦会議に行く。すでに三月十九日の大空戦の結果は知れ渡っており、幹部隊員が三機編隊のまま空から乗り入れたので、他の部隊の指令や幹部から感嘆の声が上がったという。

この会議で三四三空は、特攻機の進路を確保するための任務「突撃路啓開作戦」を行うことが決まった。この頃、米軍はオペレーション・リサーチの手法を戦術面で取り入れるようになっていて、特攻隊を阻止する艦船の退避方法や、弾幕の作り方など研究していた。その一環として、特攻機の攻撃に対して艦上戦闘機による迎撃ラインを作っていた。このラインができてから、日本軍側はこれを突破することが大きな課題となった。そこで、このラインを紫電改で突破しようと考えた。迎撃ラインは、だいたい鹿屋基地から沖縄への中間にある喜界島あたりにあった。特攻機が真っすぐに目標空域に突撃していけるように、コースを開いていくのが任務である。しかし、紫電改は航続距離が短い。遠距離飛行をして空戦を行い、また帰ってくるには最短距離にある九州鹿屋基地を使わざるを得ない。

四月七日、十二時半過ぎに鹿児島県坊ノ岬沖九十浬（約一七〇キロメートル）の地点で、戦艦大和は米海軍の戦闘機、爆撃機、雷撃機による攻撃を受ける。攻撃は数波に及び、延べ千機以上が来襲した。大和には航空機支援はなく、いたずらに攻撃を受けるだけの展開となり、十四時二十三分に沈没した。もとより水上特攻という言葉で、生還を期すものではないことを隊員たちにも下令してあったが、三千人以上の戦死者を出した。

同八日、三四三空は松山基地から鹿児島県鹿屋基地に進出した。大編隊のまま一糸乱れぬ隊形で、鹿屋基地に降りてくる。練度が低くようやく飛べるようになった若手搭乗員が、危うい飛行姿勢で毎日のように特攻隊で出ていく鹿屋基地では、良くも悪くも対比される光景であった。

鹿屋基地には連日全国の基地航空隊から零戦、艦爆、艦攻、陸攻、練習機などが集結待機していた。発進命令が出されるまで鹿屋で待機し、命令とともに次々と沖縄に向かって出撃していた。出撃する機や出撃準備で降りてくる機で、滑走路は常に混雑している上、複数の隊が同居しているため情報の伝達も混乱していた。

四月十二日、米大統領ルーズベルトが脳出血で死去した。このニュースは世界中を駆け巡った。鈴木貫太郎首相の「偉大な指導者を失ったアメリカ国民に、深甚なる弔意を申し述べる」という談話が、英語放送を通じて流された。このステートメントに陸軍若手幕僚やドイツから抗議が入ったが、鈴木は憮然としていた。

喜界島空戦

同日、午前十時四十五分、菅野大尉指揮下の紫電改四十二機が特攻隊の進路を確保するために出撃した。

編成は菅野大尉が率いる第一中隊として、第一小隊第一区隊一番機菅野直大尉、二番機加藤勝衛上飛曹（途中引き返す）、三番機清水俊信一飛曹（発進取り止め）、四番機三ツ石幹雄二飛曹。第二区隊一番機杉田庄一上飛曹、二番機笠井智一上飛曹、三番機宮沢豊美二飛曹（途中引き返す）、四番機田村恒春飛長（発進取り止め）。第二小隊第一区隊一番機柴田正司飛曹長、二番機米田信也上飛曹、三番機宮田広利二飛曹、四番機大坪通二飛曹。第二区隊一番機鹿野至上飛曹、二番機青山芳雄上飛曹、三番機森山作太郎二飛曹、四番機大森修一飛曹。第三小隊第一区隊一番機橋下達敏中尉、二番機桜井栄一郎上飛曹（発進時遅れる）、三番機新里光一上飛曹、四番機吉原真人一飛曹。

続いて松村大尉が率いる第二中隊として、第二中隊第四小隊第一区隊一番機松村正二大尉、二番機佐藤精一郎上飛曹、三番機今井進二飛曹、四番機西村誠一飛曹。第二区隊一番機堀光雄上飛曹、二番機田中昿《ひろし》上飛曹、三番機桐山輝雄一飛曹、四番機仲睦愛飛長（引き返す）。第五小隊第一区隊一番機宮崎勇飛曹長、二番機半田正一一飛曹（引き返す）、三番機沖本堅二飛曹、四番機浅間六郎一飛曹（引き返す）。第二区隊一番機富杉亘上飛曹（引き返す）、二番機村木一郎上飛曹、三番機石川武二飛曹、四番機〆本俊夫二飛曹。

第三中隊は七〇一隊の山田大尉が率いる第六小隊第一区隊一番機山田良市大尉、二番機杉滝巧上飛曹（発進遅れる）、三番機吉岡資生《すめお》上飛曹、四番機丹羽良治飛長。第二区隊一番機松本安夫上飛曹、二番機木村勉一飛曹（引き返す）、三番機山田孜二飛曹、四番機吉田広義二飛曹。

発進取り止めや引き返す機が多くあり、紫電改の整備が万全の体制で行うことができなくなっていたことがうかがえる。

出撃時に菅野区隊でも二番機加藤機、三番機清水機と杉田区隊の三番機宮沢機、四番機の田村機が機体の不調で引き返したり、出発取り止めになったりした。他にも、六機が引き返している。鹿屋基地への移動後、整備体制が間に合わず紫電改の稼働機は激減していた。エンジンの調整がうまくできなかったためである。誉エンジンの完成度は低く、絶えず調整が必要だった。それでも整備は隊長機を優先していたため、菅野や杉田の機はあまり問題がなかった。急遽《きゅうきょ》、「一番機菅野大尉、二番機杉田上飛曹、三番機笠井上飛曹、四番機三ツ石二飛曹」で第一区隊を飛行中に編成し直す。杉田は久しぶりに菅野の二番機に入った。笠井にとっては紫電改での初陣だった。

『源田の剣』〈引38〉によれば次のように空戦が展開した。紫電改隊は十二時三十分奄美大島西方で東へ変針、喜界島南方で左旋回し北に方向を変える。同五十分高度六〇〇〇メートルまで上昇、大隅半島、薩摩半島、屋久島を眼下に見ながら飛行していくと、喜界島上空三〇〇〇メートルを南進するＦ６Ｆと高度一〇〇〇メートル以下で南進するＦ４Ｕを発見する。空母ベニントンＶＭＦ－１１２のＦ４Ｕ十二機、同ＶＦ－82のＦ６Ｆ十二機、空母ホーネットＶＢＦ－17のＦ６Ｆ十二機、同ＶＦ－17のＦ６Ｆ十二機だった。菅野隊長から無線で指令が入る。「アラワシ、アラワシ、敵機発見、敵機発見、左下方三十度、菅野一番」―アラワシというの「全機へ」という符牒である。

無線で指令を伝えるとすぐに菅野は増槽《ぞうそう》を落とし、逆落としに敵編隊に向かって後上方から突っ込んでいく。「菅野機は、機首をもたげて上昇してくる敵機めがけて高度差約二千メートルを真一文字に急降下した」〈引38〉。菅野は部下を待つようなことをしないので、よほどのベテランでないとついていけない。菅野区隊は臨時編成とはいえ、いずれもベテラン揃いであり、編隊を乱さず菅野の動きに合わせて突っ込んでいった。最初の一撃で菅野は四番機を仕留める。菅野区隊はそのまま下方から回復しようとしているときに敵機に襲われ、四番機三ツ石二飛曹機が墜落する。急降下から引き起こし、二撃目に入ろうとすると上空から敵機の群れが襲ってくる。杉田機は切り返し降下していく。笠井も同時に切り返すと、目の前にＦ６Ｆが現れたため、追撃し二〇ミリ機銃でこれを撃墜する。このとき笠井は、区隊から離れてしまっていることに気付いた。杉田から言われていた「編隊を崩すな」を悔いたが、すでに区隊はばらばらになっていた。

笠井が離れたあとの杉田の動きは、『源田の剣』の中の次の記述によって追うことができる。

「戦闘は喜界島の飛行場付近上空で激しく展開された。デランダー大尉（VBF－17第二小隊長）の列機デニス・L・マイナー少尉が行き合ったのが撃墜王杉田庄一上飛曹だったようだ。日本の一機が右急旋回で前を横切ったとき、マイナーが至近の一〇〇フィート（三〇メートル）から一連射した弾丸がコクピットに当たった。一瞬『零戦』に見えた日本機が上昇反転すると、キャノピーがちぎれて吹き飛び、飛行機は垂直に落下していった。この攻撃でマイナーは撃墜一機を認められるのだが、これが杉田の『紫電改』だったら墜ちたのではなく、空戦のベテランは風防を吹き飛ばされながら一気に降下し巧みに追い撃ちを回避していた」〈引38〉

キャノピー（風防）を吹き飛ばされた杉田機のこのあとの動きは、杉滝上飛曹の証言で追いかけることができる。

「一機で帰投コースを飛んでいた杉滝巧上飛曹（丙七）は屋久島に近づくころ、やはり単機で帰路を行く『紫電改』を見つけた。近寄って見ると、風防が飛んでいる。風通しのいい搭乗席にいたのは海兵団同期生の杉田庄一上飛曹（丙三）だった。海軍入隊は昭和十五年の同期だが、飛行機乗りとしては杉田が先輩だった。合図を交わし、編隊を組んで飛んでいるうちに杉田がしきりに杉滝の飛行機に目を遣るので、見まわすと右翼から煙が出ていた。気がつかなかったが、被弾箇所が発火していたのである。そのうち煙が激しくなり搭乗席はきついガソリン臭で耐え難くなった。ちょうど竹島（佐多岬南西三〇キロ）が近づいていた。島に降りるつもりで飛行機を捨て落下傘降下したが、降りたのは海上だった。上空を旋回していた杉田は、戦友が島の海岸の岩に取りついたのを確かめると翼を降って帰って行った」〈引38〉

一方、笠井は機銃を打ち尽くしたあと敵機に追われたが、上空に現れた味方機のおかげで敵が去り、なんとか無事に基地に戻った。指揮所に向かうと杉田はすでに帰っていて、「笠井上飛曹帰りました。二機撃墜」〈引38〉と報告したところ、「キサマがやったのは、なるほど煙は吹いたが、落ちてはおらん。あれは不確実だ」〈引38〉と修正され、「あれほど離れるなと言ったのに」と殴られる。

杉田自身が、風防を吹き飛ばされながらも海面近くまで急降下して逃げ切ったあとだった。敵機も逃げおおせたかもしれないと思ったのかもしれない。また、編隊を崩すことが自分の身を危うくするだけでなく、編隊全体が危険になるという強い思いもあったのだろう。ましてや今日の編隊は、急遽とはいえ菅野のいる特別な編成だった。区隊長や小隊長になると、自分の身は列機に任せて全空域を常に見て指揮しなければならない。普段殴らない杉田が、思わず手を出してしまった。

三〇一隊第二中隊を率いる松村正二大尉は、自機の増槽が落ちず、思うような空戦ができなかった。Ｆ６Ｆ一機を撃墜するが、敵機に囲まれようやく種子島に緊急着陸する。降りた途端に追ってきたＦ６Ｆに銃撃されて、紫電改は地上撃破されてしまう。翌日、古い零戦で基地に戻ってきた。帰ってきてから、編隊のフォーメンションがいかに大切か、侮ってはいけないとやはり菅野に指摘されている。

松村の二番機だった山本精上飛曹も感想を残している。山本は、松村区隊で一番飛行時間も多く、事実上松村の指南役のような立場だった。「空戦のとき、杉田兵曹の動きを見てハッと思った。すばしこい。短時間のうちに戦闘をすませて素早く戦場を離脱する。ケンカ上手というか、戦場のかけひきを理屈でなく体で覚えている。そうでなければ、激戦の中をくぐり抜けてあれだけ生き抜いてはこれない。これはいくら焦ってもダメだ。それだけ経験をつまなければと、思った」〈引36〉

『歴史群像　太平洋戦史シリーズＶｏｌ.12　零式艦上戦闘機』の中に、志賀飛行長によるこの頃の杉田に対する評が載せられている。「『ファイトの塊。意志が強く、しかも冷静』と志賀は杉田を語る。菅野と杉田はよく似た性格で、二人とも肉薄一撃して素早く離脱する勇敢な攻撃方法をとった。源田司令は杉田を見込んで菅野の護衛に当てた」〈引2〉

この日の三四三空の戦果は、Ｆ６Ｆ二十機撃墜（うち二機不確実）とＦ４Ｕ三機撃墜（うち一機不確実）であった。このうち杉田はＦ６Ｆ二機撃墜、Ｆ４Ｕ二機撃墜（うち不確実一機）と記録されている。

第十一部　終焉

杉田、死す

昭和二十年（1945）四月十五日、『戦史叢書』の記述に「一四〇〇ころ増槽《ぞうそう》をつけた米戦闘機八十機が来襲、鹿屋では待機中の紫電の発進が遅れ離陸直後に二機が撃墜された」とある。この二機のうちの一機に杉田が乗っていた。

『三四三空隊誌』の中にある志賀淑雄飛行長の記録「隊史の概要」には、次のような詳細が載っている。

「四月十五日一四五〇、即時待機が発令された。飛行場指揮所への情報は『敵編隊、種子島北上中』続いて『佐田岬上空』と伝えられた。『早いぞ‼』と感じて見張る上空にキラッと光る機影があった。小型機である。『発進止めます！』と報じて信号機を卸し、列線に伝令しようとした時には既に紫電改が一機、続いてさらに一機西に向かって離陸を始めていた。もう早や止める術もない。万事休すと仰ぐ上空に敵の一群は流星の如く一直線に降っている。奇蹟を祈り見守る目の前で一番機は高度五十米にも達しないまま翼を裏返して滑走路の外れに消えた。這うようにして遠ざかる二番機も降り注ぐ射線の下にあった。事態は瞬間に起り瞬間に去った。一番機は杉田庄一上飛曹、二番機は宮沢豊美一飛曹であった。待機列戦も例外ではあり得なかった。間に合って離陸を止め避難した一群のうち、下川学上飛曹も敵弾に斃れた」〈引37〉

杉田の列機だった笠井智一上飛曹も『三四三空隊誌』にそのときの様子を書いている。

「指揮所にはZ旗があがり、搭乗割は一番機杉田上飛曹、二番機笠井上飛曹、三番機宮沢二飛曹、四番機田村飛長の編成で、朝から即時待機別法で待機していた。『敵編隊鹿屋に向かって北上中』の情報が入り、直ちにエンジン始動試運転もそこそこに一、三番機が猛然と砂ぼこりをあげ、杉田兵曹は後をふり返えり上空を指しながら、離陸をはじめた。その時、七〜八機のグラマンが銃撃をしながら急降下して来た。もちろん離陸機に向ってである。私はハッと思った。私も直ちに離陸すべくチョーク（車輪止）を外す合図をしたとたん、ロケット弾（小さなロケット弾を翼下に搭載していた）が炸裂し翼に大穴。もうこれまでと機外に飛び出そうとふと離陸していった方向に目をやった。アッ!!そこに信じられない光景が…。グラマンの一撃で杉田機は、グラッとかたむき黒煙とともに飛行場の端に突込むのが目に入った。『杉田兵曹』私は声にならない大声をあげた」〈引37〉

　宮沢機も離陸後そのまま逃げればいいのに、墜《お》ちた杉田機の上を飛び越え、敵に向かおうと左旋回をしたが、上からF6Fの斉射を受け火を吹いて墜ちた。鹿屋市国立療養所の庭に激突、炎上する。

　このときの米軍機パイロットの証言が『源田の剣』にある。空母インディペンデンスVF－46および空母ランドルフVF－12の総指揮官ロバート・A・ウエザラップ少佐の回想である。

　ウエザラップ少佐は、地上をタキシングしている飛行機を発見し、最初はロケット弾を発射する。そのあと機銃掃射しながら降下し、引き起こしをするまで撃ち続ける。

「私は長機を攻撃することにした。だが、目標の後尾につけるには、二七〇度ほど相当急激な上昇反転をしなければならなかった。このときまでには、目標にした一機は確か高度四〇〇フィート（一二〇メートル）ぐらいで緩旋回に入ろうとしていた。私は、この一番機は多分中堅の編隊長で、このパイロットがいなくなれば一編隊が崩れるかもしれないと思いながら、こいつをやろうと決めた。あとに続く一機は、いずれ列機が相手にするだろうと思った」〈引38〉

「初め、まだ少し距離が遠過ぎた。目標の敵機のパイロットは曳光弾に気づいたと見え、旋回を緩めた。そのとき、弾丸が防弾鋼板か機体の構造物に当たって跳ね返るのが見えた。すぐに敵機は機首を下に向け始めたが、私は機の引き起こしが必要になるまで撃ちつづけた。敵機は、少しは煙を出していたかもしれないが、燃えずに墜落した」〈引38〉

　杉田戦死の状況について、その場にいた源田、宮崎、志賀もそれぞれの立場で記録を残している。

『海軍航空隊始末記』にある源田司令の記録…「『間に合うか、どうか』と私も一瞬ためらった。離陸直後が最も危険である。敵機を見れば既に突撃態勢に入りつつあった。残念ではあるが已むを得ない。『発進を止め退避せよ』を下令し、全機了解したものと思っていたところ、二機だけは離陸滑走を始め出した」〈引39〉

『還ってきた紫電改』にある宮崎飛曹長の記録…「隊の大部分はこの発進中止命令を聞き、了解したのだが、なぜか二機だけ伝わらなかったのか滑走をはじめていた。これに気づいた連中が、祈るような気持ちで二機をみつめた。先に発進した一機は、離陸直後五十メートルも空中に浮かないところで銃撃され、翼を裏返して滑走路のはずれに消えた」〈引7〉

『最後の撃墜王』にある志賀飛行長の記録…「松山では司令、副長、飛行長、各隊長はつねに一緒で、夕食なんかも防空壕ではなくふつうの部屋でとることができたからコミュニケーションもよく、それ（すり合わせ）も可能だったが、鹿屋ではみんな防空壕に分散となったので意志の疎通を欠いた。発進時の指揮の混乱で杉田と宮沢を殺したのも、それが一因であった」〈引36〉

菅野《かんの》も杉田の死を信じられない思いでいた。『海軍航空隊始末記』によれば、菅野は「今日、杉田上飛曹を殺したのは、自分が無理に離陸しようとして何時までも頑張っていたからだ」〈引39〉と、言って肩を落としていた。出撃予定を最後まで諦めずにいた自分に、杉田が従っていたのが原因だと思っていたのだ。菅野と杉田は、年齢や階級を超えてお互いに信頼しあう仲であった。誰の目にも菅野の落胆ぶりが分かったと宮崎も書いている。

源田は強く責任を感じていた。「杉田上飛曹は菅野大尉秘蔵の部下である。彼の落胆も思いやられる。私は杉田君の遺骸を前にして、菅野大尉に謝った。『菅野大尉、私の決心が遅れたために、杉田を殺してしまった。全く済まない。君もさぞ力を落したことと思うが、私は天に誓って、杉田に劣らない程の操縦者を補充してやる。しばらく待ってくれ』」〈引39〉…菅野は黙って聞いていた。

宮崎は、杉田の遺体について『還ってきた紫電改』

の中で記述している。敵機が去ったあと、医務室の衛生兵が墜落現場から杉田の遺体を車で運び出していたが、どこに運ばれたのか誰も知らなかった。ショックの収まらない一同の中で、杉田の遺体を気にしていた宮崎は基地の中を探したが見つからない。夕方、第八根拠地隊（ハチコン）という地上部隊まで一人で探しにいく。ハチコンは、鹿屋基地で庶務的な仕事を引き受けていた部署である。基地中心部から少し離れた場所にハチコンはあり、裏山を切り抜いたような壕に二つの木箱が置いてあるのを見つける。開けてみると、二人の遺体だった。宮崎の記述を引用する。

「…人の大きさだったのでソッとあけてみると、杉田、宮沢両君の遺体だった。胸にグッとくるものがあり、根拠地隊の隊員に、『もっと何とかなりませんか。この搭乗員は、われわれにとっては大変な人なんだ…』と、説明して軍医を呼んだ。すると、代わりに少佐の人が出てきたので、三四三空側からは志賀飛行長（少佐）が来てくれた。

そうすると、今度は中佐が出てきて話し合って、ようやく日が暮れた頃、根拠地隊の軍医課で遺体を安置してくれて、われわれも、ひと安心したのだ。

戦争に戦死はつきものだが、真っ昼間の地上の、私たちの目前で散った凄惨な被害だった。戦争とはいえ、二人が寂しく放っておかれた処置は哀れでならなかった」〈引17〉

翌四月十六日の昼頃、鉄道の枕木を並べて二人の火葬が行われた。

ところで、このときに荼毘《だび》に付されたお骨は、佐世保鎮守府から舞鶴鎮守府を通じて郷里に送られるはずだったが、途中で行方不明になる。敗戦の秋に郷里には空の骨箱が届けられ、父秋作は、「内地で亡くなったのになぜ」と憤った。

翌十六日、菊水三号作戦が発令され、鴛淵《おしぶち》大尉の指揮下で三〇一隊、四〇七隊、七〇一隊の紫電改三十六機が喜界島方面に出動する。途中、三機が引き返し三十三機となる。喜界島上空高度六〇〇〇メートルでF6F戦闘機の迎撃隊十六機と遭遇する。この日は各隊の連携がうまくいかなかった。その上、無線電話も不具合を起こした。

一方、米軍機はすぐさま応援を要請し、すぐに援軍が来た。林隊長機の増槽が落ちず、敵に追いまくられ、編隊の動きがバラバラになり三四三空は敗北を喫した。F6F撃墜三機に対して三四三空の損害は自爆未帰還機が九機、不時着一機であった。鴛淵は、帰着後、大地に寝転がって目をつむっていた。鴛淵の隊から六機の損害を出していた。残る三機の損害は林の列機だった。林も愕然としていた。

国分基地進出

源田は、三四三空の基地を国分飛行場に移すことにする。鹿屋基地は特攻の発進基地で、毎日のように国内から特攻に行く機が参集し、そして出撃していく、悲しくも慌ただしいプラットフォームと化していた。情報の混乱や遅滞が避けられず、ここに常駐することが危険だった。杉田がやられたのもそのせいだと源田司令は感じていた。四月十七日に国分基地に移動をする。戦闘隊の移動は素早い。身一つで飛行機に乗ってその基地へ降りればそれで終わる。そのあとを整備兵や事務方が追っかけて行く。

十七日の早朝七時、移動の前に喜界島上空の啓開作戦も、前日に引き続き行われていた。紫電改全三十四機が鹿屋基地を発進した直後に笠井機のエンジンが止まり、飛行場端の小山に激突する。笠井は、重傷を負うが生命は取り留めた。足を骨折しており、当分の間、霧島の海軍療養所で治療を行うことになった。

国分に移動した二日目の四月十八日、基地はB29の爆撃を受ける。四〇七隊の列線上に爆弾が落ち、整備兵や工作兵が戦死、重軽傷を負う。

菅野は空襲の最中に防空壕に入らず、指揮所の椅子に座ってB29の動きを見ていた。杉田を殺した敵に怒りを沸々させていた。それを見た林も、負けじと同じく椅子に座って上空を見ていた。

このB29は、特攻基地を叩こうという米軍の新たな作戦行動であり、今後も基地空襲が予想された。三四三空では、さっそくB29攻撃対策の研究が行われる。三人の飛行隊長のうち、大型機への攻撃経験があるのは菅野だけである。直上方攻撃でB24を何機も墜《お》としている。当然、この攻撃法を主張した。鴛淵も林も、この危険な攻撃法に逡巡《しゅんじゅん》する。かつて菅野の攻撃したB24よりもB29は性能が向上している。速度も防御力も攻撃力も上回っている。結局、結論は出ないままに終わった。

四月二十日、B29が来襲したが、一機も墜とすことができなかった。「温厚隊長」と部下から慕われ冷静なはずの林が怒りと悔しさのあまりか菅野とやり合う。

「もし明日も撃墜できなかったら、俺はもう帰ってこないぞ」（林）

「そんなにまでする必要はないじゃないですか。運が悪くて墜とせない時は仕方がない。また次の機会ということもあるでしょう」（菅野）

「いや、君はそれで気がすむかも知れんが、俺にはどうしても我慢できんのだ」（林）

そういって『一機もおとせなければ帰ってこない』と繰り返す林に、菅野もいささかむっとした。

「林さんがそれほどまでにいわれるなら、そうされたらいいでしょう。その代わり、私も墜とせなかったら帰ってこないことにします…」（菅野）〈引36〉

数日前に菅野は杉田を亡くし、林も自分を守ろうとした列機三人を直前に失っている。やり切れなさを身中に抑えていたのだろう。気持ちを表に出さない林だから、よけいに「B29を墜としてやる」という気持ちを高ぶらせていた。普段は熱情に走る菅野だが、逆にこのときは冷静になっていた。夜になって林の言動に不安を感じ、志賀飛行長にことの顛末を話しに行く。志賀の報告を受けて、源田司令も林を自室に呼んで考え過ぎないように諭した。

同二十一日、早朝からB29が九州南部に侵入してきた。この日も鴛淵の指揮下で三隊が出動する。林の率いる区隊三機は、国分基地近くでB29の編隊を発見し、攻撃を仕掛ける。この日、林は列機と離れ、一機でB29の編隊に突っ込んでいき、集中砲火を浴びながらも接近、攻撃し続けて撃墜する。しかし、林の紫電改もエンジンに被弾、垂直尾翼の一部は吹っ飛んでいて高度を下げていく。折口海岸近くの海面に不時着するも、すでに計器盤に頭を突っ込んでいて頭蓋底骨折で死亡していた。

二〜三日後、この日もB29が来襲した。菅野指揮下で三四三空は邀撃《ようげき》に上がる。林への仇討ちのように、菅野は編隊突撃でB29を墜とす。そのときの様子を、林の代わりとして四〇七隊を率いることになった市村吾郎大尉が、次のように『三四三空隊誌』に残している。

「菅野指揮官機より攻撃開始の無線電話とともに、『疾風《ハヤテ》、疾風《ハヤテ》、上空支援に残れ』と、四〇七隊に指示があり、ただちに落下増槽を投下、味方編隊の上空をバリカン運動で支援を開始した。

これと同時に菅野機を先頭に、B29編隊の直上方から矢のような突撃に入るのが確認されたが、つぎの瞬間B29の一機がまるで高速度撮影のフィルムをスローで見るように右のエルロンのヒンジ一つがはずれて飛び散り、同時にあの大きなB29がゆるやかに大きなきりもみ状態で落下して行くではないか。本当に二十粍機銃の一撃がこれほど威力のあるものかと確認したことはない。この光景は、三十五年経た今もなお昨日のことのように眼底に焼きついて離れない」〈引37〉

排気ガスタービンによる過給器を備えたエンジンを四発積んだB29は、一万メートルをゆうゆうと高速度で飛ぶことができる。しかも、鉄壁の防弾設備とハリネズミのような防御火器を積んでいて、まさしく超空の要塞であった。そのB29が編隊で飛んで来るのだ。これに立ち向かうことは容易でなかった。ほとんどの日本機は、そもそもその高度まで上がることもできない。武器や装備をみな外し、塗料も削って軽量化して高空性能を高め、B29に体当たりする陸軍機の部隊も出ていた。しかし、中高度で飛んで来れば、紫電改はB29に立ち向かえる。都市爆撃ではなく、精度を求められる基地施設への爆撃では、B29も中高度を維持しなくてはならない。紫電改にも勝機はあった。ただし、B29は高速度で飛行しており、これを捕まえるのはやはり難しい。

高速度で差し違えるような直上方攻撃は、確実に大型機を墜とすことができるが、誰でもができる技ではない。度胸と腕が試される。高速で撃ちながらすり抜けることができなければばならないのだ。退避が遅ければ体当たりになるし、早ければ敵に撃たれることになる。三〇一隊は、それを編隊で行えるところまで練度を上げていた。

四月十八日から五月十一日までに来襲したB29が総計およそ千機以上に対して、紫電改は延べ百二十機が出撃、B29を十二機は墜としたと宮崎は記述している。

大村基地進出

国分基地もB29による爆撃が続き、整備員からも戦死者がたびたび出ていたことから、基地移動を考えなければならなくなった。その頃、米軍は日本軍による相次ぐ特攻攻撃菊水作戦に手を焼いていた。実際の被害もさることながら、特攻をかけられる米国兵士たちの恐怖心も大きかった。そこで、戦略爆撃を一時中断し、基地航空隊を集中的に叩く戦術作戦に切り替えた。そのため九州地方・四国地方の飛行基地は、連日B29による爆撃を受けることになる。

三四三空は四月二十五日、いったん松山基地に戻って態勢を整え、四月三十日に大村基地に移動する。代わりに紫電改搭乗員を養成訓練する四〇一隊が徳島基地にいたが、これを松山に戻した。部隊は去ったのに、松山基地ではその後もB29からの爆撃が続き、多くの犠牲者を出している。

同時期、鹿屋基地近くで陸海軍合同会議が開かれた。この会議で菅野は、角田中学校の同級生だった森田禎介大尉と会い、その夜は旧交を温めた。森田は、菅野が中学時代とあまりに違うことに驚いた。中学時代は文芸誌に詩を投稿するような、穏やかな文学青年だった菅野が精悍で引き締まっており、飲みっぷりがよく、粗野な態度だった。しかし、何気なく口にした「オレも長いことはないんだ」〈引36〉という言葉が妙に心に残ったという。

四月三十日、ベルリンが陥落し、ヒトラーは地下防空壕でエバ・ブラウンと結婚式を挙げたあと自殺する。第二次世界大戦も終わりが近づいていた。

同日、三四三空の三〇一隊、四〇七隊、七〇一隊が大村基地に移動する。沖縄への特攻を行う菊水作戦を支援する進路啓開作戦や、九州工業地帯へ来襲するB29の迎撃が続く中、九州西方海面に出没する大型哨戒機を掃討する任務も付け加わった。

連日の任務が重くなる一方であり、成果も上がらなくなって、菅野はいら立っていた。途中から三四三空に加わってきた松村大尉と、ケンカまがいの口論を志賀飛行長の前でしてしまうこともあった。

B29への迎撃では、直上方攻撃の成果が出てきたが、空中分解と思われる事故も起きていた。志賀も自分で試してみたところ、降下中に激しい振動を感じ、降りてから調べると補助翼の羽布がはがれていた。操縦者だけでなく、機体にも極めて厳しい負担をかけていたのだ。

五月六日、鈴木貫太郎首相は、密かに終戦工作を進めている一方で、ドイツ降伏に関して軍や国民を鼓舞するラジオ放送を行う。「私はすべてを捧げて、戦い抜く覚悟である。前線における特攻の勇士のごとく、一人《いちにん》もって国を興すの気迫と希望を打ち出し、勇奮邁進されたいのである…」〈引46〉

陸軍内部には強硬な徹底抗戦、本土決戦の意志が強くあり、政治運営は薄氷を渡るように進めなければならなかった。かつて特攻のことで鈴木から叱られた米内《よない》海相も、この態度に鈴木の本音を計りかねた。鈴木は狸を貫き通した。のちにそのときの心境を尋ねられ、「大国を治むるは小鮮を烹《に》るが如し」（国の政治というものは小魚を煮るようなもので、決して慌てて動いてはいけない）という『老子』の一節を語っている。

ここでうかつな発言をすれば、軍も国民も大混乱を起こす。しばらく前からソ連を仲介として講和の打診を図ってもいる。鈴木は、政権という手綱を絶対放すわけにいかなかったのだ。

落日の三四三空

五月十五日、負傷から復帰していた松場少尉の指揮下八機は、九州西方海面に出没する米大型哨戒機（マーチンＰＢＭ及びコンソリデーテッドＰＢ４Ｙ）を掃討する任務で出撃した。大型機二機撃墜するも、箕浦一飛曹が戦死し、松場少尉は再び負傷する。

この大型哨戒機は、米軍のパイロットが海上に墜ちた際に救助する役目を担っていた。米軍パイロットは撃墜され非常脱出する際に「メーデーメーデー」（遭難信号）と打電する。すると、たちまちこの大型哨戒機が救助に現れるのだ。一方、日本側では搭乗員を特攻作戦で使わねばならない。源田には複雑な思いが去来した。参謀のときに特攻作戦を進める許可の印を、連名ではあるが押したことに引っかかりを持っていた。

七月になると燃料や潤滑油の備蓄も少なくなり、本土決戦用に温存するということになった。そのため敵機が来ても、二〜三回に一回しか迎撃できなくなる。燃料の中の松根油の割合も多くなっていた。

松根油というのは、松の切り株を乾留することで得られるテレピン油で、航空燃料として使えるということだった。当時、松根油作成のため大変な労力をかけて、全国各地から松が集められていたのだ。しかし、黒煙が出てプラグが汚れ、排気温度も上がり、エンジン性能は著しく低下した。

三四三空が大村基地に移ってから二カ月ほどたった六月二十二日、二代目の四〇七隊長林啓次郎大尉も戦死する。

七月に入ると紫電改の補充が止まる。製作していた川西航空機の工場が五月、六月と空襲を受けたのだ。

七月十八日、ベルリン郊外のポツダムでトルーマン、チャーチル、スターリンによる首脳会議が行われた。このときスターリンは、対日戦と満州侵攻について了承を得ている。日本が画策していたソ連仲介での終戦案は潰える。

その頃、杉田の代わりとして武藤金義少尉が横空から転勤してきた。坂井三郎少尉との交換を、ようやく横空が受け入れたのだ。司令による特定個人名を挙げての異例の人員補充だった。『海軍航空隊始末記』の中で源田は次のように記している。
「通常搭乗員の補充について、部隊としては、人数とか練度に関しては希望を述べるが、個人名は中央当局の裁量に依存していた。杉田君の場合、私が特に後任者の個人名まで考えた理由は、菅野直《なおし》という稀に見る闘魂を持った飛行隊長を、むざむざと殺したくなかったからである。彼は勇猛果敢な攻撃に終始し、戦果もまた大であった。だが彼が充分に働き得るためには、その列機にあってこれを援護するものに優れたパイロットが居なければならない。杉田上飛曹と菅野大尉とは離すべからざるものであったのである」〈引39〉

源田は杉田の戦死後、すぐに横空に武藤と坂井の入れ替えを申し入れた。しかし、そもそも戦力にならず若手指導を専門にしている坂井と、若手からも慕われ、紫電改で敵機を落とし続けている武藤との交換は無理筋であった。源田は、実験研究に坂井を使わせられないかとかなり強引に話を持ちかけたが、五月、六月とこの話は進展しなかった。

約束を果たせない源田に、菅野は「杉田の代わりを入れることはなかなか困難な様子ですが、もうこれ以上、司令にお骨折りいただくことは私としても心苦しいので、無理に武藤少尉を引き抜くことはやめていただきたいと思います。私は杉田の後任がいなくてもやっていきますから」〈引36〉と、源田に告げている。源田は、菅野の心中を推し量り、横空直接ではなく、人事局員の仲介を頼み、さらに交渉を続けた。再三の源田の申し入れにも「うん」と言わなかった上官の塚本裕造少佐に、「それだけ望まれるというのは、男冥利につきます。行きましょう」〈引36〉と、武藤が返事をして転勤が決まった経緯がある

武藤は、杉田より八歳年上で、坂井と同年齢であった。坂井同様に操練を出て、日中戦争時から前線に出ているベテランで、二十機以上の撃墜数を持っていた。技量が優秀なだけでなく、部下に愛される人格者で「空の武蔵」と呼ばれていた。横空時代に、テスト機であった紫電改でF6F十二機編隊と空戦を行い、四機を撃墜している。

ところが、七月二十四日、三四三空に転勤しての初

出撃で武藤は戦死する。午前中に米機動部隊から発進した数百機の艦載機が呉軍港方面を空襲し、艦艇などに大きな被害を与えている。この大部隊を迎え撃ったのは、わずか二十一機の紫電改だった。『海軍航空隊始末記』で源田はその経緯を記している。

「敵の後続編隊との激烈な空中戦闘に入った時に、菅野大尉は敵の一機に追躡《ついじょう》してこれを撃墜した。しかし、その前から別の数機が菅野機に喰いついていた。この敵を除かなければ菅野大尉が危いと見た武藤少尉は、翼を翻してこの敵機に向って突進したと見る間に、忽ちにして撃墜してしまった。菅野大尉は帰ってきたが、武藤少尉は帰って来なかった」〈引39〉

このときの空戦で七〇一隊の隊長鴛淵大尉も戦死する。この日の未帰還機は、鴛淵大尉、武藤少尉、初島二郎上飛曹、米田伸也上飛曹、今井進一飛曹、溝口憲心一飛曹の六機であった。

この六機のうちの一機が、昭和五十三年(1978)十一月に愛媛県南宇和郡城辺町(現愛南町)久良湾の海底で見つかった。搭乗員は判明していない。この紫電改は引き揚げられて、現在、愛南町の紫電改展示館で実機を見ることができる。

七月二十六日、米・英・中三国の連盟でポツダム宣言が出される。二日後に鈴木首相は「政府としては何ら重大な価値があるものとは思わない」と慎重で微妙な談話を出す。このことを朝日新聞は「政府は黙殺」と見出しを付けて報道する。外国語放送では、ignoreという単語が使われた。「拒絶」という意味である。報道の見出しに使われるたびにその意味が強くなっていった。米軍はこのステートメントに憤慨した。

菅野未帰還

八月一日、沖縄方面からB24三十機が南西諸島を北進中という情報が入り、三四三空は菅野の指揮下で久しぶりの迎撃に向かう。新しい紫電改の補充は絶えており、稼働する全二十数機での出撃だった。屋久島近くに達すると、B24の編隊と接敵した。反航する形で攻撃に入る。

一撃をかけて急降下中に「ワレ機銃筒内爆発ス」と

無電電話が入るのを堀光雄飛曹長が聞く。筒内爆発は、自分の機銃内で弾丸が暴発することだ。自機の翼に大穴が開き、場合によっては飛行困難になる。弾丸の工作精度が落ちていて、しばしばこのような事故が起きるようになっていた。

堀は三〇一隊第二区隊長で、杉田亡き後を埋めるポジションを担っていた。以下、『三四三空隊誌』にある堀の証言である。

「隊長機の左後についたとき、隊長機は緩やかな旋回を始めた。

隊長機が敵機と同航になったとき、その左翼に孔があいているのが発見出来た。『やっぱり！』と思った。少し高度を高めて近寄り上から覗きこむ。翼の中央、日の丸のマークの少し右に大きな破孔がある。日の丸の直径の約三分の一ほどの大きさだ。日の丸の直径は一米近い。発砲の瞬間、二十粍弾頭の信管が作動して銃身内で炸裂したのである。

私の方をふり仰いだ隊長と目が合った。首を傾け、顔をしかめて『しまった』と言いたそうな表情である。爆発によって翼の強度が減じているだけでなく、速力も落ちているので、もはや空戦どころではなく、あるいは帰還の途中、墜落してしまいはしないかという心配も湧いた。電話を使って隊長にいろいろ問い合わせたいが、混信防止を強調されているので、直接戦闘に関係ないことには無線電話を使うわけにはいかなかった」〈引37〉

菅野は近寄って護衛をしようとする堀に対して、指信号でB24を追え、攻撃しろという合図を送ってきた。

堀は、無視して菅野についていた。だが菅野が指差した先でのB24と紫電改の空戦は、おそまつなものだった。遠くから撃ち始め、早めに避退している。これでは墜とせないし、逆に狙われる。菅野もこういうのが一番嫌いだった。我慢ならないのだろう。菅野は堀をにらんで拳を振り上げている。仕方ない隊長の命に従うしかないと、菅野のそばから離れB24の攻撃に加わった。

しばらくして、「空戦ヤメ、アツマレ」と菅野隊長の無電が入り、堀は集合場所に向かうが、そこに菅野はいなかった。その後も、「カンノ一番、カンノ一番」と呼びかけたが、とうとう見つからず基地に戻り、志賀飛行長に報告した。その日、菅野は帰ってくることがなかった。

四機のＰ51が同日十時十五分に、陸軍戦闘機の疾風を撃墜したという記録が米軍側に残されている。紫電改と疾風を誤認したことが考えられる。筒内爆発で思うような飛行ができなくなったところを墜とされたのかもしれない。菅野は、行方不明のまま戦死が認定された。終戦まで二週間だった。

源田は『海軍航空隊始末記』にそのときの心境を次のように書いている。

「彼の戦闘振りは上杉謙信流で、常に最先頭に立って自ら奮戦した。多くの指揮官は、先頭に立って最初の攻撃は掛けるが、二撃以後は上空に占位して、全戦闘を大所高所から指揮し、必要に応じて戦闘に加入するのを例としていたが、菅野隊長は、最初から最後まで、指揮官兼一列兵として戦った。殆どの戦闘で、飛行隊の中で撃墜機数がもっとも多いのが彼であった。飛行隊が苦戦に入った時など、彼はただ一機戦場に踏み留まって部下列機の退避を容易にした。こんなところにも、彼が若年の飛行隊長でありながら、多くの老練の部下パイロットを掌握して、ピクリともさせなかった統率の一端が窺われるのである」〈引39〉

奇しくも菅野の行方不明になった八月一日付で、全軍布告として杉田に対する個人感状が出され、同時に杉田は二階級特進して少尉になった。感状の文面には次のように記されていた。

克く部下列機を掌握し　一糸乱れず飛行機隊指
揮官の戦闘指揮を容易ならしめるのみならず
自らも亦　挺身勇戦奮闘出撃毎に抜群の戦果を
収むるを恒とし　個人撃墜七〇機協同撃墜四〇
機に達する偉勲を奏せり
斯《か》くの如きは　常任座臥戦闘機搭乗員の真髄に
徹したるのみならず全軍の作戦遂行に寄与する
所極めて大にして　其の武功抜群なり
依って茲《ここ》に其の殊勲を認め　全軍に布告す

昭和二十年八月一日
第五航空艦隊司令長官　宇垣　纒

ここに書かれている個人撃墜数も協同撃墜数も、自らが記録していたわけではなく、隊の記録などから推測した概数であろう。前述のように杉田の個人撃墜は、初期を除いてほとんどが隊の記録に埋め込まれている。こんなもんではない、百二十機以上だという搭乗員仲間もいた。実際は三十機台ではないかという評論家もいる。杉田はおそらく撃墜数は気にしていないだろう。ただ、誰しもがその空戦のうまさを認めていた。

菅野が戦死した後、もう第一線での戦闘はしないと宣言していた志賀飛行長が、再び慣熟飛行を始めた。紫電改開発時にテストパイロットをしていたほどの腕前であるが、飛行長になったときに菅野や杉田の編隊飛行訓練を見て、もう自分の出番はないと飛行機を降りていたのだ。しかし、ここにきて再び指揮官として、空中戦を自ら行うことを決意する。それを見ていて、源田司令も最後は自分が出撃する覚悟をしている。

終戦

八月六日、広島に原爆が投下される。

同八日、三四三空では、約三百機の敵機来襲に対して稼働する全二十四機で迎撃を行った。新しい紫電改は補充されず、搭乗員も欠員になっていたが、士気だけはまだ衰えていなかった。

同九日、ソ連の対日宣戦布告。長崎に原爆が投下される。同日、最高戦争首脳会議が開かれる。鈴木首相が厳しい表情で言う。「かかる情勢下においては、もはや戦争の継続は不可能であると思います。ポツダム宣言を受諾するにあたって、皆さんのご意見をうけたまわりたい」〈引46〉

鈴木はこの一言で「受諾するかどうか」ではなく、「受諾を前提とした会議」にしてしまう。閣内は「条件付きか、無条件か」で延々と議論が続く。内閣総辞職の提案も出たが、「この内閣で決着をつけるべき、最重要な問題を論議している時ではないか、総辞職など論外である」〈引46〉と一蹴した。

これまでの陸軍大臣は、席を立ってしまうような者ばかりだったが、このときの阿南惟幾《あなみこれちか》大将は逃げなかった。阿南は鈴木が侍従長時に侍従武官を務めていた経緯があり、鈴木と同じく天皇の近くにいた時期があった。そのときから、天皇への敬愛の念と鈴木への尊敬の念を深く抱くようになっていた。鈴木の意を汲みながら、陸軍の立場をどう全うしようかと阿南も考えに考えていた。

最終的に深夜になり、御前会議が開かれた。「天皇の国法上の地位を変更する要求を包含しおらざることの了解のもとに…ポツダム宣言を受諾すべきである」〈引46〉と、東郷外相が述べる。その後は、それぞれが自分の立場で意見を述べた。条件を付けるべきだという陸軍大臣の意見に賛成する者もいて、意見は半々になった。議長である鈴木は、自身の意見を述べて決着させることを避け、会議を打ち切って天皇のご聖断を仰ぐ。「私の意見を言おう。私は外務大臣の申しているところに同意である」〈引46〉と、天皇は簡潔に述べた。

八月十四日、連合国軍からの回答文を巡って鈴木首相が御前会議を開く。回答文の中にあったsubject toをどう解釈するかが最後まで問題となり、再度、ご聖断を仰ぐことにした。「私は世界の現状と国内の事情とを検討した結果、これ以上、戦争を継続することは無理だと考える」〈引46〉と、天皇は述べて、自分が国民の前に立ってマイクで話すとまで提案し、終戦が決定した。

八月十五日、終戦の詔勅が出され、鈴木内閣は総辞職する。

第五航空艦隊司令長官になっていた宇垣中将は、終戦の玉音放送を聞いた後、十一機の彗星を率いて、最後の特攻隊として沖縄へ飛んだ。

大西瀧治郎は、「介錯無用」と言って割腹自決を行い、半日以上かけて死についた。

終戦時の混乱は、三四三空にも起きていた。終戦直後、源田は軍令部に呼び出され、作戦部長の富岡定俊少将から密命を受ける。皇族を密かにかくまうという極秘計画皇統護持作戦である。

源田は、大村に帰ると士官以上を呼び出し、自決の覚悟があるかどうかを試した上で、三四三空士官で宮崎県の山奥に皇族をかくまうという極秘計画を立てた（戦後の状況で計画は自然消滅していたが、最終的にその任が解かれたのは昭和五十六年だった）。

九月二十日、菅野は行方不明のままだったが、源田は戦死を認定し、二階級特進で中佐となった。菅野にも杉田と同じように感状が贈られている。

戦後、そして

空襲と終戦時の右翼からの襲撃で、家も家財もすべて焼かれた鈴木貫太郎は、東京を離れ、生まれ故郷の関宿に夫婦で身を寄せ、ひっそりと暮らした。昭和二十三年（1948）四月十七日、八十歳で死去する。

米内光政は、戦時中に閣僚だったために公職追放となる。長年の高血圧症や腎臓病で体がボロボロになっており、ストレスによる帯状疱疹も発症する。昭和二十三年（1948）四月二十日、脳出血に肺炎を併発し死去した。六十八歳だった。

早くに妻を亡くしていた井上成美《しげよし》は、三浦半島最西端の半農半漁の僻村に、肺結核の一人娘とその息子と住み、極貧の生活を送る。娘が亡くなり孫を手放すと、近所の子供たちに英語や音楽を教えて生活の糧としていた。胃潰瘍での大量吐血のあと、面倒をみてくれていた女性と再婚し、昭和五十年（1975）十二月十五日に八十六歳で死去する。

源田實《みのる》は、昭和二十八年（1953）に航空自衛隊に入隊し、航空団司令を経て航空幕僚長となる。編隊飛行訓練をもとにした曲技飛行チーム「ブルーインパルス」の設立構想を立て、東京オリンピックで五輪の輪を描くことを発案する。昭和三十七年（1962）、参議院議員になり四期二十四年務め、国防部会や安全保障部会等で活躍した。

昭和五十二年（1977）七月二十三日、靖国神社で「第三四三海軍航空隊慰霊祭」が行われ、九段会館で懇親会が開かれた。そのときの源田の挨拶が、『三四三空隊誌』の巻末に収載されている。テープ起こしで、その一言一句が記録されたものである。源田は、はじめに杉田のことを語り出した。すると言葉を詰まらせてしまう。

「洵《まこと》に私は当時のこの隊員の優先奮闘に、全く頭が下がる思いでございます。

ところがこうして、本日ご遺族の方々のお顔を…（暫し絶句）お顔を見ておると…（絶句）私が！…もっとしっかりしておれば！…これほどの犠牲を…払わなくても済んだ！…と思うのです。私の指導がまずかったために！…考えてみれば！…何十人かの余計な人を殺してた…ご遺族の方々の…お顔を見ておると！…全く、自責の念で一杯で…なぜもっとしっかりしてなかったのだ源田は…

例えば杉田庄一君！私の危機感がもっと早かったならば、彼だって！殺さなくて済んだ…」〈引37〉

このあと林喜重大尉と菅野大尉のB29撃墜に関するエピソードが続くが、やはり言葉に詰まっている。

『三四三空隊誌』〈引37〉によると、このとき慰霊祭に参加していた笠井智一は、杉田の名前がまっさきに出てきたのに遺族が参加していないことが気になり、志賀元飛行長に尋ねると、杉田の母親イヨさんは新潟を離れ、弟の住んでいる大阪方面に転居したらしいという情報を得る。

後日、笠井は聞いてきた豊中市の町内を数日かけて尋ね、杉田の母イヨさんを探し当てる。家に上がると、初めて杉田と出会ったときのことから、共に戦った日々、そして戦死したときの状況、戦後の慰霊祭のことなど一気に話した。帰り際に、イヨさんから遺骨が行方不明になっていることを聞く。

笠井はすぐに志賀元飛行長に報告した。志賀は源田元司令に連絡を取り、調査が行われた。その結果、鹿屋基地から遺骨が発送されたのは確かであるが、輸送途中、空襲で行先不明となり、どこかのお寺に無縁仏となっているのではという結論になる。想定されるルート上のそれらしきお寺を順番に志賀が問い合わせたが、見つけることはできなかった。

昭和五十三年（1978）、志賀元飛行長、相生高秀元副長の尽力により、鹿屋基地跡を慰霊訪問に訪れることができるようになった。

七月一日、杉田の誕生日に合わせて笠井、杉田の母イヨさん、杉田の弟二人の四人で鹿屋基地の杉田の戦死した場所を訪れ、慰霊をしている。『零戦燃ゆ6』にその場面が描かれている。杉田の弟の井部正昭《せいしょう》氏の言葉である。

「戦死して受け取った骨箱を、おばあちゃん（イヨさん）が開けて見たら、お骨が入っていなかったんです。おばあちゃんが『入っていない』といって憤慨するので、戦後三十数年も経ってから、庄一と同じ隊員で列機として飛んでいた笠井智一さんと一緒に鹿屋へ行って、基地の自衛隊の人に案内してもらい、笠井さんに『ここらへんで死んだのです』と教えてもらいました。

おばあちゃんは、そこへお座りをして、庄一が好きだったお酒を一本あげました。それと、庄一がラバウルから帰ったときに持ってきた、パパイヤの実なんかの入った枕が形見に残っていたので、おばあちゃんはそれを抱いて持ってきました」〈引31〉

その後、一行は基地近くの国立療養所敬愛園の中にある宮沢二飛曹の慰霊碑にもお参りしている。

昭和五十二年の十一月十五日、前述したように愛媛県南宇和郡城辺町（現愛南町）久良湾の海底に沈んでいる紫電改一機が見つかった。翌年、サルベージが行われ、三十四年ぶりに地上に引き揚げられた。機体の腐食が酷い上、遺品もなく、搭乗員を特定できなかった。紫電改はその後、愛南町の南レク株式会社が運営する紫電改展示館に展示されている。

令和三年（2021）七月一日（杉田の誕生日）、杉田庄一の実績を伝承する会によって、上越市浦川原区小蒲生田の生家跡に顕彰碑が建立された。顕彰碑には「大正十三年七月一日この地に生まれる。十五歳で海軍に入隊し、予科練を経て戦闘機搭乗員としてラバウル航空戦などを歴戦、連合艦隊司令長官山本五十六最後の護衛を務めた。戦争末期、技量優秀として第三四三海軍航空隊員に選ばれ、日本本土防空の任にあたる。昭和二十年四月十五日、鹿児島県鹿屋基地にて出撃直後に被弾し戦死する。二十歳であった。部下を愛し上官からも厚く信頼され、戦死後に全軍布告感状が出された」と記されている。

生家跡に建立された顕彰碑

あとがき

戦後八十年近くたちます。戦争の世紀といわれた二十世紀からも、すでに四半世紀過ぎようとしています。日本では戦争の時代を直接経験した人が少なくなりました。アメリカと太平洋戦争をしたということさえ知らない者も少なくありません。

メディアを通じて語られる太平洋戦争は、象徴的なシーンが使われることが多く、どうしても表層的な理解にとどまります。私自身も太平洋戦域で、実際にどのような日米の戦いが行われたのかはまったくと言っていいほど無知です。

杉田よりも二年遅れて私の父も、上越市（直江津）から舞鶴海兵団を経て航空整備兵となり、昭和二十年には鹿屋基地にいました。そんな父から、太平洋戦争について生前何も聞くことなく過ごしてしまい、いつの間にか自分が七十代を迎えました。退職時期とコロナ禍が重なり、予定していた退職後の計画はすべてできなくなりましたが、この機会に杉田の生涯と、太平洋戦域でどのような日米の戦いがあったのかを調べてみることにしました。

そもそもいつ終わらせるかについての甘い見通しで始めた戦争が、ミッドウェイ海戦の敗北から講和時期を失い、有利な条件を探りつつ戦い続けていった過程が太平洋戦域での戦いだと思います。そのような戦いの日々の中で、杉田は青春を送りました。戦争は始めるよりも終わらせる方が難しい、という哲人の言葉が思い浮かびます。

コロナ禍が収まるかと思ったときに始まったウクライナの戦争、終結の道が見えないまま継続していることに愕然とします。世界全体の軍事バランスが崩れて、ガザ地区を巡る紛争やソロモン海域を巡る地政学リスクの高まりなど、人類は過去の戦争から何も学んでいないように思えます。いつの時代でも人類は争いごとから逃れられないのでしょうか。

情報社会になり、人と人とのコミュニケーションが便利になったにもかかわらず、悪意に満ちた情報があふれかえっています。AIが人々の創造性を助ける時代になったといっても、善意の社会だけで使われるわけではありません。人間はなぜ争いを止めようとしないのか。人間は過去から学ぶことで知恵をつけてきたはず、といまさらながらに思います。

最後にご協力いただいた「杉田庄一の実績を伝承する会」（会長・杉田欣一氏、事務局長・木村初雄氏）の皆様に感謝申し上げます。

令和六年（2024）十一月

石野　正彦

引用参考文献

引1『浦川原村史』，浦川原村村史編纂室
引2『歴史群像　太平洋戦史シリーズVol.12　零式艦上戦闘機』，学習研究社
引3『山本五十六』，阿川弘之，新潮社
引4『日本海軍戦闘機隊2　エース列伝』，秦郁彦・伊沢保穂，大日本絵画
引5『撃墜王の素顔　海軍戦闘機隊エースの回想』，杉野計雄，光人社
引6『海軍少年飛行兵』，朝日新聞社編
引7『還ってきた紫電改—紫電改戦闘機隊物語』，宮崎勇・鴻農周策，光人社
引8『昭和史20の争点』，秦郁彦，文藝春秋
引9『本田稔空戦記　エース・パイロットの空戦哲学』，岡野充俊，光人社
引10『ラバウル海軍航空隊』，奥宮正武，朝日ソノラマ
引11『海軍航空隊全史』上，奥宮正武，朝日ソノラマ
引12『ラバウル空戦記』，第２０４海軍航空隊編，学習研究社
引13『指揮官空戦記　ある零戦隊長のリポート』，小福田晧文，光人社
引14『ニミッツの太平洋海戦史』，C・W・ニミッツ、E・B・ポーター（実松譲、冨永謙吾訳），恒文社
引15『島川正明空戦記録　大空のサムライ列機の手記』，島川正明，潮書房光人新社
引16『修羅の翼　零戦特攻隊員の真情』，角田和男，光人社
引17『零戦燃ゆ２』，柳田邦男，文藝春秋
引18『陸軍大将今村均』，秋永芳郎，光人社

引19『海軍零戦隊撃墜戦記1』，梅本弘，大日本絵画
引20『私はラバウルの撃墜王だった―証言・昭和の戦争』，本田稔ほか，光人社
引21『人間提督山本五十六』，戸川幸夫，光人社
引22『六機の護衛戦闘機』，高城肇，光人社
引23『伝承零戦空戦記2』，秋本実編，光人社
引24『戦争の素顔　一兵卒から提督まで』，佐藤和正，潮書房光人新社
引25『提督ニミッツ』，E・B・ポーター（南郷洋一郎訳），フジ出版社
引26『B面昭和史』，半藤一利，平凡社
引27『あゝ零戦一代　零戦隊空戦始末記』，横山保，光人社
引28『零戦燃ゆ3』，柳田邦男，文藝春秋
引29『ソロモン海「セ」号作戦』，種子島洋二，光人社
引30『大空の決戦　零戦搭乗員空戦録』，羽切松雄，文藝春秋
引31『零戦燃ゆ6』，柳田邦男，文藝春秋
引32『オッ！上越めだかを食べたら泳げるか』，横尾隆明
引33『大空のサムライ』，坂井三郎，光人社
引34『提督スプルーアンス』，トーマス・B・ブュエル（小城正訳），学研プラス
引35『日本海軍戦闘機隊【戦歴と航空隊史話】』，秦郁彦・伊沢保穂，大日本絵画
引36『最後の撃墜王　紫電改戦闘機隊長菅野直の生涯』，碇義朗，光人社
引37『三四三空隊誌』，「あいなんからの祈り」実行委員会
引38『源田の剣』，高木晃治・ヘンリー境田，双葉社

引39『海軍航空隊始末記』，源田實，文藝春秋
引40『井上成美』，阿川弘之，新潮社
引41『新・蒼空の器』，豊田穣，光人社
引42『神風特別攻撃隊の記録』，猪口力平、中島正，雪華社
引43『特攻』，御田重宝，講談社
引44『零戦燃ゆ４』，柳田邦男，文藝春秋
引45『紫電改の六機―若き撃墜王と列機の生涯』，碇義朗，光人社
引46『鈴木貫太郎　昭和天皇から最も信頼された海軍大将』，立石優，ＰＨＰ研究所

参考文献ほか

『あゝ海軍特年兵　ある青春の死線彷徨』，井上理二，潮書房光人新社／『あゝ青春零戦隊　猛烈に生きた二十歳の青春』，小高登貫，光人社／『あゝ飛燕戦闘機隊』，小山進，光人社／『蒼空の器　若き撃墜王の生涯』，豊田穣，光人社／『蒼空の航跡　元ゼロ戦パイロットが語る空戦と特攻の記録』，久山忍，産経新聞出版／『暁の珊瑚海』，森史朗，文藝春秋／『子供たちに伝えたい日本の戦争』，皿木喜久，産経新聞出版／『海鷲戦闘機　見敵必墜！空のネイビー』，渡辺洋二，光人社／『海鷲ある零戦搭乗員の戦争　予科練出身・最後の母艦航空隊員の手記』，梅林義輝，光人社／『永遠のゼロ』，百田尚樹，講談社／『大空のエピソード』，渡辺洋二，朝日ソノラマ／『大空の決戦　零戦撃墜王青春記』，坂井三郎，潮書房光人新社／『重い飛行機雲　太平洋戦争日本空軍秘話』，渡辺洋二，文春文庫／『おらとこの方言上越市安塚区中川地域』，思いで語ろう会，新潟日報事業社／『俺の愛する列機よ来い』，木村初雄，私家版／『海軍』，獅子文六，中央公論新社／『海軍一軍人の生涯　肝脳を国にささげ尽くした宰相の深淵』，高橋文彦，光人社／『海軍乙事件』，吉村昭，文藝春秋／『海軍軍令部』，豊田穣，講談社／『海軍航空隊，発進』，源田實，文藝春秋／『海軍航空隊戦闘詳報および戦闘日誌等』，防衛省防衛研究所海軍一般史料／『海軍航空隊全史』上・下，奥宮正武，朝日ソノラマ／『海軍航空の基礎知識』，雨倉孝之，光人社／『海軍航空予備学生』，碇義朗，光人社／『海軍参謀』，吉田俊雄，文藝春秋／『海軍将校たちの太平洋戦争』，手嶋泰伸，吉川弘文館／『海軍式気くばりのすすめ』，幾瀬勝彬，光人社／『海軍少将高木惣吉　海軍省調査課と民間人頭脳集団』，藤岡泰周，光人社／『海軍随筆』，獅子文六，中央公論新社／『海軍零戦隊撃墜戦記』1〜3，梅本弘，大日本絵画／『海軍戦闘機物語』，小福田晧文，光人社／『海軍零戦隊撃墜戦記』1〜3，梅本弘，大日本絵画／『海軍魂　勇将小沢司令長官の生涯』，寺崎隆治，徳間書店／『海軍特別年少兵』，増間作郎・菅原権之助，潮書房光人新社／『海軍の昭和史』，杉本健，潮書房光人新社／『海軍人造り教育　ネービー・スピリット警句集』，実松譲，光人社／『海軍を斬る　帝国海軍のうちなる敗因』，実松譲，図書出版社／『海戦事典　日米海上決戦ハンドブック』，佐藤和正，光人社／『海戦史に学ぶ』，野村實，文藝春秋／『開戦前夜』，児島襄，集英社／『海兵隊コルセア空戦記』，グレゴリー・ボイントン（申橋昭訳），光人社／『学徒出陣よもやま物語』，陰山慶一，光人社／『陰で支えた軍用機　知らざれる第二次大戦傑作機』，大内健二，光人社／『ガダルカナル　日米"死闘の島"』，グレイム・ケント，サンケイ新聞社出版局／『ガ島航空戦』上，梅本弘，大日本絵画『艦爆隊長の戦訓　勝ち抜くための条件』，阿部善朗，朝日ソノラマ／『奇跡の中攻隊　予科練一期生の生還』，東秋夫，光人社／『機動部隊』，淵田美津雄、奥宮正武，学習研究社／『教科書には載っていない！戦前の日本』，武田知弘，彩図社／『巨星『ヤマモト』を撃墜せよ！』，C・V・グラインズ（岡部いさく訳），光人社／『銀翼、南へ北へ　軍航空の多彩な舞台』，渡辺洋二，潮書房光人新社／『グアム島玉砕戦記』，佐藤和正，光人社／『空戦に青春を賭けた男たち　秘術をこらして戦う精鋭たちの空戦法と撃墜の極意！』，野村了介ほか，光人社／『空母艦爆隊　艦爆搭乗員死闘の記録』，山川新作，光人社／『空母『飛鷹』海戦記　『飛鷹』副長の見たマリアナ沖決戦』，志柿謙吉，光人社／『雲の群像　還らざる撃墜王物語』，高城肇，光人社／『雲の墓標』，阿川弘之，新潮社／『暗い波濤』上・下，阿川弘之，新潮社／『グラマン戦闘機』，鈴木五郎，光人社／『撃墜王は生きている』，井上和彦，小学館／『撃墜王列伝』，鈴木五郎，光人社／『激闘海軍航空隊　『零戦』の柴田武雄と『紫電改』の源田実』，碇義朗，光人社／『歴史探訪シリーズ激闘太平洋戦争』，晋遊舎／『決戦の蒼空へ日本戦闘機列伝』，渡辺洋二，文藝春秋／『航空作戦参謀　源田実』，生出寿，徳間書店／『航空戦士のこころ　さまざまな思いで闘う空』，渡辺洋二，光人社／『航空機名鑑1939～45』，望月隆一編，光栄／『航空テクノロジーの戦い』，碇義朗，光人社／『航空母艦物語』，野元為輝ほか，光人社／『高速爆撃機『銀河』，木俣滋郎，光人社／『攻防ラバウル航空隊発進編』，森史朗，光人社／『最後の海軍大将井上成美』，宮野澄，文藝春秋／『最後の紫電改パイロット　不屈の空の男の空戦記録』，笠井智一，潮書房光人社／『最後のゼロファイター』，ヘンリー境田，碇義朗，光人社／『最後の零戦』，白浜芳次郎，学習研究社／『宰相鈴木貫太郎』，小堀桂一郎，文藝春秋／『坂井三郎の零戦操縦』，世良光弘，並木書房／『作戦参謀とは何か』，吉田俊雄，光人社／『サボ島沖海戦』，R・F・ニューカム，田中至，光人社／『さらば海軍航空隊』，奥宮正武，朝日ソノラマ／『サムライ零戦記者』，吉田一，光人社／『参謀』，児島襄，文藝春秋／『指揮官たちの特攻　幸福は花びらのごとく』，城山三郎，新潮社／『指揮官と参謀コンビの研究』，半藤一利，文藝春秋／『地獄の戦場ニューギニア戦記』，間嶋満，光人社／『紫電改　最後の戦闘機』，碇義朗，光人社／『紫電改戦闘機隊サムライ戦記』，『丸』編集部，光人社／『紫電改入門』，碇義朗，光人社／『紫電改よ、永遠なれ』，松田十刻，新人物往来社／『自伝的日本海軍始末記』、高木惣吉，光人社／『写真で見るペリリューの戦い』，平塚柾緒，山川出版／『十五年戦争の開幕』，江口圭一，小学館／『出撃海軍航空隊決戦記』，豊田穣，集英社／『昭和史』，半藤一利，平凡社／『昭和史の謎を追う』上・下，秦郁彦，文藝春秋／『昭和天皇拝謁記』1～7，田島道治他，岩波書店／『昭和陸海軍の失敗』，半藤一利ほか七名，文藝春秋／『少年兵の青春記録　生きるも死ぬも』，財津正彌，光人社／『新・蒼空の器　大空のサムライ七人の生涯』，豊田穣，光人社／『真実の日本海軍史』，奥宮正武，PHP研究所／『新司偵キ46技術開発と戦歴』，碇義朗，光人社／『新版米内光政　山本五十六が最も尊敬した一軍人の生涯』，実松譲，光人出版／『彗星夜襲隊　特攻拒否の異色集団』，渡辺洋二，光人社／『瑞鶴　栄光の空母』，豊田穣，毎日新聞社／『図解世界の軍用機史①レシプロ機編』，野原茂，グリーンアロー出版社／『図解これならわかる！日本海軍のすべて』，三野正洋，PHP研究所／『鈴木貫太郎自伝』，鈴木貫太郎，日本図書センター／『秘話で読む太平洋戦争1～2』，太平洋戦争研究会編森山康平著，河出書房新社／『精強261空〝虎部隊〟サイパン戦記』，『丸』編集部，光人社／『青春天山雷撃隊　ヒゲのサムライ奮闘記』，肥田真幸，光人社／『聖断　天皇と鈴木貫太郎』，半藤一利，文藝春秋／『世界の傑作機』（関係機種），世界の傑作機編集部，文林堂／『責任ラバウルの将軍今村均』，角田房子，新潮社／『零からの栄光』，城山三郎，角川書店／『戦果の果てで　語られざる人と飛行機』，渡辺洋二，潮書房光人新社／『戦艦比叡』，吉田俊雄，朝日ソノラマ／『戦艦大和』，吉田満，河出書房／『戦艦大和』上・下，児島襄，文藝春秋／『戦後五十年目の総括・日本帝国海軍はなぜ敗れたか』，吉田俊雄，文藝春秋／『戦史叢書』，防衛研修所戦史部，防衛庁／『戦死率八割　予科練の戦争』久山忍，潮書房光人新社，／『戦士の遺書　太平洋戦争に散った勇者たちの叫び』，半藤一利，文藝春秋／『戦史の証言者たち』，吉村昭，文春文庫／『戦時用語の基礎知識』，北村恒信，光人社／『戦争の時代上　50年目の記憶』，朝日新聞名古屋支社／『戦闘機『隼』』，碇義朗，光人社／『戦藻録』上下，宇垣纏、半藤一利、戸高一声，ＰＨＰ研究所／『双胴の悪魔Ｐ-38』，マーチン・ケイディン（矢嶋由哉訳），朝日ソノラマ／『続大空のサムライ』，坂井三郎，光人社／『空と海の涯で　第一航空艦隊副官の回想』，門司親徳，光人社／『空の剣』，豊田穣，文藝春秋／『ソロモン戦記最悪の戦場海軍陸戦隊の戦い』，福山孝之，光人社／『大東亜戦争の実相』，瀬島龍三，ＰＨＰ研究所／第二六三海軍航空隊戦時日誌，防衛省資料／『第二次大戦日本の陸海軍機』，ワールドエキスプレス編，光文社／『第二次世界大戦鋼鉄の激突』，秦郁彦，中央公論社／『太平洋戦争海戦全史』，歴史群像編集部，学習研究社／『太平洋戦航空史話』上・下，秦郁彦，中央公論社／『太平洋戦争終戦の研究』，鳥巣建之助，文藝春秋／『太平洋のエースたち』，Ｅ・Ｈ・シムズ（矢島由哉訳），朝日ソノラマ／『太平洋の試練　ガダルカナルからサイパン陥落まで』上下，イアン・トール（村上和久訳）／『太平洋の盃　ソロモンの賦』，豊田穣，光人社／『大本営が震えた日』，吉村昭，新潮社／『大本営参謀の情報戦記情報なき国家の悲劇』，堀栄三，文藝春秋／『倒す空、傷つく空　撃墜をめざす味方機と敵機』，渡辺洋二，潮書房光人新社／『ＷＷⅡ世界ライバル機伝説』，鈴木五郎，光人社／『ＷＷⅡアメリカ四強戦闘機』，大内健二，光人社／『誰が太平洋戦争を始めたのか』，別宮暖朗，ちくま書房／『帝国陸海軍の基礎知識』，熊谷直，光人社，／『提督有馬正文』，菊村到，新潮社／『敵機に照準　弾道が空を裂く』，渡辺洋二，光人社／『鉄底海峡重巡「加古」艦長回想記』，高橋雄次，光人社／『伝承零戦空戦記』1～3，秋本実，光人社／『東京奇襲昭和十七年四月十八日』テッド・ローソン（野田昌宏訳），白金書房／『東京空襲』，一色次郎，河出書房／『峠』上・下，司馬遼太郎，新潮社／『１９４３・４・18ドゥーリトル日本初空襲』，吉田一彦，徳間書店／『中島飛行機物語　ある航空技師の記録』，前川正男，光人社／『なぜ日本は戦争を始めたのか』，益井康一，光人社／『日本海軍がよくわかる事典』，太平洋戦争研究会，ＰＨＰ研究所／『日本海軍失敗の研究』，鳥巣建之助，文藝春秋／『日本海軍潜水艦物語』，鳥巣建之助，光人社／『日本海軍戦闘機隊』，航空情報別冊改訂増補版，酣燈社／『日本海軍に捧ぐ』，阿川弘之，ＰＨＰ研究所／『日本海軍のこころ』，吉田俊雄，文藝春秋／『日本軍の小失敗の研究』，三野正洋，光人社／『日本帝国海軍はなぜ敗れたか』，吉田俊雄，文藝春秋／『日本海軍４００時間の証言　軍令部・参謀たちが語った敗戦』，ＮＨＫスペシャル取材班，新潮社／『日

本の戦争　なぜ戦いに踏み切ったか』，田原総一郎，小学館／『日本陸海軍航空英雄列伝』，押尾一彦、野原茂，光人社／『ニューギニア航空戦記　ある整備兵の記録』，高橋秀治，光人社／『人間山本五十六元帥の生涯』，反町栄一，光和堂／『爆下に描く』，林唯一，中央公論社／『はやわかり第二次世界大戦史』，ジョン・マロン（岡部いさく訳），光人社／『遥かなる俊翼　日本軍用機空戦記録』，渡辺洋二，文藝春秋／『B－17『空の要塞』』，マーチン・ケイディン（南郷洋一郎訳），フジ出版／『B－29日本爆撃30回の実録』，チェスター・マーシャル（高木晃治訳），ネコ・パブリッシング／『B－29恐るべし』，飯山幸伸，光人社／『悲劇の発動機「誉」』，前間孝則，草思社／『飛行隊長が語る勝者の条件　最前線指揮官たちの太平洋戦争』，雨倉孝之，光人社／『非情の操縦席　生死のはざまに位置して』，渡辺洋二，光人社／『秘めたる空戦』，松本良男、幾瀬勝彬，光人社／『ブーゲンビル戦記－海軍主計士官死闘の記録』，藤本威宏，光人社／『不屈の海軍戦闘機隊　苦闘を制した者たちの空戦体験手記』，中野忠二郎ほか，潮書房光人新社／『淵田美津雄　真珠湾攻撃を成功させた名指揮官』，星亮一，PHP研究所／『プロパガンダ・ポスターにみる日本の戦争』，田島奈都子編著，勉誠出版／『米国側資料が明かすラバウルの真実』，吉田一彦，ビジネス社／『炎の翼　ラバウル中攻隊死闘の記録』，関根精次，光人社／『本当に零戦は名機だったのか　もっとも美しかった戦闘機の栄光と凋落』，碇義朗，光人社／『幻の終戦　ミッドウェー海戦で戦争をやめていたら』，保阪正康，中央公論社／『マリアナ沖海戦』，吉田俊雄，朝日ソノラマ／『丸メカニック関係機種』，潮書房／『ミッドウェイ』，森村誠一，文藝春秋／『ミッドウェイ戦記』，豊田穣，文藝春秋／『南十字星の戦場』，豊田穣，文藝春秋／『南の空に下駄はいて』，竹井慶有，光人社／『命令一下、出た発つは　在ラバウル、五八二空の死闘』，松浪清，光人社／『山本五十六死す－山本長官襲撃作戦の〝演出と実行〟』，バーク・ディヴィス（吉本晋一郎訳），原書房／『山本五十六の生涯』，工藤美代子，幻冬社／『山本五十六の無念』，半藤一利，恒文社／『予科練一代　ある艦攻パイロットの悪戦苦闘記』，大多和達也，光人社／『予科練青春機　十五歳かく鍛えられり』，綾部喬，光人社／『予科練の戦争　戦争を生き抜いた元少年航空兵たちの証言』，久山忍，潮書房光人社／『予科練の空　かかる同期の桜ありき』，本間猛，光人社／『横須賀海軍航空隊始末記　医務科の見た海軍航空のメッカ』，神田恭一，光人社／『雷撃隊、出撃せよ！

海軍中攻隊の栄光と悲劇』，巌谷二三男，文藝春秋／『落日の残像　最後の母艦航空隊』，野村泰治，光人社／『ラバウル戦線異状なし　現地司令長官の回想』，草鹿任一，中央公論社／『陸軍大将今村均　人間愛をもって統率した将軍の生涯』，秋永芳郎，光人社／『ルンガ沖夜戦』，半藤一利，PHP研究所／『ルンガ沖魚雷戦』，半藤一利，朝日ソノラマ／『零式艦上戦闘機』，清水政彦，新潮社／『零式戦闘機』，柳田邦男，文藝春秋／『零式戦闘機』，吉村昭，新潮社／『零戦』，堀越二郎，奥宮正武，朝日ソノラマ／『零戦開発物語　日本海軍戦闘機全機種の生涯』，小福田晧文，光人社／『零戦撃墜王　空戦八年の記録』，岩本徹三，光人社／『零戦七人のサムライ』，森史朗，文藝春秋／『零戦の子　亀井凱夫とその兄弟』，武田頼政，文藝春秋／『零戦　その誕生と栄光の記録』，堀越二郎，角川書店／『零戦燃ゆ1～6』，柳田邦男，文藝春秋／『零戦隊長宮野善治郎の生涯』，神立尚紀，潮書房光人新社／『零戦の遺産　設計主務者が綴る名機の素顔』，堀越二郎，光人社／『零戦の真実』，坂井三郎，講談社／『レイテ沖海戦』，半藤一利，PHP研究所／『零戦の秘術』，加藤寛一郎，講談社／『零戦よもやま物語　零戦アラカルト』，柳田邦男・豊田穣ほか，光人社／『歴史のなかの中島飛行機』，桂木洋二，グランプリ出版／『歴史読本第五十七巻八号』，歴史読本編集部，新人物往来社／『連合艦隊激闘の海戦記録』，歴史読本編集部，新人物往来社／『聯合艦隊司令長官山本五十六』，半藤一利，文藝春秋／『連合艦隊の最後　太平洋海戦史』，伊藤正徳，光人社／『六機の護衛戦闘機』，高城肇，光人社／『私はラバウルの撃墜王だった』，光人社編，光人社／『The Last Zero Fighter』，Dan King，Pacific Press

ＮＨＫアーカイブス戦争の証言『特攻機の護衛』笠井智一，ＮＨＫアーカイブス戦争の証言『特攻死した同期たち』笠井智一，ＮＨＫアーカイブス戦争の証言『特攻の目的は戦争にあらず～第二〇一海軍航空隊～』，ＮＨＫアーカイブス戦争の証言『航空消耗戦を生き抜く』大原亮治，ＮＨＫアーカイブス戦争の証言『ゼロ戦パイロットとして』大原亮治，ＮＨＫアーカイブス戦争の証言『日米暗号戦争（1）山本五十六の最期1』，ＮＨＫアーカイブス戦争の証言『日米暗号戦争（1）山本五十六の最期2』

著者紹介

石野 正彦（いしの まさひこ）

新潟県上越市生まれ。
新潟県公立学校教諭、教頭、校長、
上越市教育委員会勤務を経て、
上越教育大学教授、同教職大学院教授。
2021（令和3）年に退職。
著書『情報社会における教育』

最強《さいきょう》の海軍戦闘《かいぐんせんとう》機《き》搭乗員《とうじょういん》　杉《すぎ》田《た》庄一《しょういち》の太平洋戦争《たいへいようせんそう》

2024（令和６）年12月19日　初版第１刷発行

著　者　石野 正彦

発　売　新潟日報メディアネット

【出版グループ】〒950-1125　新潟市西区流通3丁目1番1号
TEL 025-383-8020　FAX 025-383-8028
https://www.niigata-mn.co.jp

印刷・製本　株式会社 小　田

ISBN978-4-86132-868-8